U0037897

真假外道

——破劉東亮、杜大威、釋證嚴常見外道見

——正光居士 著——

ISBN 978-986-83908-5-0

佛說一切錯認意識靈知心爲「常」不壞心者，皆名「常見」外道；故一切佛門中人，若將意識離念靈知心錯認爲眞實常住心者，當然亦屬常見外道類，無人可以推翻此一說法。唯有認同佛說，不以意識心作爲常住不壞心者，可名爲佛門凡夫弟子而非常見外道。唯有親證第八識如來藏心體，因此而能現觀如來藏心體假藉七識心王……等諸法所顯示之眞實性與如如性，並且轉依第八識如來藏顯示出來的眞如法性而永不退失，方可名爲親證眞如者，方是佛門中大乘了義究竟正法之證悟賢聖，否則當知皆是佛門凡夫而非常見外道也。餘諸錯認離念靈知意識心爲常住法、爲眞如法者，皆名常見外道。

——平實導師——

佛說小乘聲聞法（解脫道）的見道，只有一法，即是否定五蘊常住，了知五蘊的緣生緣滅性；特別是要現觀意識的虛妄性、緣生性，由此斷除我見而斷三縛結。是故，舉凡錯認意識心爲常住法，公然自稱爲證悟賢聖者，皆屬未斷我見的凡夫，不論身處於佛門內或佛門外，悉皆不能自外於常見外道身分。佛在阿含中說，意識是在本識入胎而住以後，出生了五色根，藉五色根及六塵爲緣才能出生，所以意識是二法爲緣生：「意、法爲緣，生意識。」這是 佛陀聖教所說，卻有法師公開支持常見外道，公然主張緣生法意識覺知心是常住法，並誣稱是 佛陀所說；然而 佛陀並非如此說，故說彼等諸人已成爲謗佛者。

——平實導師——

佛說大乘佛菩提之見道，唯有一法，即是親證第八識如來藏而現觀其眞如法性：綜觀二轉法輪般若諸經宣示非心心、無心相心、不念心……等心體之名，即可知之；又觀三轉法輪諸唯識經所說阿賴耶、異熟、無垢識等理，以及華嚴所說「證得阿賴耶識者即證**本覺智**」之聖教，更可證之。若人否定 佛所說親證如來藏現觀眞如法性之妙法者，即是破法人。若所悟之標的，是外於眞心如來藏者，若所悟落入離念靈知意識心境界中者，即非眞悟，即是常見外道。身爲常見外道，竟然誹謗眞悟如來藏、現觀眞如者爲外道，寧有是理？有智之人知此理已，即能遠離邪見，趣向正法。

—平實導師—

目錄

平實導師序……序1
自序……序4
第一章　評劉東亮及杜大威的不死矯亂言論
第一節　緣起……1
第二節　杜大威先生的落處……5
第三節　杜大威先生的大錯謬……17
第四節　杜大威先生對藏密的無知……25
第五節　杜大威先生不懂法義辨正的意涵……32
第六節　杜大威先生不懂眞空與妙有……36
第七節　杜大威先生也是常見外道……45
第八節　杜大威先生不懂般若禪……55

第二章　將佛法世俗化、淺化的證嚴法師

第一節　緣起——67
第二節　證嚴法師的常見外道證據——70
第三節　證嚴「上人」同具斷見外道的證據——120
第四節　證嚴「上人」將佛法世俗化的證據——162
第五節　證嚴「上人」將佛法淺化的證據——179
第六節　證嚴法師的其他錯誤知見罄竹難書——210
第七節　對證嚴法師的略評——240

平實導師　序

判斷某人是否具有外道見，不是依某人是否在佛門中修行來判定，也不是依某人是否身穿僧衣來斷定；而是依他的知見及主張是否同於外道來判定，若是落在常見、斷見、數論、極微……等外道知見來接引及教導眾生，即是外道。即使已經受過三壇大戒，具足聲聞戒及菩薩戒了，假使他所弘揚的法義是常見、斷見……等外道法，縱使他仍然穿著僧衣住在寺院中，亦是外道，名爲佛門外道。若是身穿僧衣而暗中修習雙身法、師徒亂倫，已喪失戒體而不只是佛門外道，已經是地獄種性；若是公然否定第八識心，並且書之以文、梓行書籍，廣泛流通而嚴重誤導眾生者，已是謗菩薩藏者，根本罪、方便罪、成已罪都具足了，成爲一闡提人，來世報在無間地獄中，受苦七十大劫以後才能往生餓鬼道；再經多劫受苦之後才能往生畜生道中，再經多劫受盡種種痛苦以後才能回到人間，前五百世中盲聾瘖啞、五根不具；後來終於能有機緣得聞如來藏妙法時，由於往世邪見種子尚未懺除，於是又造毀謗如來藏勝法的大惡業，於是又重新墮落三惡道。如是循環不斷，終而復始，直到無量劫後懺除外道邪見種子以後，方能不再淪墮三惡道中。但是佛門中一向多有外道邪見流傳著，自古已是如此；爲欲救護今時、後世廣大學佛人，必須對佛門中的外道邪見加以辨正，方能顯示外道邪見與正法知見的不同所在，學人即可遠離外道惡見，並且能快速證得解脫果、佛菩提果。

大乘佛法之證悟般若，絕對不許外於大乘聖典法教；若有人外於大乘聖教之開示，言其所悟「雖異於教門，然亦是大乘證悟」，當知其人即是佛門中之外道，所悟必定已經異於宗門之悟，同於常見外道法，然不能自覺而誤以為悟。

不論是大乘、二乘中之弘法師，若確實證悟而且依經據論檢查無誤了，若當代無人誤導眾生同犯大妄語業時，只需弘揚正法即可，不必破邪顯正；但若見有當代大師正在大妄語業中，也同時誤導座下弟子同犯大妄語業時，則不應獨善其身，爲救被誤導之佛弟子及誤犯大妄語業之大師，應將彼等錯悟之大名聲法師所說錯誤法義加以辨正，由此破邪之作爲即可顯示正法異於邪法之處，可免被誤導之眾生繼續墮於大妄語業及破法共業中，方屬深生悲憫之大悲心菩薩。

若有人以毒藥害死萬人者，其罪雖重，猶不如誤導眾生同犯大妄語及隨同破法之重罪也！何以故？此謂毒藥害人不過一世，若以大妄語業及破法共業害人者，此身雖不至於立即死亡，但死後無量世中同墮地獄中，必須歷經數十劫後方可得出，比之於萬人一世被害，其罪尤重。由此緣故，凡是大量誤導眾生之大師著作，應儘速加以辨正、公諸於世，令大眾悉知而得遠離共業；若不肯出以悲心，只樂於當好人而放過者，則彼等誤導眾生、殘害眾生法身慧命之大師著作，仍將持續流通至後世，貽害無窮；故悲心菩薩應出之以金剛之行而辨正之，以免誤導眾生之著作繼續流通而在後代不斷產生誤導之效應，故應加以辨正。小法師之法義過失則免議之，蓋其影響範圍小，而且著作未能廣爲流通，其害不大；而多數小法師並未未證言證而大妄語，亦不害人隨之大妄語，縱使說法有誤，亦非刻意爲之，故可不需加以辨正，除非彼等已對正法加以誤評、妄謗。

如斯等事都非人身攻擊，並非身口意行之評論，都屬於法義辨正、救護眾生，而非說人是非之世俗事，故應讚歎、支持，此事能救護眾生免於大妄語業及謗法、謗賢聖等地獄業故。今觀本會正光老師出之以悲心，欲救大師、居士之大妄語，更著眼於彼等座下之隨學者，欲免彼等師徒之地獄業，故於〈正覺電子報〉連載其文，正所謂「其心可感而其行無畏，其悲顯然而功德無上」，正應玉成之；乃爲之結集出版，名爲《眞假外道》，以明　佛說**外於眞心而求佛法者名爲外道**，以其心外求法故；如是而令有緣人悉得了知外道義，悉能分辨眞外道與假外道，不被佛門表相所欺矇，由之而得建立實證大乘佛法之勝緣，故隨喜之，即以爲序。

佛子　**平實**　敬序

二〇〇七年秋分　序於竹桂山居

自　序

在末法時代，能夠弘揚 世尊正確的二乘法已經很難得，更何況是弘揚上於二乘法的大乘菩薩法，倍復更難，何以故？因為大乘法甚深、極甚深，微妙、極微妙，很難讓一般人相信，如《佛藏經》卷一 佛的開示：「舍利弗！如來所得阿耨多羅三藐三菩提，說一切法無生無滅、無相無為，令人信解，倍為希有。所以者何？無名相法，無念無得亦無有修，不可思議，非心所依，無有戲論，非是戲論所可依止；無覺無觀，無有所攝，不在於心，非得所得。無此無彼、無有分別，無動無性、本來自空，不可念、不可出，一切世間所不能信；如是無名相法，以名相說。如是舍利弗！一切諸法無生無滅、無相無為，令人信解，倍為希有。」也因為大乘法難聞、難知、難解、難證，難怪許多眾生聽聞眞善知識說甚深微妙大乘法、聽聞眞善知識說聞所未聞法，聞之當然懷疑、不信，乃至毀謗。

譬如眞善知識說眞心離見聞覺知，如《大方等大集經》卷十一開示：「一切諸法無作、無變、無覺、無觀，無覺觀者名為心性。」又如《深密解脫經》卷一開示：「曇無竭！有人長夜樂見聞覺知樂，信樂而行；彼人不能知、不能覺、不能量、不能信內身寂滅離見聞覺知樂。」由於第八識眞心離諸覺觀、無能所，所以祂離見聞覺知，不在六塵中起分別，與一般眾生所認知的見聞覺知心、所認知能在六塵中了別的心完全不一樣，所以才會有中台山惟覺法師、法鼓山聖嚴法師、佛光山星雲法師，及古時高麗釋知訥禪師、高麗普照禪師等人，認爲「眞心」有見聞覺知性，認爲六識的自性——見聞覺知性——才是佛所說的第八識「眞心」，認爲「眞心」能見、能聞、能嗅、能嚐、能覺、能知，所以不欲見聞覺知消失，欲將此見聞覺知心入涅槃、住涅槃，卻不知見聞覺知心正是識蘊等六界，亦不知無餘涅槃是滅卻五蘊、十八界，無有任何一蘊、一處、一界存在，已無任何一界留存，僅存無餘涅槃之本際如來藏獨住於寂靜、極寂靜的無境界中。

又譬如眞心無形無相，離一切相，非是世間一切色法、名數所含攝，如《大薩遮尼乾子所說經》卷十開示：「菩提者離一切數，菩提者非色法，菩提者不可見，菩提者非青、非黃、非赤、非白、非紅、非黑、非頗梨色、無色、無形無相、無表、過一切相，無依、離一切依，無物、離一切物，無相、離一切相，不可言、不可說、不可見，不可和合知、不可別異知，非闇非明、無形無相，無可觀。」由於眾生很難想像這個無形無相、不生不滅的空性心能夠生、顯種種生滅不已的法相，不能理解經句中的眞實義，所以許多佛弟子，包括大法師、大居士在內，總想要在參禪當中找到一個有形有相的「東西」，當作是 佛所說的眞心空性；不知空性心雖然無形無相，卻在眾生種種運爲當中，顯示祂的虛空無爲性、顯示祂的眞如性；因此空性、眞如性只是第八識的所顯法，第八識自身才是眞實法。而第八識不是所生法，亦不是所顯法，迴無形色，亦無六塵中的作用，如何有一實質的「東西」或六塵中的作用，可以在參禪中找出？由於絕大多數參禪人窮其一生亦無法找到，有人乾脆否定祂的存在，譬如藏密的應成派中觀，如月稱、寂天、阿底峽、宗喀巴、歷代達賴喇嘛、印順法師等人，不僅不承認有此空性心，反而從生滅性的意識心中施設**意識細心常住**、**意識極細心常住**之說，以此來破壞 佛的如來藏正法，用他們的六識論邪說取代 佛的八識論正法，使 佛的正法蕩然無存。

又譬如眞心不在六塵中起分別，所以祂無所得，沒有所謂三受（苦受、樂受、不苦不樂受）、五受（苦受、樂受、憂受、喜受、不苦不樂受）；祂無形無相，卻能顯現種種境界相，爲眾生所受用、所貪著；月稱、寂天、阿底峽、宗喀巴、達賴、印順等藏密應成派中觀邪見者，不知此理，將眞心如來藏所變現的六塵據爲己有，誤以爲六塵都是識蘊六識自己所變現者。由於寂天、阿底峽、宗喀巴、達賴、印順等人如此虛妄建立的緣故，今日藏密男女合修、師徒邪淫的外道法才得以公然存在於某些大山頭中，也已普遍存在於某些小山頭中，成爲蠶食佛法雄獅的害蟲。

藏密的雙身法源於印度教的性力派邪說，以人間男女行淫的房中術技巧，套用佛法果證的高貴名相，藉著政治力量混入佛教中，聲稱爲佛教的一支，並高推於顯宗之上；實質上，藏密根本不是佛法，因爲他們所說的法都是在男女雙身邪淫法上用心，一生極力追求最強烈、最長久的遍身淫樂覺受，純屬欲界法，誤以爲欲界男女性高潮時若能覺受遍及全身，就是佛地的遍身知覺，誤認爲是成就佛道，此即是藏密引以自豪的「即身成佛」：在色身的淫樂上「成佛」。喇嘛們並觀察淫樂的覺受無形無相故空，認爲即是證得不生不滅的空性，並認爲享受淫樂遍身覺受的覺知心就是空性心，卻不知此還是墮在意識心及六塵中，都是生滅法。所有喇嘛們都不知：外於意識心還有另一個從來離見聞覺知、從來不生不滅、從來無三受、五受的第八識心存在，更不知成佛需要經歷三大阿僧祇劫，經歷菩薩五十二階位，斷除煩惱障、所知障，具足證知第八識如來藏含藏的一切種子以後，才能四智圓明而成佛。由於眾生無智慧簡擇，不知藏密荒謬、淫穢的內涵，亦不知藏密六識論的荒謬所在，反而被藏密行者所誤導，以至破財、失身、毀戒、大妄語，輪迴三途無有出期。

又譬如這個眞心從本以來無生無滅，也不起念，如《放光般若經》卷七 佛的開示：「何等爲無爲法之法？謂不生不滅之法，亦不住，住無有異；亦不著、亦不斷、亦不增、亦不減諸法之眞。何等諸法之眞？無所有者是法之眞，是名爲無爲法之法。」由於諸法都是以第八識爲因、都是以第八識爲第一因、無上因，並藉著種種緣而直接、間接、輾轉出生，所以諸法都是在第八識本體表面示現有生有滅之法相，都是從不生不滅的第八識藉著種種緣而有生住異滅的種種法相出現，所以諸法須依不生不滅的第八識才能說之爲不生不滅；若離開第八識，沒有不生不滅之諸法可言，也無生滅不已的法相可言。可是卻有人執離念靈知意識心爲眞實不壞心、執生滅不已的意識心爲常住不壞心，譬如河北淨慧法師、元音老人、達照法師，認爲意識心能夠不起語言文字，一念不生而能了了常照，就是無生無滅、就是本來無念的第八識心；卻不知如此施設的「眞心」前一秒鐘可以保持無念，後一秒鐘忽然出生一念就變成有念妄心；若有定力者，靜坐入定時可以無念，下座時就變成有念妄心了；這與經中說的本來離念、永遠離念的不念心第八識完全不同，而且無法套用在第八識不念心、非心心上面。意識心離念時仍然是有生有滅的法，也是有時有念、有時無念的變異法，不是從來無生無滅、永遠無念之法；由於此錯，他們所修的佛法於是全面偏斜不正了！

又譬如聖教中所說，眞心如來藏無形無相而有作用，並非聖嚴法師所說的假名施設法，他說：「眞空就是如來藏，『如來藏』是一個假名，沒有一個眞正的東西叫如來藏。」他公然否定第八識如來藏的存在，是將萬法根源的如來藏公然否定；如此公開宣稱他尚未證得第八識如來藏，不但是未悟的人，也是公開謗法的人，卻又公然說他與十二位弟子都已明心，顯然他與弟子們所明的心是意識生滅心，是公然大妄語。如來藏即是阿賴耶識心體，是出生意根及色身、識陰六識的眞心，這是三乘經典中都如此說的。而且如來藏是有作用的法，至今仍然有人能實證祂；古今禪宗眞悟祖師也都是由於證如來藏而出生了奇妙的智慧，能通實相般若；所以聖嚴法師將禪宗祖師弘揚的極妙如來藏公然否定，不但是謗法，也是欺師滅祖。

如來藏確實存在，若無如來藏的運作，一切有情都不可能生存；但祂運作時的了知行相極為微細，不是在六塵中運作；當祂在五蘊中運作時，藉五蘊十八界而顯示祂的眞實性與如如性；祂是眞如法性的所依，故不是名言施設，而是實有如來藏心體的作用存在著。譬如《成唯識論》卷三聖 玄奘菩薩開示：「**此第八識自性微細，故以作用而顯示之。**」乃是依眞心如來藏而開示，說明此眞心本識在蘊處界中顯示了祂的微細識別作用，是外於六塵而運作的識別性，故又名為阿賴耶識、異熟識、無垢識，這顯示祂是實體法，並非聖嚴法師所說假名施設的無實法——唯有名言；祂遍在蘊處界中運作時，分明顯示祂的眞實性與如如性，故此心又名眞如。若無此心，五陰十八界都不能存在，所以不能離開眞心如來藏而有其自性、有其作用、有其眞如性；所有蘊處界的功能及眞如心自身的功能性，全都來自眞如心如來藏；若無心體如來藏，就不可能有如來藏自身的性用；若無如來藏心體，亦不可能有蘊處界的性用，故說「心爲體，性爲用」。

如同海水與波浪都是海水，波浪只是海水生起的許多性用之一，故波浪性用必須依海水爲體，才能存在。故海水是體，波浪是海水的性用；不能說波浪是體，海水是用；因爲波浪是海水的一部分，依海水而生起波浪性用。可是慧廣法師卻極力主張「性是體、心是用」，如同主張波浪是體、海水是用一樣。慧廣法師主張：心體的性用是本體，心體自身是作用。是將心的性用反過來當作心體的所依，是主張心體依附於心體的性用而存在，所以主張「性爲體，心爲用」，又將意識離念靈知取代實相心體如來藏，是知見顚倒、無明所覆；並且以此顚倒知見來誤導眾生，使隨從他的一切眾生墮入常見、斷見中。由於彼等以意識取代第八識如來藏心，並堅持「性爲體，心爲用」的顚倒邪見，反而毀謗實證如來藏正法，又毀謗宣說「心爲體，性爲用」的眞善知識，毀謗如實說、如法說的眞善知識爲邪說，廣造謗法的惡業，何其無知啊！

由於第八識離見聞覺知、不對六塵起分別，無形無相、離一切相，無生無滅、永不起念，無三受、五受，所以 佛說這個眞心不是凡夫及阿羅漢愚人所能相信、所能親證，因此 佛說：「**我於凡、愚不開演。**」唯有對菩薩種性人，才加以開示演說，因爲菩薩能夠聽受、求證、親證，並不是阿羅漢所能求證、親證的；所以菩薩種性人不是多數人，而是少數人。一般人所謂的學佛，其實多數是學羅漢而非學佛；眞正的佛法（非羅漢法）難聞、難知、難解、難證，不是凡、愚所能理解或親證，唯有少數的利根菩薩才能證得，使得許多學佛人窮盡意識思維都無法想像，何況能證？因此彼等所說、所解、所證都不能自外於妄心意識，所以將妄心誤認爲眞心，遂有慈濟的證嚴法師在《生死皆自在》一書中公開主張「**意識卻是不滅的**」，渾然不知 佛在四阿含中已曾開示：意識是緣生法，乃是意根、法塵相接觸才能出生的法。意識是被生的法，有生即有滅，所以是生滅法，不是不生不滅法。

或如河北淨慧法師座下一位佛學院老師杜大威，不能接受 佛陀所說**意識心是緣生法、是生滅法**，不能安忍 平實導師評論離念靈知意識是妄心所攝，遂有藏密行者劉東亮（網路化名翁阿轟）藉題訪問杜大威，將其訪問內容編輯爲〈**就蕭平實的話題採訪杜大威先生**〉一文，貼在網路上，強烈主張離念時的靈知心意識爲常住法，公然違背佛說。觀其內容不僅違背 佛的開示，而且也對 平實導師作了許多扭曲事實的評論。爲救護彼等諸人所有隨學者，免於大妄語及跟隨他們謗法，後學不得不針對杜大威、劉東亮、證嚴法師違背佛說的地方，一一加以辨正，使這些披著佛法外衣的佛門常見外道無所遁形，冀望彼等三人座下之隨學者，都能知道彼等說相似佛法與正法之差異處，使佛弟子們不再受其誤導，而能遠離常見，方能斷除三縛結。由此緣故，乃成就後學寫作《眞假外道》一書，就以敘述此書的緣起，代替序文。

菩薩戒子　**游正光**　謹序

二〇〇七年十一月　於正覺講堂

第一章　評劉東亮及杜大威的不死矯亂言論

第一節　緣起

茲有藏密行者劉東亮，於二〇〇四年四月八日採訪河北省佛學院一位佛學老師杜大威居士，並於事後在各網站（包括「心燈精舍」網站）刊出整理的文稿，名爲：〈就蕭平實的話題採訪杜大威先生〉，其中內容針對 平實導師作了不當及歪曲事實的評論，因此後學就此話題落處一一加以拈提、評論，來證明劉東亮及杜大威二人乃唯恐天下不亂、不死矯亂之人物。

首先評論河北省劉東亮居士（網名翁阿轟），他於一九八七年開始學佛，皈依淨慧法師，先後師從元音老人、徐恆志、杜大威居士等人修學佛法。於二〇〇二年六月，將徐恆志居士與其往來之兩封信函，上載於「中華佛教在線」網站。兩封信主要的內容亦是針對吾師 平實導師的法義提出評論，然細觀劉東亮之論點，仍不脫「離念靈知」意識心之常見外道範疇。徐恆志在《心經的理論和實踐》云：「我們在觀心、看念時，寂寂無念，即眞空；了了常知，即妙有。若能於此處悟入，便能徹悟空有不二，性相不二，體用不二，寂照不二，逐步證入理事無礙、事事無礙的法界了。」這就是徐恆志以離念靈知意識心作爲眞心的鐵證。然而離念靈知心本是 佛所破斥的常見外道誤認爲常之緣生緣滅的意識心，何以故？不離能觀與所觀故，能觀察所觀境界之離念靈知心即是意識故；「所觀」爲寂寂無念之境界，「能觀」爲能知能覺寂寂無念、了了常知之心。既有能觀與所觀則不離能所，就與 佛在《大集經》所說「無覺觀者名爲心性」的「無能觀、無所觀」的聖教相悖。既然明顯的違背了 世尊正教的開示，又何曾與 佛的正法相應？由此可知，徐恆志正是常見外道，不能自外於常見外道。

徐恒志居士修行一甲子，乃是著述廣泛流通而被未悟之人推崇爲「大修行人」，可惜雖已耄耋之齡，仍對眞正之如來藏法懵無所知，眞令人爲之心酸！至於信函內容，已由正覺同修會張正圜居士著《護法與毀法——覆上平居士與徐恒志網站毀法二文》逐段一一破斥之，大眾欲知詳情，請連結「成佛之道」網站(http://www.a202.idv.tw) 瀏覽。而劉東亮居士亦是有眼無珠，不知佛法眞實義理，又唯恐天下不亂，刊載徐恒志居士誣謗正法之信函，將自己對於正法一無所悉之事實暴露無疑，眞是 佛說的可憐憫者。

又劉東亮的師父元音老人，是修習藏密邪法的老居士，亦是常見外道一類。爲什麼說他也是常見外道呢？這可從元音老人的著作來說明。譬如元音老人在《怎樣了生死》一書中說：「我們學佛法就是開智慧，明白我們的眞心就是在一念斷處一念不生時的靈知。」元音老人又在《見性與著相之別》云：「佛性不在別處，就是現在我們一念斷處的離念靈知。當妄念都放下、一點不起的時候，也不是沒有知覺，還是了了分明。這了了分明的靈知，就是我們的佛性。」二書當中都已分明說出：他所謂的眞如與佛性，都是離念靈知意識心。然而 佛說只要對六塵有知就是分別心，有分別就有覺觀，就是妄心，非是本來就離分別、本來就無覺無觀的眞心如來藏第八識，由此可知，元音老人正是墮入離念靈知的常見外道中。

此外，元音老人還在《成佛的訣竅》中說：「我們能看能聞能說能坐能走的能，就是我們的佛性，時時在面門放光，它沒有隱藏的時候。縱然我們睡著了，它也在了了分明。」充分顯示元音老人本身就是以意識心爲眞心，是佛門中的常見外道一類。既然元音老人是常見外道一類人，而劉東亮曾追隨元音老人學法，至今仍然認同元音老人錯認意識心爲眞如佛性的說法，當然也是佛門中的常見外道一類。既然是佛門常見外道一類，又有何資格評論完全符合佛說的 平實導師呢？以凡夫身而造作如是無根毀謗賢聖菩薩的愚癡行為，也未免太膽大了，這是將自己未來無量世拿來開玩笑。

又劉東亮近來在其「心燈精舍」網站刊登及贈閱索達吉喇嘛的《破除邪說論》，內容包括上平居士的〈護法乎？毀法乎？——評蕭平實先生的《宗門血脈》〉，以及索達吉的《破除邪說論》等篇；然而觀其文義，完全都在事相上、意識心上打轉，與佛所說第八識眞心完全顚倒，都不相應。因此正覺同修會在二〇〇三年出版由張正圜居士造的《護法與毀法——覆上平居士與徐恒志網站毀法二文》，亦於二〇〇四年出版由釋正安法師寫的《眞假邪說——對西藏密宗索達吉喇嘛《破除邪說論》中種種邪說之回應》等二書來辨正。然而劉東亮仍不死心，不肯依書中的法義一一辨正，於二〇〇四年找河北省佛學院杜大威居士來墊底，仍是專在事相上作種種與法義辨正無關的誣謗，因此寫下〈就蕭平實的話題訪杜大威先生〉一文。然觀其文，仍與佛法無關，只是專在事相上故意混淆是非，杜大威因此又被劉東亮陷害而共同成就謗勝義菩薩僧之最重罪。

第二節　杜大威先生的落處

略說緣起之後，接下來談談杜大威居士。杜大威身爲河北佛學院講師，不懂對佛的正法——第八識眞心完全不懂；連三乘佛法所依的根本眞心如來藏都無所知，對於若無如來藏，就不可能有三乘佛法，所以三乘佛法都建立在眞心如來藏心體上，都是依第八識如來藏才有的正理，也完全無知，而且還落入常見外道離念靈知意識心中；這樣的人竟然可以擔任佛學院的講師，那些學生跟著他學習，當然只能學到意識心境界的常見外道知見，實在令人不勝唏噓；對他本人，我們眞的無法苟同，這眞是河北省佛教界的不幸。至於爲何說杜大威已落入離念靈知心中，且讓後學一一拈來。在拈提之前，先來看看他所認爲的眞心（其實是離念靈知心）是否符合　佛說。杜大威於二〇〇一年七月二十日到二十六日，曾在第九屆生活禪夏令營講〈心經講解〉，其中有一段話，摘錄如下：「《心經》的心字，用現代語講，就是意識流，我們一輩子是在意識流裏生活，也可以說這就是我們眞實人生內在的路徑。我們腦子裏起起伏伏，全是概念、理論、推論、歸納、評價、分別等等，一輩子都在自覺不自覺地搞這些活動，這就是心，就是心地。」（2004 年八月下載於柏林禪寺網站第九屆生活禪夏令營網頁）從這一段話當中，杜大威所傳達的訊息是：「《心經》所講的心就是意識心。」與 佛所說的第八識眞心完全背道而馳，根本是南轅北轍，風馬牛不相及。辨正如下：

一者，意識心會斷滅，第八識如來藏從來不生不滅。《佛說大乘流轉諸有經》云：「至命終時意識將滅，所作之業皆悉現前。」經中已明文，意識心於臨命終時將會斷滅，怎麼會是 佛在《心經》所說不生不滅的第八識眞心呢？何以故？當業境現前時，吾人意識心很猛利，能知今世每一業境的內容；待其了知以後，就轉入正死位——眞正死亡過程的階段，此時意識就漸漸消失了，乃至完全斷滅不現。若是造作謗佛、謗法、謗勝義菩薩僧之人，若是根本罪、方便罪、成已罪都具足，譬如劉東亮、杜大威等人，將來捨報時，不經由中陰身階段，第八識如來藏捨身一分，就直接在無間地獄中成就一分地獄身；如來藏捨身九分，就直接在無間地獄中成就九分地獄身。待如來藏捨身十分，無間地獄身即成就十分，此時意識才在無間地獄身中出生，就開始受無量苦。由此可知，意識在即將進入正死位時就開始漸漸不現行了，乃至正死位中完全不現，此如《佛說大乘流轉諸有經》中 佛已有所明說，爲何杜大威卻說《心經》的「心」字就是意識流？意識流怎麼會是不生不滅的眞心呢？

又此意識心，不僅在臨命終時會漸漸開始滅失，進入正死位中就會完全斷滅，而且在睡著無夢、悶絕、無想定（含無想天）、滅盡定中，亦一定會斷滅，亦即意識種子在此五位中都不再流注；既然意識種子不再流注出來，就不會有意識覺知心的出現。既然沒有意識覺知心出現，就不會有清清楚楚明明白白或了了「常」知的意識覺知心出現，因此成就了睡著無夢等五位中意識不再現行之事實。待離開此五位後，意識種子才能流注出來，復又現行；因此意識是有境界相的、有出入相的、有生滅性的，完全符合《楞伽經》中 佛所開示「**意識者，境界分段計著生**」的正理。既然意識會斷滅及復起，是緣生緣滅的生滅法，又怎麼會是《心經》所說不生不滅的眞心呢？

又睡著無夢，醫學上已證實意識覺知心不現行，此中道理，連一般世俗人尚且知道，而貴爲出世間法的佛學院講師的杜大威先生竟然不知，其知見顚倒至此，卻能被河北佛學院聘爲佛法講師，用這種常見外道的常見法來誤導未來的佛門龍象，這眞是佛門的不幸。連這麼簡單的道理，杜大威先生尚且錯會，豈有資格能夠眞實了知 佛的正法？豈有資格爲人演說《心經》所說從來不會斷滅的第八識眞心？未之有也！

又：只要學過基本唯識學的佛弟子們都知道：意識體性是審而非恆，是有間斷的，於唯識學所說意識於五位中都一定會斷滅。而眞心第八識體性恆而非審，從本以來體恆常住，本來自性清淨涅槃，能隨緣任運而不在六塵境上生起分別，故云離見聞覺知、離能所。此即《維摩詰經》所說正理：「不知是菩提，諸入不會故」；此性於過去世如是，今世亦如是，未來世亦復如是，永不改易，因此稱爲不生不滅的不變眞心；不像意識心是有時起貪、有時無貪，有時起瞋、有時無瞋，有時生善、有時生惡，心性變化不斷。此第八識眞心的不生亦不滅……等正理，在《心經》都已明載，而杜大威竟然視而不見、聽而不聞，竟謊稱 世尊在《心經》所說不生不滅的第八識眞心就是會斷滅的第六意識心！如是妄說佛法，佛在四阿含諸經中已經開示說：妄說佛法的人即是謗佛及謗法。謗佛及謗法的人，後世無量生中的果報嚴重，不知杜大威可曾細思量過？如果仔細思量過，而又故意如此妄說，那就表示他是不信因果的外道，或是故意破壞佛法的魔徒；假使是不知果報而如此妄說佛法，那就表示他連最基礎的佛法也不懂，又有什麼資格擔任佛學院的講師？

然而 平實導師書中常常宣示：「在見聞覺知心、意識覺知心存在運作時，另有一個從來就離見聞覺知的心，另有一個從來不曾起過妄念的第八識如來藏心，與見聞覺知心同時、同處一起配合運作。此離見聞覺知的第八識如來藏心，從本以來就不生不滅、體恆常住，性如金剛而不可壞，乃至在唯識種智所說於五位中意識不現行時，仍然繼續不斷的運作而無間斷。」也唯有這個不生不滅的第八識如來藏方能成辦，非是有間斷的意識心所能爲也。

綜合上面所說，《心經》所說的眞心，絕非杜大威所說的會間斷的意識覺知心。如今杜大威與劉東亮同樣落在常見外道見中，和常見外道一樣的認取意識心爲「常」而不壞的眞心，與常見外道合流，用常見外道所主張的「常住」不壞的意識心，來取代 佛所說的眞正常住的如來藏眞心，竟反過來無根毀謗修證完全符合佛經、親證如來藏的 平實導師，故意混淆佛法的大是大非；世間竟然會有這種人！竟然還能擔任佛學院的講師，不斷以常見外道的邪見誤導學生，這種斷人法身慧命的惡行，至今竟然無人願意加以制止，也眞令人浩嘆！

二者，意識心具足能所，第八識離能所。學過基本佛法的人都知道，意識心現行的時候，就一定會有能、所，何以故？有一所知境及能知之心也。譬如離念靈知意識心，有一離語言文字之境，也有能夠了了分明而「常」知此一離語言文字之境的心，具足了能觀與所觀，與 佛在《大集經》所說「無覺觀者名爲心性」的聖教完全顛倒，也與《維摩詰經》所說「法離見聞覺知」相悖，也與《楞伽經》卷四所說「二種攝受生（能攝與所攝），智者則遠離」的聖教相左。如是種種違背 世尊開示的人，又如何能夠如實宣說 佛的正法而不偏邪？只怕永遠都將是誤導眾生而不自知了。既然自身已成就大邪見及誤導眾生之業，又有何資格來評論完全符合 世尊聖言量的 平實導師？

然而此離念靈知雖然沒有語言文字，卻能清清楚楚了了分別，非無分別。譬如有人打坐時，能夠坐到一念不生的離念靈知境界，忽聞蚊子飛來震動空氣的聲音，便知此聲音是蚊子聲，此離念靈知即已是分別，已具足能觀與所觀，但仍無妨心中依舊不起語言文字妄念。若是眞的不分別者，則不能了知此是蚊子聲。由此可知，杜大威所認爲的離念靈知意識心，具足了能所二法，非是本來就離能所的第八識心，與淨慧法師、徐恆志、劉東亮居士三人，都同墮離念靈知意識心的範疇中，而與常見外道爲伍。

然而 平實導師則是平平實實地教導學人：這個第八識如來藏眞心從來離見聞

覺知，從來就離能所，因此能夠在離念靈知心具足能所的同時，自身卻不在六塵境上起能所、分別，而與具足能所的意識心配合無間，因此能夠成辦種種心行而不輟；不但自己如是親證，還教導座下弟子如是親證如來藏眞心，師徒都同樣地完全符合 佛在《心經、金剛經、大集經、勝鬘經、維摩詰經》等經的聖言量。吾人不僅可以依此心而證得根本無分別智，而且還可以依此根本無分別智爲基礎，進修相見道所應得的後得無分別智，乃至迅速成就初地以上的道種智。事實上，這在正覺同修會的修證上，證明了 佛所說的如來藏是確實可證的，因此而生起實相般若智慧，共同證明 佛所說的般若是確實可證的，不是某些人所誣枉的「如來藏是唯名無實的名相法」。

正因爲杜大威不知有一個從來離能所的第八識眞心，自身墮入意識心而不知、墮入離念靈知心的「常見」境界而不知，所以常教導學人「放下」、「不執著」等落在我所上的粗淺法義，認爲放下我所就是佛法的修行，卻不知完全都是在「我所」上用心，非是 佛所教導我們要在斷除「我見、我執」下功夫，不但與 佛所說的解脫道完全無關；也與 佛所說的大乘見道完全無關，更與 佛所說的修道次第完全相反，正是 佛所說的愚癡的可憐憫者。

三者，意識與五別境相應，第八識不與五別境相應。當離念靈知心現起時，必定與了別六塵境的五別境心所有法（欲、勝解、念、定、慧）相應，縱使心中離語言文字，仍然必定住於了知六塵的境界中，永遠不離能知與所知。何以故？喜歡及希望長時住於所樂境——離念靈知的輕安定境中，這是五別境的「欲」心所有法。又住於離念靈知定境中，能夠了知、印持離開語言文字了了常知境界的內容，這是五別境的「勝解」心所有法。又以往曾經住於離念靈知定中，今復進入此定中而能明記不忘，這是五別境的「念」心所有法。又常常都能長時制心一處而安住此離念靈知心境界中，這正是五別境的「定」心所有法。又在此離念靈知心定中，可以不起語言文字而作分別：此是某甲、此是某乙……等而知簡擇，這是五別境的「慧」心所有法。而五別境的心所有法，正好與離念靈知意識心完全相應，由此一大眾都可以現前證實體驗的事實，可知離念靈知心與五別境完全相應，而五別境在唯識學上說與意識心相應，因此離念靈知必定就是意識心，非是眞心所攝故。

而　平實導師教導學人：眞心從來不與五別境相應，唯除佛地以外（佛地第八識心體能與五遍行、五別境、善十一相應）。當離念靈知意識心喜歡及希望長時住於離念靈知境界時，眞心卻從來離見聞覺知，從來不貪不染、不厭不惡任何境界，因此與「欲」心所有法不相應。當意識能夠了知、印持離念靈知境界而具足能所時，眞心卻無覺無觀而從來都不在能所當中，因此與「勝解」心所有法不相應。當吾人於離念靈知定中而能明記不忘時，眞心如來藏卻從來不墮此明記不忘的境界中，因此不與「念」心所有法相應。當離念靈知專注於一境時，眞心如來藏卻從來不在定中也不在定外，因此不與「定」心所有法相應。當離念靈知心一念不生而能了了「常」知時，眞心卻從來就無分別於此是某甲、此是某乙等事，因此不與「慧」心所有法相應。此外，杜大威與劉東亮……等人所說的「離念靈知了了常知」的事相，也與現量上的事實不符，現見離念靈知不能了了「常」知，而是夜夜斷滅、不能「常」知的；但是在離念靈知夜夜眠熟而斷滅時，眞心如來藏卻仍然保持其六塵外的覺知，自無始劫以來一直都如是知，這才是眞正的了了而「常」知。

綜合上面所說，杜大威所認知的離念靈知意識心，完全與五別境心所有法相應，但是五別境心所有法卻不與眞心如來藏相應；由此就已經顯示杜大威與劉東亮……等人都是外於眞心如來藏而求佛法的凡夫，正是 佛所說爲心外求法之人也。如是心外求法之人，正是 佛所說的外道，又有何資格來評論所說完全符合 佛的正法之 平實菩薩？因此杜大威毀謗弘傳正法者之行爲，已成就毀謗眞善知識之業行，已成就無根毀謗勝義菩薩僧的業行。大眾欲知毀謗善知識所受的果報爲何，請恭閱《大方廣總持經》 釋迦世尊於未成佛前曾如何因爲毀謗 彌陀世尊而受惡果就可了知，在此不予贅述。

四者，意識是依意根與法塵相觸爲緣而生，所以是依他起性，非是第八識的圓成實性。佛在四阿含中處處開示：「**意、法爲緣生意識**」，又開示說：「**諸所有意識，一切皆意、法爲緣生**」，也就是說，意根加法塵與觸心所的具足，才能出生意識，一切粗細意識都不能外於這個緣生法的範圍，而離念靈知心正是如此的體性，所以正是意識心，所以離念靈知心永遠都無法處於六塵之外而有其知覺性，這是大家都可以現前加以檢驗的，不能以不死矯亂的言語來狡辯；即使以外道不死矯亂的手法來狡辯，也是騙不了有智慧的學人，只能騙騙愚癡無智的俗人；因此離念靈知意識心是依意根、法塵、觸心所而生，是依他而起，是依他起性，是緣生緣滅的生滅法，非有其自主性。爲什麼離念靈知意識心是依他而起，非有其自主性？解釋如下：

譬如中陰身投胎後，眞心阿賴耶識入胎而執持受精卵，以其本來所具有的、而且是祂所獨有的大種性自性功德，才能夠接觸四大（地、水、火、風）攝取四大，而使受精卵分裂及長養，因而有吾人之色蘊漸漸具足圓滿的出現，故色蘊是第八識眞心投胎後最早、最直接出生之法。待色蘊之五根具足的時候，加上與第八識同時投胎的意根，就六根具足了。因六根具足的關係，阿賴耶識眞心就能接觸外五塵而變現內六塵相分，故內六塵相分是第八識眞心出生之法。因有六根接觸內六塵相分故，則必有見分出現，因而產生眼識、耳識、鼻識、舌識、身識及意識，此六識是第八識眞心藉著根、塵、觸而輾轉出生之法，亦是唯識學所說：「根、塵、觸生眼識乃至意識」之正理。因有六識之緣故，故能作種種了別，譬如眼能見色、耳能聞聲、鼻能嗅香臭、舌能嚐味、身能覺觸、意識能作思維、整理、歸納、了知。由此可知，六識是輾轉從第八識眞心中出生的法，因此有了意識以後才有一切法出現。意識離念靈知的見聞知覺性，正是這樣因緣和合而出現的緣生法。

由上可知，一切法輾轉因意識而有，意識則依根、塵、觸而有，而根、塵、觸是依第八識眞心而有，因此符合「三界唯心，萬法唯識」所說正理，也唯有第八識眞心才符合此種條件。而杜大威所說「常」住不壞的離念靈知，正是依他而起的意識心，尚待意根、法塵、觸心所而生，怎麼會是本來就具有圓成實性及不生不滅的第八識眞心呢？既然意識離念靈知是依他而起，是有生法，出生後就一定會有斷滅的時候，如此才能成就生住異滅的道理。若如杜大威所說，以意識爲眞心，那麼眞心豈不是成爲斷滅法了？如是說法，怎麼會符合《心經》所說不生不滅的體性？由此可知，杜大威眞是錯得離譜了，錯將依他起性的意識心當作圓成實性的第八識眞心，也難怪杜大威會提出「離念靈知就是眞心」的常見外道見。

綜合杜大威所說「**心經的心字，用現代語講，就是意識流**」，完全違背 佛說。如是妄說佛法，是將佛法常見化，是將佛法與常見外道合流，本質已是破壞佛法，又有何資格來評論親證如來藏眞心而完全符合 佛說的 平實導師？如是妄說佛法及毀謗善知識，已經爲未來世種下長劫尤重純苦果報的惡業種子。若以修學佛法及蒐集福德爲先，卻造謗佛、謗法、謗勝義僧大惡業在後，無乃天下最大冤屈，一切佛弟子應引以爲鑑才是。

第三節　杜大威先生的大錯謬

接下來，從〈就蕭平實的話題採訪杜大威先生〉一文來觀，短短一篇文章中，就已經錯誤百出，實在令人慘不忍睹，誠恐諸多老修行人閱讀之時，可能都將不忍卒讀，因爲實在錯得太離譜了！末學若認眞的一一詳細拈提，將足以另行寫下一本書來。然而後學並無太多閑暇爲他一一拈出，因此僅就其落處大者，加以辨正，以饗讀者；其餘小錯之處無數，不予辨正，僅此大錯之數處辨正，就可以了知杜大威所知佛法見解的偏邪了；這種人卻能擔任佛學院的講師，不誤導佛門未來的龍象才怪，提拔他來擔任河北省佛學院當講師的淨慧法師，免不了要爲他擔負誤導眾生、破壞佛教正法的大因果！如是知見偏邪、誤導眾生之世俗凡夫，尚且不配稱爲禪宗的「獨眼龍」——瞎了一隻眼的見地不具足的龍——早已死在自己句下而不自知，還敢出來丟人現眼；將來在中國佛教史上，也免不得遺臭萬年。

杜大威云：「**業大概總的來說分兩種：一是淨，一是不淨。人世間的業就叫不淨，修行的主要功用就是淨化其所造之業。**」

後學辨正云：從這麼簡單的一句回答當中，就可以顯示杜大威對佛法完全不懂，也違背 世尊的聖教開示。爲什麼呢？人世間的業有善業、惡業、淨業、不淨業，非是完全不淨業。譬如有人修十善業名為造善業，造十惡業名為造惡業；譬如有人修學解脫道，能現觀離念靈知意識心的虛妄而斷除我見，分證解脫，是名淨業；又譬如有人修學佛菩提，因福、慧增長及加強定力，因此能夠參禪、看話頭、參話頭，乃至明心及眼見佛性，是名淨業；又譬如有人聽聞善知識所說之聞所未聞法，因過去世甚少熏習大乘佛菩提法，今世復又接受邪知邪見不肯改易，甫聞善知識所說聞所未聞深妙法即不能安忍，造文毀謗，猶如劉東亮、杜大威等人，因此成就毀謗善知識的地獄業，是名不淨業。由此可知，人在世間有善業、惡業、淨業、不淨業、無記業之分，非如杜大威所說純是不淨業，或純是淨業。

又世尊在《佛說觀無量壽佛經》曾開示：「**當修三福：一者孝養父母，奉事師長，慈心不殺，修十善業。二者受持三歸，具足眾戒，不犯威儀。三者發菩提心，深信因果，讀誦大乘，勸進行者。如此三事，名為淨業。**」其中「孝養父母，奉事師長，慈心不殺，修十善業」，不僅屬於世間的福業，也屬於出世間的淨業（經中佛說此十善業亦是可以出離生死的三種淨業之一），如是雙具世間的福業及出世間的淨業，都是在人間修學佛法的人所修的淨業，為什麼杜大威卻說人世間的所有業行都是不淨業？而說「**人世間的業就叫不淨**」？如是違背世間人應修的福業，違背佛宣示的佛弟子應修的出世間淨業，如此誤導佛門學人、斷人法身慧命，眞是世間惡人，也是 佛的不肖子！如是之人，又有何資格評論他人所說正法爲非？

又 佛在《賢愚經》云：「出家在家慈心孝順、供養父母，計其功德殊勝難量。所以者何？我自憶念過去世時，慈心孝順，供養父母，乃至身肉濟活父母危急之厄；以是功德，上爲天帝、下爲聖主，乃至成佛。」經中已明白告訴我們，世尊就是因爲慈心孝順、供養父母的緣故，以此培植福德，進而成就釋提桓因、轉輪聖王的多世果報，乃至究竟成佛，這些都是人間的淨業，絕不是杜大威所說的不淨業。由此可知孝養父母一事，不僅是世間人所公認的孝道，爲世俗人所尊崇，甚至還可以藉此福德而成究竟佛，因此是名淨業，爲什麼杜大威卻說「人世間的業就叫不淨」？爲什麼說法故意與 世尊相反？由此文字證據，證明杜大威認爲孝養父母一事是不淨業，想來他應該不太孝順父母吧！因爲他認爲人世間的行爲都是不淨業，所以應該是不會孝養父母，這眞是人世間的不孝子；他既將「孝養父母一事最終可以成就佛道」的正行認爲是不淨業，不僅違背 世尊開示，而且還是 佛的不肖子呢！

如是違背世間共識孝道之不孝子，亦違背出世間法 佛的聖言量之不肖子，又有何資格及面目來評論他人？乃至評論完全符合 佛說的 平實導師？由此可知，杜大威已成就毀謗善知識的不淨業了，未來世將於地獄嚐受長劫尤重純苦果報，眞是愚癡無智的可憐眾生。

又修行的主要功用在於得到佛地的智慧及福德，具足佛地的智慧與福德者，才能成佛，這就是佛稱福慧兩足尊的由來。但是修集智慧與福德的淨業，都必須在人間才能修集具足，所以人間也有淨行；但光是淨化所造的業（事實上所造的惡業不能淨化，而是經由修善、修慧、修福的迴向，加以轉除，而非淨化），最多就只能成爲證得解脫果的阿羅漢，仍不能成佛；所以在人間、天上修行的主要「功用」，其實是親證如來藏，以及依如來藏所含藏的一切種子的修學，成就一切種子的智慧而發起四智圓明的世出世間大智慧，非如杜大威所說「修行的主要功用」僅「在於淨化其所造的業」。譬如得到 佛的智慧者，有證得生命實相的智慧——根本無分別智（總相智）；也有證得根本無分別智後，以總相智爲基礎，進修相見道所應得的智慧——後得無分別智（後得智）；也有於法通達後進修諸地所應得的智慧——道種智；乃至尚有諸佛所應得的智慧——一切種智，這些都是佛法中修行的主要功用，不單是杜大威所說的「淨化其所造的業」。

譬如得到佛的福德，其中不僅有明心的福德、破重關見性（如幻觀）的福德、破牢關的福德，乃至成就其他八種現觀（陽焰觀、如夢觀、鏡像觀、光影觀、谷響觀、水中月現觀、變化所成現觀、似有非有現觀）的福德，乃至等覺菩薩百劫修相好，無一時非捨身時，無一處非捨身處，累積福德，以成就未來成佛時應具有之三十二大人相及八十隨形好的福德。並於因緣成熟時，誕生人間，於菩提座下，一手按地明心，於夜後分，睹明星見性，成就究竟佛；這些都是大乘修行者所應該修學的，所以修行絕非是杜大威所說的單單只有淨化所造業的事行。

又戒慧直往菩薩在修福、修慧的過程中，能於二地滿心時轉變自己的內相分，有能力淨化自己，使自己不再造惡業而隨緣了舊業。如是行爲，純是依智慧及福德而能淨化其所造之業，故名持戒。又戒慧直往菩薩進修到八地時，只須作意、不須加行便能夠於相、於土自在，不僅可以扭轉自己及其他有情內相分，也可以隨意變現國土自在，因此已無不淨業種可淨，純粹是依智慧及福德而能成辦。又七地心以前的大菩薩們，因大悲心的緣故，故意留一分思惑，繼續潤未來世的再度受生（名留惑潤生）以度眾生，直至成佛。此在經與論中都有明載，現猶可稽，都是大乘修行人所應該修行的法要，杜大威豈可視而不見、聽而不聞，刻意抹殺修行的種種事行與法行，而謊稱修行的主要功用就是淨化其所造之業？眞是不懂佛法修行次第與內涵的愚癡凡夫也！如是之人，今天又被劉東亮所利用，爲了替淨慧法師出頭，大膽的否定正法、無根毀謗勝義菩薩僧，造下地獄惡業；如是尚且無法分辨善、惡、淨、不淨業，又怎麼能夠理解「修行的主要功用」？未之有也！

綜合上面所說，修行的主要「功用」是在獲得佛的智慧及福德，次要的功用之一才是在淨化我們所造的業，非如杜大威所說「修行的主要功用就是淨化其所造之業」。若如杜大威所說，不僅對於修學佛法的內容完全不懂，也將使佛法的修證次第錯亂，絕對無法避免的會走入岔路，也難怪會同墮於淨慧法師所「悟」的離念靈知意識心「常見」邪見中，也難怪今世會造下無根毀謗善知識的不淨業行。究其實，是杜大威自己沒有智慧，不能依經典簡擇故，自己所解知見亦偏邪故；又因爲善根福德的薄少，所以不信善知識所示之聞所未聞法故，實是咎由自取者。

杜大威又云：「我們就看見蕭平實先生他顯得比較有氣慨，又隨時打發某某下地獄。包括印順法師就是，他認爲人們如果能夠不研究印順法師的東西，或者不認同印順法師的東西就是對他的幫助，讓他少受地獄之苦。」

後學云：杜大威如是說法，是故意倒果爲因、顛倒黑白，誤導其他初學佛而尚不能明白事相與正理的人，欲令其認同杜大威自己的說法，而否定同於 佛說的平實導師，眞是居心叵測之人。

平實導師所拈提的印順法師，他承襲西藏密宗黃教的應成派中觀斷見論、無因論，不僅否定 佛所說眞實可證之第八識，且外於如來藏而說一切法緣起性空，復又建立子虛烏有之意識細心、滅相眞如，作爲不墮斷滅見之三世因果聯繫者，以兔無角論作爲般若，如是作爲正是破壞 世尊正法，正是剷除佛教三乘法義的根本，正是破壞涅槃的實際，使 佛的三乘菩提正法悉墮戲論之中，皆成爲不能實證之戲論行門，因此破壞佛法甚鉅。杜大威愚癡無智，見不及此，反而支持印順破壞正法的邪說，反而無根毀謗護持正法的 平實導師，可謂其心顛倒。

又印順在其著作《淨土與禪》書中認爲：阿彌陀之極樂世界信仰是太陽崇拜的淨化。則意謂西方極樂世界非眞實有，意謂 阿彌陀佛亦非眞實有。此外，印順又在同一本書中說「東方淨土爲天界的淨化，這是非常明顯的」，則意謂東方琉璃淨土是娑婆世界天界之淨化，亦非眞實有。既然東方琉璃淨土非眞實有，亦即認爲 藥師佛亦非眞實有；可是在淨土經典中，佛卻明明說有西方極樂世界及 阿彌陀佛，有東方琉璃世界及 藥師佛。而印順卻否認之，此舉將使念佛求生淨土之佛門行者頓失依怙，也將因為心中懷疑而無法往生西方極樂世界及東方琉璃世界。由此可知，印順正是破佛正法最鉅的人；杜大威身為河北佛學院講師，明知印順如此嚴重破壞正法，否定淨土經典佛語，卻出面為被 平實導師評論的印順打抱不平，正是支持破壞正法者的惡行。

印順不僅否認有西方極樂世界及東方琉璃世界二淨土，妄說沒有 阿彌陀佛及藥師佛，而且否認七八識，使三乘無比勝妙而超越一切外道的佛法，都成為全無實質而不可修證的戲論；如是之人，正是穿如來衣、吃如來食、住如來家，卻說如來法而破如來法，實乃破 佛正法最甚者，已成就一闡提人（斷善根人）業種，次生及後後世之果報都在地獄。而 平實導師依 佛的開示，一一列舉印順破佛正法事實，因此說印順之果報在地獄，完全符合 佛的開示；也想藉此拯救印順，使其警覺，希望他能在有生之年謀求補救而滅除地獄業；為什麼杜大威卻故意歪曲事實說：「蕭平實先生……又隨時打發某某下地獄」？如是說法，根本是故意倒果為因、顛倒黑白，本質已經成就毀謗善知識的人間不淨業了，這才是他所說的「人間不淨業」。因此後學為杜大威預記：「未來世杜大威將在地獄受長劫尤重純苦果報。」唯除捨壽前懂得大力懺悔，而且得見好相以滅重罪。杜大威先生！當您看到後學爲汝預記時，是不是也會說「我們就看見慧眼先生他顯得比較有氣概，又隨時打發杜大威下地獄」？是不是又要倒果爲因、顛倒黑白呢？不知杜大威是否能夠公開的回答後學這個質問？有智者，不妨從這裏思維，就知道誰是誰非了。

第四節　杜大威先生對藏密的無知

杜大威云：「蕭先生對密宗的攻擊可以說是不遺餘力。揭露了密宗的很多的『醜態』，從反對迷信的這個角度來說，也有他的長處，我們確實不應該有任何迷信。密宗裏如果盲目的標榜神通啊什麼的，標榜某種修法什麼什麼的，這就要注意了，總的來說不能人云亦云盲目迷信。但是蕭先生暗示自己就是多羅那他轉世，他是在神通和宿命通裏達到了這種境界。然後煞有其事暗示神通，讓我們覺得他在反對盲目的神通而又自許神通，這就讓人心裏很難欽佩呀！」

後學云：此中分為兩部分來作說明，一者說明密宗本質為何？二者說明杜大威所不知的神通內容，以及菩薩不修神通而能知往世事的不可思議功德。

一般人所謂密宗者，乃謂今時弘傳於人間之西藏密宗，非謂佛法中證得般若種智密意之祕密宗旨也。密宗之初始，本是藉諸密咒眞言、藉助諸佛菩薩及護法龍天之護佑神力，以求達到世間之身心安樂，避免產生佛法修行上之障礙，是故初始唯有藉諸密咒求護法神護持之法與儀軌，只是不離佛法的事密，非如今日密教之法義組織嚴密以及偏離佛法修證，而以雙身法作為中心思想的邪淫密宗。密宗法義之組織嚴密，乃是經由後來之日漸增補、及搜集外道法與佛法名相之後，再搜求外道男女合修淫樂之雙身修法理論，而冠以佛法修證名相之後，才納入天竺晚期「佛教」的天竺密教中，然後以此雙身修法之理論而前後貫串一切理論與行門，方有今日之規模，但仍然沒有絲毫佛法的本質；非如顯教之三轉法輪而圓具三乘菩提一切法，亦非如顯教之于四阿含中已隱顯函蓋三乘一切法；故說密宗諸法乃是後來之凡夫俗子，依於妄想而建立增補之虛妄法，全部圍繞著世間淫樂藝術的享受性愛的世俗法，不但不是眞正之佛教，連一般宗教教人遠離邪淫的善法都沒有，反而以教義來教導密宗行者：要在後段的即身「成佛」階段共修時，實行男女輪座雜交、師徒亂倫，鼓勵最後階段的密宗行者普遍邪淫。

王驤陸、元音老人、徐恆志的心中心法，其實是脫胎於西藏密宗的離念靈知心，所以他們也是密宗法門的實行者，只是他們很少公開的教授雙身法的邪淫法門。但元音老人八十餘歲時，仍然對男女行淫的技巧很重視，就是肇因於此。劉東亮不知內情，還一心一意的維護元音老人的心中心密法，卻不知元音老人的心中心密法，其實仍是本於密宗蓮花生上師的離念靈知心，絲毫無二，都是同墮於意識心境界中，與常見外道所墮的意識靈知心完全相同。

杜大威與劉東亮二人，至今仍然無法認清元音老人所「悟」只是意識心，因爲他們與元音居士同樣的落在離念靈知意識心中，無法脫離常見外道的意識境界。譬如世俗賊人，爲了逃避屋主與大眾抓他送官法辦，就故意混淆是非，反而誣賴屋主是賊，使得大眾都不知道誰才是眞正的賊人；劉東亮與杜大威二人，不肯遵照佛意而破斥常見外道，自己落入常見外道的境界中而不自知，正是佛門中的常見外道；卻以常見外道的本質反而誣蔑不在外道境界，而且親證三乘菩提所依如來藏實相境界的 平實導師，和作賊的人大喊抓賊一般，都是不分是非、顚倒是非的製造是非者。

密宗所說法義之荒誕不經，將欲界欲貪最重的外道男女雙身合修、追求欲界最強淫樂境界的世俗性愛「藝術」方法，建立爲即身成佛的唯一方法，眞可說是匪夷所思，印順法師在書中指稱他們是索隱行怪之宗教。而他們所謂的般若中觀，卻又是承襲自天竺凡夫「菩薩」的月稱、寂天「論師」等人，同以否定如來藏爲手段，同樣建立生滅性的意識離念靈知心爲眞如心，否定 佛在四阿含諸經中所說的第七八識，將一切法根本、三乘菩提根本的第八識如來藏完全否定，墮於斷滅空中，正是無因論外道，正是兔無角論的外道，所以密宗的本質並非佛教。密宗的紅白花三個教派，雖然承認有如來藏，但是卻將觀想出來的明點認作如來藏，也將離念靈知心認作如來藏、認作眞如佛性，所以都落在常見外道的邪見中，所以本質絕對不是佛教。

所以密宗所說解脫道及佛菩提道，完全悖離三乘經典之眞實義理，誤導眾生極爲嚴重，令諸學人久修佛法而無所證，並且漸入歧途，沈溺於三界有漏有爲法中；修之愈久，陷溺愈深，不能自拔，必將導致永世輪迴、乃至墮落三途，貽害學人極爲嚴重。大眾欲知密宗的本質，詳見 平實導師所著《狂密與眞密》四輯，可從「成佛之道」網站（http://www.a202.idv.tw）瀏覽、下載，就可了知。

而　平實導師將密宗本質及違背　世尊聖言量、聖教量一五一十說出，將密宗違背　世尊聖教、破壞　世尊聖教的事實昭告世人，避免諸學人久修佛法而無所證，修之愈久，陷溺愈深，導致永世輪迴，乃至墮落三途。如是之人，正是　佛的正法弘傳者，正是發起大悲心而確實在拯救佛弟子的人，而杜大威不明事實眞相，不但不能發心拯救學人，反而評論　平實導師，欲使　平實導師拯救學人的大心不能成功，故意使學人繼續沈淪於邪法中，眞是居心叵測之人也，如是之人，已種下地獄業而不知，眞是　佛說的可憐憫者。

又杜大威以神通境界來誣責　平實導師，亦是不懂佛法之人；以最簡單的道理說之，即可明瞭：諸佛及諸大菩薩都有大神通，諸經具載分明；依杜大威的說法，有神通示現就不能服人，則佛菩薩在經中所說種種示現神通的事實，杜大威是否也將因此而心生不服？所以這種偏邪的見解，只是愚癡無智者的意氣用事心態下所說出來的話，有智慧的人一聽即知，不能取信於佛教界。又　平實導師能見過去世，乃至能見多世前在西藏身爲法王及在印度弘法的事情，是因爲平常對煩惱障、所知障精進的斷除，道種智的增上，以及　世尊冥冥加持，得以在定中或在夢中，使往世的種子片段、片段的現行，再由　平實導師思惟整理，得以了知往昔的因緣而如實說出，與神通無關；這都是由於心地清淨的緣故而產生的自受用功德，無關神通；經中所說菩薩不修神通而能了知往世宿命，故名不可思議，正是平實導師的寫照。然而杜大威不知神通內容，也不探討 平實導師所說的眞實詳情與內容，也不懂菩薩心得清淨時即可了知宿命的證境，卻以仍無般若神通證境的凡夫身，誣賴 平實導師以宿命通來炫耀，誣賴 平實導師「煞有其事暗示神通，讓我們覺得他在反對盲目的神通而又自許神通，這就讓人心裏很難欽佩呀！」他卻無法從 平實導師的書中所顯示的般若與道種智中，獲得絲毫的增上；如是行爲，可以證明杜大威對神通及般若智慧都是一竅不通，而且還成就毀謗善知識極重業行，讓後學不得不搖頭嘆息曰：「竟有如此愚癡的眾生！」 平實導師寫書流通，一心想要救他們離開地獄業，但他們卻往往辜負了 平實導師的悲心。

復次，平實導師如實了知解脫道的修法與內容，如實了知無餘涅槃中的境界，如實了知佛菩提道的見道內容，如實了知佛菩提道的修行次第，早就了知在戒慧直往的菩薩道上，要到三地快滿心時才開始修學五神通，到那時候，修學神通不但可以隨修隨得而有大勢力，並且完全不受任何鬼神的干擾。然而在三地未滿心前修學五神通，由於智慧與威德力的欠缺，都會受到鬼神或多或少的干擾，反而會障礙佛菩提道的修學，因此 平實導師在三地未滿心前，不樂於修學神通，也不願修學；並且常在課程當中告誡弟子們，讓弟子們了知神通內容及修學時機，以避免在修學佛菩提道上產生不必要的障礙。而杜大威不僅對神通內容的懵無所知，也不知不解戒慧直往菩薩三地快滿心時才修學神通的道理，也不知 平實導師至今都不曾在神通境界上用心，卻故意歪曲事實，以莫須有的罪名，來毀謗 平實導師，眞是居心不良，一般佛門中人尚且不應爲之，何況身爲河北佛學院講師的杜大威，爲人師表而作此人間不分是非、不符公理的行爲，豈能獲得世人的信受？如是之人，又如何能與「道」相應？既然無法與道相應，也難怪會落入離念靈知心當中。因此建議杜大威：「要刮別人的鬍子之前，先要把自己的鬍子刮乾淨。」否則橫行誣蔑別人以後，如今招來後學據理辨正的結果，只是自取其辱、遺臭萬年，對自己又有何絲毫利益？本想取悅及回報淨慧法師的提拔之恩，卻反而招來更大的不如意，有何點滴智慧可言？

第五節　杜大威先生不懂法義辨正的意涵

杜大威云：「這蕭先生如果說是一個修行人吧，在沉悶的佛教界裏挑起了一些話題，或者是波浪，或者是迭蕩，包括對中觀應成派有些批評，也算是挑起了人們對教派宗旨的思考，但蕭先生未見得是『終極眞理』。何以故，現成執著死語知見不自檢點，毀謗古今聖賢故！」

後學云：有許多人（包括杜大威、劉東亮在內）根本不瞭解所謂「摧邪顯正」及「說人是非」之差異，因此後學有必要藉此說明清楚，讓劉東亮、杜大威等人知道其間之淆訛處，避免再次造作毀謗善知識，加重地獄不淨業而不知。也希望佛弟子們以此爲鑑，莫造如是愚癡無智之行。

所謂「摧邪顯正」是見他人所說法義與 世尊相違背，而且有誤導眾生之嫌，不忍邪說誤導眾生，因而發起悲心舉說正法及邪法之差異，以摧毀外道邪說，顯示正法異於邪說之處，救護眾生迴向正道，讓眾生得以遠離邪法。此中摧邪顯正最有名的例子，就是 世尊踵隨六師外道足後，破斥六師外道。待 世尊一一破斥後，眾生了知正法與邪法差異，故而遠離外道，歸依 世尊，而成爲佛弟子。由此可知，摧邪顯正完全是在「法」上做辨正，是將 佛的正法昭告於世，讓佛弟子們能夠了知正法與邪法之差異，進而使眾生遠離邪法，趣向正道。因此若有人不認同 世尊的「摧邪顯正」，就是不認同 世尊踵隨六師外道足後，破斥六師外道說法，是人不堪任佛弟子，與外道無異。因此評論法上之過失，非但無罪，反而有大功德。何以故？可以讓眾生遠離大邪見故。

所謂「說人是非」是說他人的身行、口行、意行之過失，完全在「個人是非」上用心，無關「法義辨正」，因此與法義辨正完全不相干。又慧能大師說：「**只見自己過，不見他人非。他非我不非，我非自有過**」，是指看見自己個人的身口意的過失，而不見他人的身口意過失，非是指法上的過失。因此若有人說個人身口意行之過失，即是談人的是非，正是是非人，有極大的過失。而「摧邪顯正」是在講法上的過失，與個人是非無關；杜大威卻常常在身口意行上批評他人，正是宣說他人是非者。

杜大威既說 平實導師對密宗黃教應成派中觀的判論「**未見得是『終極眞理』**」，又說 平實導師是「**現成執著死語知見不自檢點，毀謗古今聖賢故**」，那就有義務提出法義上的辨正，來證明 平實導師所說不是「**終極眞理**」，來證明 平實導師所說確實有「現成執著死語知見不自檢點，毀謗古今聖賢故」的證據，這才是杜大威應該作的事情。就像世人指稱別人是賊的時候，就得舉證別人當賊的證據，否則就是誣告，得要擔負誣告罪而被法院判處誣告罪而入牢服刑的。可是現見杜大威根本沒有在法義上辨正，只是片面的指稱別人毀謗古今賢聖，而不能舉證 平實導師如何是毀謗賢聖，只在無關的事相上，用似是而非的邪謬「佛法」來毀謗 平實導師及誤導眾生。

如果杜大威眞的有摧邪顯正之心行，眞的爲眾生法身慧命著想，何不學習 平實導師一樣，廣造諸辨正之文，辨正所謂的 平實導師毀謗賢聖、執著死語之處？正可檢點證據而使天下都知道眞相；然而現見，杜大威根本無此能力爲之，也不敢爲之，何以故？因爲杜大威的落處（誤認離念靈知心爲眞心）與當今佛門錯悟的大師們完全一樣，而那些大師們都無法通過 世尊聖言量的勘驗，也早就被 平實導師拈提而無法提出有力而正確的辨正，所以今天的杜大威雖然未曾被 平實導師拈提，心中卻與那些大師們一般，好像作錯事的啞巴被人責備而無法爲自己所作的錯事辯解，有苦說不出，因爲杜大威的落處與那些悟錯的大師們完全相同。既然杜大威在法上早就無法依據經典眞義而辨正，就只好在事相上煽風點火而作無根毀謗了，也難怪會在結論上說出無關法義、只以編造個人是非的有關言語，往自己臉上貼金的說：「他非我不非，我非自有過，我本人，並建議蕭先生都應該學點慚愧，不要搞得無慚無愧的！」但是由杜大威自己誣蔑了別人以後，卻無法提出證據，只是一味的誣蔑，其實正是說別人是非的無慚亦無愧的人；由此可知，杜大威根本不懂得「法義辨正」及「說人是非」之差異。

像這樣的無關法義的辨正，盡在事相上編造事實而作毀謗之愚癡無智行，已爲自己種下來世地獄身之業種，將來要在地獄中長劫承受無量苦。若爲自己一世之面子好看，只是爲了回報淨慧法師的提拔之恩，以這一世的短暫微小世俗利益，卻造下未來無量世的長劫特重純苦的苦果，不是愚癡人又是什麼？因此有智之佛弟子們，若非自己有般若中道智及確實證解經典實義作爲依據，欲評論他人，都必須謀定而後動，切莫輕舉妄動，否則就會像杜大威一樣，不僅今世被人拈提、破斥，造成自己面子難看，而且還種下毀謗善知識業行，未來多劫承受無量的特重苦楚，眞是得不償失。

第六節　杜大威先生不懂真空與妙有

杜大威云：「若是『勝義有』與『必竟空』作『知見』之諍，在禪宗看來，皆為不得體之『外行話』，屬戲論。皆未達『無諍』三昧之實證境界，戲論而已！當然若涉及到世俗的利害關係，在禪宗看來，在教下『知見』裏諍空有，僅『無可奉告』！按禪宗看來，『勝義有』與『必竟空』的所謂唯識與中觀之諍，如手心手背孰爲主體之諍，且精彩處即諍心之『兩難』，一切禪宗『公案』，歸根結蒂是在眞實兩難處脫穎而出，貴自悟自證，而不偏于一方。不在『理論高明』而下『死語』。」（編案：必竟空，應爲畢竟空。）

後學云：眞悟之人絕對不會有杜大威所說有「空有之諍」之事，唯有未悟的人，譬如杜大威、劉東亮等人，才會有「空有之諍」。由此可知，杜大威根本不懂「勝義有」及「畢竟空」之正理，才會有如此不倫不類之話語出現，而且盡在編造的事相上毀謗，卻無力舉出空有之諍之過失所在與原因，眞是愚癡之人也。

明心之人，因觸證如來藏的眞實有，了知如來藏的眞實有，而又能出生蘊處界等萬法，所以親證勝義有的般若中道境界，不落於空有兩邊之中，這才是實證勝義有的聖者，這正是 平實導師教導吾人所親證的勝義有境界。而如來藏所出生的蘊處界等萬法，都是緣起性空，所以說爲畢竟空、畢竟都無一法可得，這才是般若畢竟空的實證，這正是 平實導師教導吾人親證的畢竟空的智慧境界。緣起性空的蘊處界有，須都滅盡以後，才能進入無餘涅槃的寂靜極寂靜境界中； 平實導師也早已親證此中實義，也教導吾人實證此一眞理，所以正覺同修會中有許多人都是親證勝義有與畢竟空的眞實道理；但是返觀杜大威及劉東亮二人，既不能實證如來藏而完全不知勝義有，也不能現觀識蘊中的意識離念靈知心的虛妄，而將意識離念靈知心誤認作常而不壞的眞心，落在常見外道見中，更何況能現觀意根的虛妄性？這又證明他們二人只是不知畢竟空的凡夫。既不證畢竟空，又不證勝義有的凡夫，卻敢爲淨慧法師出頭，來誣蔑實證勝義有及畢竟空的 平實導師，造下無根毀謗賢聖及否定如來藏勝法的無間地獄業，膽子未免太大了，也證明他們二人根本就沒有絲毫的智慧。

此外，眼見佛性的人，因爲親眼看見身心及世界虛幻，而現見佛性眞實有的緣故，了知如來藏自性的勝義有，心性不偏空有故。因此唯有既明心又眼見佛性之人，更能了知如來藏本住涅槃之畢竟空，又親見佛性不外於無漏有爲法的種種有性，也了知空有不二的正理（亦即親證畢竟空及勝義有不二、非一非異的道理），既不偏空也不偏有，絕無可能產生空有之諍。此中道理，就好像燈（空性）與光（有性）一樣，燈不是光，光不是燈，但光從燈生，非一非異故。這是 平實導師親證勝義有與畢竟空，並且教導吾人親證如是勝義有與畢竟空，非是一人之說，他人隨學之後也能實證。平實導師曾在書中責難空有之諍，說佛教界古今的空有之諍，只存在於未悟凡夫之中，絕不存在於眞悟菩薩之中；如今杜大威認爲空有之諍有過失，卻不知 平實導師早已舉出正理而責難空有之諍，反而顚倒事實而以空有之諍之莫須有帽子，妄扣在 平實導師頭上，眞是顚倒是非、指鹿爲馬的能手。是故，唯有既未明心又未見性之人，如杜大威、劉東亮等人，才會有空有之諍可言。杜大威連明心所證的勝義有如來藏的絲毫證量都沒有，又執著識蘊所攝的緣生緣滅的離念靈知，將此無常的意識心執著爲常住不壞心，對於意識心的畢竟空也是完全無知，所以畢竟空的眞實義，完全沒有絲毫實證，又如何了知空性、有性之正理？又如何了知空有不二之眞實義？又如何了知空有之諍的過失所在？未之有也！因此，杜大威所說空有之諍，正好顯示自己對空性及有性的無知，正好顯示他自己已落入空有之諍中，所以「空有之諍」的責人言語，正應用來責己才是。

此外，杜大威說：「禪宗…是在眞實兩難處脫穎而出，貴自悟自證，而不偏于一方。不在『理論高明』而下『死語』。」似乎他是懂得禪宗的，似乎他是在禪宗的參究上面有所體悟的。既然如此變相的宣示他是證悟者，所以才說出上面所舉證的這些話來；那他就應該拈提公案，將公案中的隱語密意，以不洩露密意的方式拈提舉證出來，以證明自身確已實證，以證明自身眞的是「不下死語」。但是杜大威與劉東亮二人，再給他們三十大劫的時間，到了三十大劫以後，絞盡了腦汁也是仍然寫不出像 平實導師所寫的公案拈提般的妙書。竟然眼「高」手低的說起禪宗開悟的事情來，竟然以未悟之身而妄自批評眞悟的 平實導師，只能說他們眞的是有眼無珠了！

此外，禪宗之開悟，只是大乘般若智慧的初見道；而唯識學的實證（不是熏習及研究），則是禪宗證悟如來藏而通般若智慧以後，才能進修的一切種智；唯識增上慧學的深妙及廣度，都不是禪宗的見道者所能了知的，所以古時禪宗的證悟大禪師，有許多人是悟後猛讀第三轉法輪唯識經典而自己進修的；所以禪宗的眞實證悟智慧，絕對及不上唯識增上慧學的修證。這個事實，杜大威是完全不知的；其中的道次第與內容，也是杜大威所完全不懂的；不知不懂的人，卻敢口出狂言，胡亂判斷禪宗的證悟高於唯識增上慧學一切種智的境界，說他是不知天高地厚的愚人，絕不會絲毫冤枉他。杜大威如果不服，就應該寫出一本或多本書，舉出理證上與教證上的證據，來證明他的說法正確，來證明他眞的是「不下死語」；若作不到，就如同愚人自稱是國王一樣；國王見他愚癡到無以復加的地步，也只好笑一笑就算了，又將如何與他計較大妄語？

另外，勝義有與畢竟空之諍，平實導師早已破斥之，早已寫在書中，杜大威不知，還取來誣蔑 平實導師在作空有之諍。如今佛門四眾正應該請他把空有之諍之本質寫出來，看他能否超脫於 平實導師書中對空有之諍的判論？看他對空有之諍有何高見？他正應該以自己所寫的書，對於空有之諍作個判論，讓佛門四眾弟子檢驗一下，以證明杜大威確實眞的是「不下死語」。否則，公然的誣賴別人「下死語」，卻不能證實自己眞的是「不下死語」，那就不免教界四眾都要投以異樣的眼光了；如今被後學寫在此文中以後，也不免要遺臭千古了。但是，我們早就知道杜大威先生是沒有絲毫威德的，稱不上「大威」兩字的名號。如果不信邪，眞的再寫出一本書來判論空有之諍，屆時後學將以半年時間爲期，再針對他的著作，寫出他的處處邪謬，讓他一生一世好好的用功比對經典、詳細的思惟研讀。

杜大威云：「蕭先生所謂的如來藏，由於『高舉知見』，如同廣袤麥田裏那位偏見的拾麥穗者，手裏執著一點，就以爲收割的大田裏空空如野，沒有麥子，是不洽當的，不能正確對待般若『必竟空』的實踐。」（編案：「洽當」應爲「恰當」，「空空如野」應爲「空空如也」，「必竟空」應爲「畢竟空」。）

後學云：單單從他這些語句當中，就知道杜大威根本未曾見道，也不知道 平實導師所說如來藏的眞實義，自己盡在「高舉知見」上面扯葛藤，所言根本不及第一義諦，卻反過來誣指 平實導師是高舉知見。但是 平實導師早已教導吾人親證如來藏而現觀如來藏的空性與有性，吾人早已因此而實證般若經中所說的蘊處界畢竟空。可是杜大威卻完全不懂般若的畢竟空，落在意識離念靈知心的「三界有、無常有」中，至今還在堅持意識離念靈知心是勝義有，可見他根本不懂勝義有，因此後學在此舉出經典，來證明如來藏眞是 佛說法四十九年所說的眞心勝義有。

阿含部的《央掘魔羅經》卷四：【文殊師利白佛言：「世尊！因如來藏故，諸佛不食肉耶？」佛言：「如是，一切衆生無始生死生生輪轉，無非父母兄弟姊妹，猶如伎兒（如來藏）變易無常；自肉他肉則是一肉（同是如來藏所變現），是故諸佛悉不食肉。」】在原始佛法的阿含部經中已明文開示有如來藏一法。

《大方廣佛華嚴經》：【「如是善男子！佛見眾生如來藏已，欲令開敷，為說經法，除滅煩惱，顯現佛性〔顯現成佛之性〕」。】

《大薩遮尼乾子所說經》卷九：【大王當知：「一切煩惱諸垢藏中，有如來性湛然滿足，如石中金，如木中火，如地下水，如乳中酪，如麻中油，如子中牙，如藏中寶，如摸中象，如孕中胎，如雲中日。是故我言：『煩惱身中有如來藏。』」】經中已明示，煩惱身中有如來藏，所以如來藏是實相法，不是唯名無實的虛相法。

《大寶積經》卷一百一十九：【「如來藏者如我所解，縱為客塵煩惱所染，猶是不可思議如來境界。」】《勝鬘經》法身章第八：【「若於無量煩惱藏所纏如來藏不疑惑者，於出無量煩惱障法身亦無疑惑。」】此等經中已開示，如來藏是不可思議如來境界，所以一切菩薩都是親隨如來或真善知識修學而親證之。

《佛說不增不減經》：【「舍利弗！甚深義者即是第一義諦，第一義諦者即是眾生界，眾生界者即是如來藏，如來藏者即是法身。」】《解深密經》卷一，佛云：「廣慧！此〔阿賴耶〕識亦名阿陀那識〔阿陀那識為持身識之意，如來藏之異名〕，何以故？由此識於身隨逐執持故。亦名阿賴耶識，何以故？由此識於身攝受藏隱，同安危義故，亦名為心。」如是經中已明示：如來藏即是法身、是持身識、自性清淨，故是眞實有之實相法。

《大乘理趣六波羅蜜多經》卷十：【如來清淨藏，永離諸分別，體具恒沙德，諸佛之法身；住眞無漏界，清淨解脫身，寂滅等虛空。法性無來去，佛現三界中，不生亦不滅；此界及他方，湛然常不動，平等眞法界；佛與眾生如，非斷亦非常，大悲恒不盡。】此經中已明示，如來清淨藏就是諸佛之法身。既然如來藏是佛的法身，當然也就是 佛說法四十九年所說的眞心了，當然就是禪宗證悟祖師所悟的眞心了；除非杜大威想要主張：眞心有兩個、實相有兩個。

從上面經典教證，可以證明如來藏就是法身，也是眾生在因地時的眞心，是未來的佛地心，也是一切有情的持身識，更是 佛說法四十九年所說的眞心也。更何況 平實導師親自觸證的如來藏，都以經典作依據，一再的檢驗；並且是廣傳給正覺同修會中的弟子們，在十餘年中公然的要求四眾弟子實證之後加以詳細檢驗無誤。既然如來藏是 佛所說的法身、眞心，也是 平實導師親自觸證而開演的法，也是確實傳授給弟子們實地親證的法，當然是眞實有的法，絕非杜大威所誣謗的「只是知見」，爲何杜大威卻說：「蕭先生所謂的如來藏，由於高舉知見，如同廣袤麥田裏那位偏見的拾麥穗者，手裏執著一點，就以爲收割的大田裏空空如野〔也〕，沒有麥子，是不洽（恰）當的，不能正確對待般若『必（畢）竟空』的實踐」？從這裏就可以了知，杜大威根本沒有觸證如來藏，爲掩飾自己錯「誤」的關係，而對平實導師做不如實語。

否定如來藏的人，就是毀謗方廣經典的人，因爲方廣經典所說的無量法，都是以如來藏爲中心、爲根本而宣說的妙法。佛說謗無如來藏的人就是謗菩薩藏的人，又說這種人是一闡提人（斷善根人），說爲地獄種性的眾生。現在杜大威卻公然的否定如來藏，不承認如來藏爲眞心，而認同河北淨慧法師與已故的元音居士的說法，堅持離念靈知意識心是眞心，落入常見外道邪見中，高舉常見外道的邪謬知見，妄行狡辯爲眞正的佛法，反而誣謗親證 佛所說的般若根本如來藏的 平實導師，豈不是故意謗法及謗賢聖？

正因爲杜大威墮入離念靈知意識心，不知不解如來藏就是一切有情都本已擁有的眞心，也難怪會錯解經典所說眞實義理，誣說 平實導師所說如來藏是「高舉知見」，也難怪會將《心經》所說不生不滅的眞心解釋作意識心了。因此杜大威錯解經典眞是錯得離譜了！如是錯得離譜之凡夫知見，又有何資格誣說 平實導師所說正法爲非法呢？如是誣賴的行爲，已爲杜大威廣種地獄大惡業，將來於地獄受無量苦。眞是愚癡無智的可憐眾生！後學就在這裡派遣杜大威先生捨壽時下地獄去吧！像這種毀謗如來藏正法，以常見外道主張的無常的意識心，來取代 佛所弘傳的常住如來藏心的破法者，不派遣他下地獄，能讓他去何處呢？

第七節　杜大威先生也是常見外道

杜大威否定第八識，落入意識境界中，同樣是六識論者，落入常見外道見解中。杜先生云：「眞常外道，一般指這樣幾個情況：一是執著客體微塵（粒子）爲眞實恒常，是世界的本源；一是執取精神實體——譬如『神我』，及客觀唯心論『絕對理念』之類爲世界的本源。在小乘佛教裏，一般指滯在『法執』迷信中的二乘修行人，在大乘佛教裏一般指僅僅在『知見』上，（而非『現證』）執著阿賴耶識的人，《大日經》注中名爲『阿賴耶識外道』——蕭先生之作爲頗似此。何以故？他對古今聖人，僅憑個人一點點所謂的境界（實爲幻覺）就自持『知見』予以誹謗，這就是現證！」

後學云：明心的人證得第八識（阿賴耶識異名）以後，漸漸了知佛菩提道之二主要道，就開始悟後起修，去斷除煩惱障的現行，成就解脫果而不取證；另一方面則是跟隨善知識修學般若的別相智及一切種智，一分一分斷除所知障的隨眠；在進入初地通達位的時候開始，在修除「修所斷的所知障隨眠」時，也同時作意修除煩惱障的習氣種子隨眠；第八地起，任意除斷煩惱障習氣種子隨眠。直到最後身菩薩位，斷盡最後一分極微細的所知障隨眠與煩惱障習氣種子隨眠，到達最後究竟佛道時，才可以叫做眞常唯心。因爲一切人，還沒有修到佛地以前，眞心如來藏都還不是眞常，種子都還可以再變化轉易的，所以都不能稱爲眞常，都是非常亦非斷。

佛地的眞常唯心爲何叫做眞常？因爲諸佛的第八識裏面，因地所藏一念無明種子現行的現象全部斷了，一念無明的習氣種子隨眠也已經斷盡了，第八識裏面無始無明的所有粗細一切隨眠也全部斷盡了，第八識所含藏的所有種子統統是究竟清淨而存在佛地金色身的眞如心無垢識裏面，究竟清淨究竟圓滿，永遠不再接受新的熏習，也就統統不再變易了。從這個時候起，心眞如的內所含藏的種子是不再變異，所以說變易生死已經斷盡，這樣的第八識才是眞正的常；這種佛地第八識種子眞正的常，才可以說是究竟眞實的「我」，才是眞正究竟的如，這才可以叫做眞常唯心。

而杜大威卻不知道眞常唯心正理，卻誤將常見外道之意識無常的生滅心，等同佛地眞如之眞常。因爲常見外道之梵我、神我是誤以生滅無常的意識爲常，猶不知眞心，尚不能與別教七住菩薩所悟之第八識相提並論，何況能與佛地斷盡分段生死及變易生死之第八識眞如等量齊觀？然而杜大威不知道常見外道所說的眞常唯心，其實是無常的；而常見外道所主張的眞常唯心的離念靈知意識心，正是平實導師所大力破斥的外道見。反觀杜大威自己所主張的眞常不壞的心，卻正是常見外道所堅持的「常」而不壞的離念靈知意識心；所以他自己落在常見外道見中，又誤會 佛在第三轉法輪經典中所說的眞常唯心的眞義，卻認同印順誤會眞常唯心眞理後所說的邪知邪見，以此邪知邪見來誣評 平實導師。然而印順主張眞常唯心思想是外道見，卻與 佛在經中所說佛地無垢識種子永遠不再變易的眞常唯心思想，完全相反；如今杜大威自己落在常見外道誤以爲常的意識心中，卻取材印順法師誤會眞常唯心思想的外道邪見，用來套在 平實導師所說的非常亦非斷的如來藏正法上，如同賊人誣指屋主爲賊，也是破 佛正法最鉅的人；印順法師的法義本質是破壞佛教正法，其邪知邪見固不足取，然而現見杜大威食印順涕唾，而謂眞常的佛地無垢識等同外道的神我、梵我意識心，如是之人，不僅知見顚倒至極無以復加，而且還成就毀佛謗法之罪行，眞是 佛所說的可憐憫眾生。

又密教《大日經》（全名爲《大毗盧遮那成佛神變加持經》）乃是「天竺晚期佛教」之密宗祖師所集體創造，經過長時期之結集而後出現於人間，托言龍猛菩薩開南天門鐵塔所取出之經典，其實完全不是 佛所說的經典；三乘佛經中並未預言後世眞正的佛法中會有雙身法的密教經典出現故，彼諸密經所說皆是圍繞著雙身邪淫法義而說故，皆與三乘經典之法義牴觸故，皆與解脫道及佛菩提道互相牴觸故。**彼經中所說雙身法**部分，就略而不談，只談其中所說成佛的修證內容。譬如《大日經》中如是說：**觀想本尊成佛已，則自身即已成佛**。然觀想所成就之佛身，只是行者自己的內相分爾，與成佛完全無關，杜大威推崇這種荒唐言說的《大日經》，而舉證出來否定 平實導師，可見他眞的不懂基本佛法。眞正的成佛，是行者經過三大無量數劫，斷盡煩惱障現行、煩惱障習氣種子隨眠、所知障隨眠，斷盡此二障隨眠而究竟清淨才能成佛。由此可知，密宗《大日經》中的「佛」，連七住位菩薩所證得之第八識阿賴耶識何在尚且不知，如此而可言已成究竟佛者，眞是荒唐無比！

由上可知，密宗「觀想成佛，自己就成佛」是多麼荒唐的一件事，後學今舉個例子來輔助說明之。譬如自己在地球家裡觀想月球表面盡是坑坑洞洞，而且自己還可以在月球上漫步。當行者觀想成就的時候，請問行者自身究竟是在月球上漫步呢？還是在地球家裡？若說在月球上漫步，爲什麼行者色身是在地球家裡，而不是在月球上？若承認還是在地球家裡，就可以證明密宗行者所觀想的正是行者自己內相分爾，非是眞實在月球上。同理可證，密宗「觀想成佛，自己就成佛」是行者自己所觀想的內相分，是行者之虛妄想，根本尚未斷盡二障而成佛，卻妄言已成佛。如是大妄語及經不起世俗法的勘驗，而有許多密宗行者不知不覺，乃至信奉之，說之爲被無明籠罩，眞是不爲過也！

又阿賴耶識者就是 佛所說的眞心，有經典爲證；但是密宗的古時祖師卻因爲證不到如來藏阿賴耶識，就乾脆編造《大日經》來否定之。但是大乘佛法的修證，都離不開阿賴耶識心體的修證；二乘解脫道的修證，也是以第八阿賴耶、異熟識爲根本，所證的無餘涅槃才不會落入斷滅境界中，這就是四阿含諸經中所說的「識緣名色、名色緣識」的第八識阿賴耶。所以，否定第八識阿賴耶、異熟、無垢識的人，都是破法者。因爲否定了第八識心體以後，二乘涅槃就變成斷滅見了，因爲佛說無餘涅槃就是滅盡十八界（包括杜大威所證的離念靈知意識心），滅盡離念靈知意識心等十八界法後，如果沒有第八識的存在，無餘涅槃就成爲斷滅境界，就與斷見外道相同。如今杜大威不許有第八阿賴耶識心體存在，所以引證密宗僞經《大日經》來否定阿賴耶識心體，他當然就是破壞三乘菩提的斷善根人，因爲阿賴耶識心體就是如來藏。

契經云：「佛說如來藏，以爲阿賴耶（識）；惡慧不能知：（如來）藏即（阿）賴耶識。如來清淨藏，世間阿賴耶（識），如金與指環，輾轉無差別。」經中已明說佛地的「如來清淨藏」，就是吾人因地身中之「阿賴耶識」心體，猶如黃金與指環不一不異；不一者，阿賴耶識雖然是未來佛地之清淨藏，然其本體含藏七轉識等不淨法種，要待未來長劫中修除之，故說必須「輾轉」修證，亦即斷除煩惱障現行之分段生死而改名異熟識，斷除煩惱障習氣種子隨眠、所知障隨眠究竟清淨而成佛時，才是如來的清淨藏，所以說不一。不異者，因地阿賴耶識心體與未來佛地無垢識心體雖然因爲含藏的種子不相同，但是心體的眞實、常住不壞、清淨、涅槃等自性卻是毫無差別的，正是同一個心，只是有沒有淨除二障染污而有輾轉修證的差別而已，因此說「無差別」；杜大威怎可否定阿賴耶識心體，誣謗為外道所證的阿賴耶識？外道從來無人能證阿賴耶識心體故。

又，密教古時凡夫祖師共同創造的偽經《大日經》中，也沒一句話說過：「**阿賴耶識外道。**」（編案：《大日經》中公然否定阿賴耶識心體的存在，已與三乘菩提聖教相違；又公然主張雙身法淫樂中的意識貪欲境界是成佛之境界，也已被證實是後人所造的偽經，詳見《狂密與眞密》的舉證與辨正）。如果是密教未悟凡夫祖師所造的注論中，倡言「親證阿賴耶識的人是外道」，杜大威就可以相信而取證嗎？佛說「阿賴耶識心體就是如來藏」的聖教還在，密宗未悟凡夫祖師卻公然否定經中聖教，杜大威竟然寧願信受密教未悟的凡夫祖師的邪說，而公然否定 佛在經中的聖教，豈不正是破壞佛教正法的人？以宣說佛法的名義來公然破壞佛教正法的人，有何資格妄評弘揚佛教正法的 平實導師？

又契經云：「**阿賴耶識恒與一切染淨之法而作所依，是諸聖人現法樂住三昧之境，人天等趣、諸佛國土悉以為因，常與諸乘而作種性，若能了悟即成佛道。**」經中已明說，阿賴耶識是一切染污法以及一切清淨法的所依，意即凡夫及聖人都要依阿賴耶識才能存在，所以證得阿賴耶識後所住的本覺智慧三昧境界，就是「**聖**

「現法樂住三昧之境」，證得的人就是大乘法中的**聖人**；既是大乘**聖人**應該實證的，怎會是凡夫與外道的境界？又一切人、一切天界，及三惡道眾生、阿修羅，以及諸佛國土，統統是以阿賴耶識心體爲根本因；若離開了阿賴耶識根本因，就沒有眾生，也沒有三乘種性的凡聖弟子，更沒有諸佛國土可說了。因此成就佛道既然是從親證阿賴耶識爲因，諸佛國土也是以阿賴耶識爲因；所以，親證這個阿賴耶識，了知阿賴耶識心體的人，就能夠漸漸的成就佛道。

經中已說，證得阿賴耶識的人就是住於智慧三昧境界——「聖人現法樂住三昧之境」，爲何杜大威卻說證得阿賴耶識的人是名「阿賴耶識外道」？如是說法，卻與 世尊正法完全顚倒？究其實，是杜大威將 佛所說的眞心——阿賴耶識——妄說爲妄心、妄識、是生滅法的緣故。不僅杜大威有如此想法，而且佛教界還有許多人，包括印順、達賴喇嘛以及許多佛學院的出家人等，同將阿賴耶識當作生滅法看待；如是行爲，將使 佛的甚深微妙法，毀於佛弟子自己手中，這就是 佛所說師子身中蟲，已成就破壞正法之大惡業，未來多劫將在無間地獄受無量苦。

又《華嚴經》中說：證得阿賴耶識的人，就能運轉阿賴耶識，就是證得**本覺智慧**的聖人。現在杜大威卻故意否定阿賴耶識，引用密教凡夫祖師所說的話（「阿賴耶識外道」）而謗言：「**蕭先生之作爲頗似此。**」如是誣謗親證阿賴耶識的聖人是外道，則是意謂：佛教史上一切禪宗祖師都是外道，因爲眞悟的禪宗祖師所悟的都是如來藏阿賴耶識心體。原來杜大威的意思也是誣謗 釋迦佛是外道，因爲 釋迦佛所悟的心正是無垢識，就是阿賴耶識心體。如今卻應該請佛教界四眾大師學人，共同來判定：誰才是謗佛、謗法、破法的外道？杜大威與劉東亮二人，不正是這種人嗎？

然而《大乘本生心地觀經》卷三：「**鈍根小智聞一乘，怖畏發心經多劫，不知身有如來藏，唯欣寂滅厭塵勞。眾生本有菩提種，悉在賴耶藏識中；若遇善友發大心，三種鍊磨修妙行；永斷煩惱所知障，證得如來常住身。**」已明說淨除阿賴耶識（第八識）心體中所含藏的煩惱障及所知障以後的阿賴耶識心體即是如來的常住法身，亦即明說阿賴耶識心體就是如來法身本體；所差異者，如來經由三大阿僧祇劫的長時間悟後起修，斷除阿賴耶識心體對三界生死種子之能藏、所藏、執藏之體性，斷除分段生死，阿賴耶識改名異熟識，仍有變異生死故，這是只改其名不改其體，並不是把阿賴耶識心體滅除掉。待異熟識體中一念無明習氣種子隨眠及無始無明隨眠完全清淨，改名爲無垢識，亦是只改其名不改其體，而心體中的所有不淨種子與無始無明隨眠全部斷盡，雖改名為無垢識法身，心體則仍然是阿賴耶識心體，只改其名、不改其體。由此可知，阿賴耶識就是未來的無垢識法身，怎麼會是杜大威所認知的阿賴耶識就是妄心及妄識呢？杜大威怎會謗說親證阿賴耶識心體的人是外道呢？難道佛親證阿賴耶識心體而改名無垢識時，也是外道嗎？

杜大威對佛法的義理，膚淺到這種地步，難怪會在結論前說出如是斷見論：「有第八識嗎？」也難怪他會說：「證得阿賴耶識的人是阿賴耶識外道。」如是行為，已經成就謗佛、謗法、謗勝義賢聖僧的重罪，已成就地獄種性的一闡提人，將於臨命終時，業境現前後，往生無間地獄受無量果報矣。若以修學佛法、蒐集福德為先，卻造謗佛、謗法、謗勝義賢聖僧等大惡業於後，眞乃天下最大冤屈。不過話說回來，此乃自造業，自承受，怪不得人，只能怪杜大威自己愚癡。

第八節　杜大威先生不懂般若禪

杜大威云：「這個在很多經典裏有所說明，包括在《金剛經》裏：『佛說般若般〔波〕羅密，即非般若般〔波〕羅密。』而且在《心經》裏說諸法空相，『是故空中無色，無受想行識。』這是講俗諦在修行起用上『空寂』，但非『斷滅』。……但是，《心經》裏也說得很清楚，諸法空相是不生不滅的，這個和慧能大師在大徹大悟時，談自己的境界『何期自性本不生滅，何期自性本不動搖！』這是一致的。所以說，說來說去，『如來藏』不在『知見』，不在『知見』認爲有個『精神實體』，關鍵在於內證……」杜大威又云：「蕭先生覺得『因緣所生法』就是妄心，從言語上說也可以這麼說，大家注意！也可以這麼說。但是因緣所生法本身就是一個空性，就是一個空相。」

後學云：杜大威不僅連《金剛經》、《心經》所說的意識靈知心緣起性空的粗淺義理都不懂，更何況此二部經中所說眞心的究竟眞實義理，又何曾夢見在？他連空性與空相都搞錯了，難怪他會落入離念靈知心的常見外道邪見中，每日在課堂上誤導河北佛學院的四眾學人，陷害河北佛學院的四眾學人同墮外道見中。

《金剛經》所說「佛說般若波羅蜜，即非般若波羅蜜，是名般若波羅蜜」，就是在說明空性與空相的關係，何以故？佛所說的般若波羅蜜之眞心，不是七轉識所認知的般若波羅蜜，也非不證如來藏而能知般若波羅蜜；必須能夠如法觀行，了知七轉識體性及虛妄，又能依教導而參禪，才能找到眞心、親證如來藏，而正確的認知如來藏的本來自性清淨涅槃，而雙觀如來藏的空性有性都是眞實有，而現觀蘊處界的虛妄及其本屬如來藏所含攝的緣起法，不落於意識有中，也不落於斷滅空中，這個才是 佛所說的般若波羅蜜。所以般若中道的親證，都要從親證眞心如來藏阿賴耶識以後的現觀中才能出生。

此中說法與《楞嚴經》所說一樣。《楞嚴經》卷二云：「諸善男子！我常說言：『色心諸緣，及心所使諸所緣法，唯（如來藏阿賴耶識）心所現；汝身汝心（此心謂見聞覺知心），皆是妙明眞精妙心（如來藏阿賴耶識心體）中所現物。』」世尊在經中已清楚的開示：外五塵相分、內六塵相分及心所有法（包括五遍行、五別境、善十一、六根本煩惱、二十隨煩惱、不定四法）等法都是緣起生滅法，所以般若經中說是空相；這些空相都是如來藏空性心所顯現的法相；色身與覺知心等等空無實質的法相——空相——都是從妙明眞精妙心——如來藏空性心——所變現出來的東西。因此「色心諸緣，及心所使諸所緣法」、「汝身汝心」都是從妙明眞精妙心所出生，是妙明眞精妙心所生種種諸法中的一部分，故與妙明眞精妙心非一非異。如是說法才符合《楞嚴經》所說的正理，也才能符合《金剛經》所說正理。

同樣的，《心經》亦是闡述如是正理。譬如「是諸法空相，不生不滅、不垢不淨、不增不減。」經中已說明，妄心的法相是無常的，終歸於空無，故名空相；可是這個空相卻是從不生不滅、不垢不淨、不增不滅的第八識空性心體中生出來的，是空性心的局部體性，與空性心和合運作而不可離，是故非一非異。唯有此不生不滅的空性心，才有生住異滅的蘊處界萬法等空相出現；若離開不生不滅的空性阿賴耶識心體，如何能有生滅的空相可言？因此《心經》接下來就闡揚空性心的眞實義理：「是故空中無色，無受想行識，無眼耳鼻舌身意，無色聲香味觸法，無眼界乃至無意識界，……」，亦即空性心若不出生蘊處界等空相法的時候，祂自住的境界並無十八界（六根、六塵、六識）等法；十八界等法既無，則無般若智慧可證、可現前，證得這樣的般若智慧，才是眞正的般若智慧，才是眞正的智慧到彼岸；可是證得這個般若智慧的人，卻是七轉識妄心；七轉識妄心——包括離念靈知心意識——轉依如來藏的自住境界相時，卻又沒有六根、六塵、六識、般若智慧可言，所以轉依如來藏的自住境界以後，就沒有般若波羅蜜可說了，這樣子親證般若波羅蜜多的人，才是眞正證得般若波羅蜜多的菩薩，是故經中說：「佛說般若波羅蜜，即非般若波羅蜜，是名般若波羅蜜。」此之正理，又豈是杜大威所執的離念靈知心所能成辦的？又豈是未證如來藏阿賴耶識、否定如來藏阿賴耶識的杜大威所能知？作夢也無法知道！

又離念靈知意識心，在每天睡著無夢時就已斷滅，如何可以成就《金剛經》、《心經》、《楞嚴經》所說不生不滅的空性心正理？更何況在悶絕、正死位、無想定、滅盡定皆不現行，皆是可斷滅之法，如何成就不生不滅的空性心呢？此外，意識心尙待意根、法塵相接觸才能出生，正是被生、有生之法，非有其自主性，不是無生之法，又如何說是本來就自在的空性心呢？如何可說是不生之心呢？又意根末那，雖然無始劫來與空性心同在，可是入了無餘涅槃就斷滅了，亦是可斷滅法，非是《心經》所說不生不滅的空性心；更何況是依意根與法塵爲緣才能夠從阿賴耶識心體中出生的離念靈知意識心？當然更是生滅法，絕非經中所說的不生不滅的心；但是杜大威卻故意反 佛所說，倡言意識離念靈知是不生不滅法，正是公然否定佛語聖教，公然破壞佛教正法的破法者。

從上分析可知，唯有依不生不滅的空性心第八識，才有生滅的七識心……等蘊處界空相出現；若離不生不滅的空性心而言能有生滅的蘊處界等空相出現，是人不解知佛法也，是名斷見外道，這正是杜大威所墮的外道見，所以誣謗 平實導師是外道的杜大威，其實正是眞正的外道，所以杜大威正是作賊卻大喊抓賊的公然說謊者。由此證明，唯有依不生不滅的空性心，才有生住異滅的蘊處界萬法空相存在，因此吾人今晚睡著時，離念靈知意識心斷滅不現行，可以明朝再由空性心阿賴耶識心體中流注意識種子，成就人間眾生有睡有醒的事實，而使見聞覺知性復起；也可以入滅盡定前，先預設明日中午出定的時機，待意根警覺是出定的時機時，再由空性心流注出意識種子而出滅盡定。因此吾人不應離開空性心阿賴耶識心體而說有蘊處界等空相存在。

又，杜大威說《心經》所說的般若是俗諦，他說：「《心經》裏說諸法空相，『是故空中無色，無受想行識。』這是講俗諦在修行起用上『空寂』，……。」但是《心經》中所講的其實是以如來藏阿賴耶識心體爲中心的中道觀，講的是萬法本源的金剛心如來藏，是闡釋萬法的實相，絕非俗諦。俗諦是指世俗法的蘊處界都是緣起性空，一切眾生的蘊處界都無法自外於緣起性空、終歸幻滅，這是世俗法蘊處界不可推翻的眞諦，故名俗諦。所以俗諦所觀的對象是三界世俗法，俗諦觀行的對象專指二乘解脫道所觀行的五蘊、十二處、十八界都是緣起性空，所觀的對象是世俗法的蘊處界，所以證得蘊處界空而斷我見、我執的人，就是實證世俗諦的人。但是《心經》所說的法義，卻不是以蘊處界空爲中心來說的，而是基於蘊處界……等法所依的如來藏作爲中心，來說蘊處界……等法都是緣起性空，這根本就不是世俗諦，而是勝義諦。但是杜大威卻判定《心經》所說的般若波羅蜜是俗諦，可見他對俗諦的二乘解脫道完全不懂，更不懂勝義諦的般若波羅蜜。這樣的知見邪謬的凡夫，卻能評論親證世俗諦也親證勝義諦的 平實導師，未之有也！

又，杜大威認爲因緣所生法就是空性，本質是以阿羅漢的解脫道取代諸佛的佛菩提道，他說：「蕭先生覺得『因緣所生法』就是妄心，從言語上說也可以這麼說，大家注意！也可以這麼說。但是因緣所生法本身就是一個空性，就是一個空相。」但是 平實導師從來不曾說過「因緣所生法就是妄心」，而是說因緣所生法的離念靈知意識心是妄心。因爲色身五根及六塵、山河大地也都是因緣所生法，但卻都不是妄心；杜大威這樣編造事實來誣謗 平實導師，不知是何居心？又，因緣所生法固然是虛妄法，但是虛妄法並不等於空性；因爲 佛所說的空性，是專指萬法根源的第八識心體而說的，不是指第八識心體所出生的一切因緣所生法。因緣所生法的緣起性空，只能說是「諸法的空相」，不能說就是空性。像這種不懂佛法空性、空相的幼稚言論，別人極力覆藏都唯恐不及，但是杜大威卻笨到把他自己幼稚言論公開的登出來，公開印出來流通，眞是愚不可及！這種愚癡的行爲，誰也及不上他！

綜合上面所知，杜大威尚且錯會空性及空相正理，自己知見偏邪，又有何資格評論完全符合 佛說的 平實導師？連 平實導師的弟子們，都可以很容易的辨正他的邪見；他連 平實導師的證悟弟子的落處都不知道，就敢大膽的爲淨慧法師出頭，使淨慧法師再次灰頭土臉，而淨慧法師無智、見不及此，不願加以制止，暗中鼓勵杜大威、劉東亮二人對 平實導師作無理的攻擊；如是行爲，顯示淨慧法師的無智，也顯示杜大威與劉東亮二人的無知與膽大：將自己未來無量世拿來開玩笑。

此外，杜大威與劉東亮的〈就蕭平實的話題採訪杜大威先生〉文中還有許許多多邪知邪見，譬如「對禪宗的死語、龍樹菩薩八不中道」……等錯誤認知，罄竹難書，若要一一拈提，足以寫成一本厚書，然限於時間及篇幅，略舉大項說之即可，就足以給劉東亮、杜大威一個警惕，希望能警覺他們了知自己假藉護法爲名而造下的地獄業。如果不信邪，故意要再惹事端，後學將會加以全面的拈提辨正，造作一本厚書，公諸天下，使二人遺「芳」萬世。

綜合上面可知，劉東亮及杜大威同墮淨慧法師所傳授的離念靈知意識心境界中，正是 佛所指斥的常見邪見的外道見。也正因爲劉、杜二人今天的所墮，正與現代禪李元松居士（念佛人）公開懺悔以前的落處完全一樣，因此應該效法李元松居士一樣，作個有慚有愧之人。如果明知離念靈知心正是意識，卻堅持不肯悔改，當然就是無慚無愧的人。何以故？李居士生前錯以離念靈知爲眞心，於一場病當中，欲以離念靈知心住於涅槃中而不可得，欲以離念靈知心抵抗病痛而不成功，即能警覺所悟非眞，而有公開懺悔啓事出現，讓執持離念靈知爲眞心的佛弟子們引以爲鑑，所以他眞是有慚有愧的正人君子。如果杜大威與劉東亮二人，讀過李老師的公開懺悔文，也從法義辨正中知道離念靈知只是生滅性的意識心，卻不肯悔過，那就是忝顏無恥的人；如果至今仍然不知離念靈知就是生滅性的意識心，那就是智慧幼稚、不堪受教的極愚癡人，不知您二位是哪一類人？從杜大威與劉東亮所已經讀過的河北省佛協《禪》月刊中，摘錄出來的李元松老師死前的公開懺悔文全文如下：

凡夫我，由於生了一場病，九月下旬方覺過去的功夫使用不上，從而生起疑情：過去所謂的「悟道」應只是自己的增上慢。我爲往昔創立的現代禪在部分知見上不純正之一事深感慚愧，特向諸佛菩薩、護法龍天、十方善知識、善男子、善女人至誠懺悔。

我今至心發願往生彌陀淨土，唯有「南無阿彌陀佛」是我生命中的依靠。

南無阿彌陀佛！

李元松　頓首　二〇〇三年十月十六日

由於李元松居士錯以離念靈知爲眞心，故一場大病後，離念靈知心面對悶絕等五位境界時，始終使不上力，發覺悶絕等五位中的離念靈知心必定會間斷而無法現前，何況能面對、能作主？乃至臨終時，欲以離念靈知心而入涅槃，更不可得；因爲入無餘涅槃時，是必須把離念靈知意識心也自我滅除的。因此緣故，知道自己所「悟」的離念靈知心，並不是第八識眞心，不可能入涅槃，不可能得解脫，故於捨報前向各大道場廣寄懺悔文，向佛教界公開懺悔。然而李居士知道所悟非眞而勇於公開懺悔，正是禪宗所謂的鐵漢子，唯有深信因果及具備大勇氣的人，才能作得到，正是鐵錚錚的漢子；更何況懺與悔都是由慚與愧善心所所衍生出來的善行，這都可以證明李元松居士確實眞有善根，能迷途知返，值得後學及一切大眾隨喜讚歎及敬佩。

因此建議諸方大師（包括傳授離念靈知，以證得離念靈知意識心，作爲禪宗證悟的河北淨慧法師在內）及佛弟子們，包括劉東亮、杜大威、黃明堯（上平居士）等人，都應以李元松居士爲鑑，莫再以每夜斷滅的離念靈知意識心作爲眞心，莫再於「我所」上面用功，因爲離念靈知只是意識覺知心與定心所相應時的境界相，正是生滅有爲性的意識妄心所擁有的「我所」境界。苦勸淨慧法師、黃明堯、杜大威、劉東亮等人，莫再以離念靈知心來誤導眾生，否則窮劫修行以後，仍將只是常見外道一個。

如《大寶積經》卷一一九中所說：「**諸計度者，見身諸根、受者、思者，現法滅壞，於『有』相續不能了知，盲無慧目，起於斷見。於心相續剎那滅壞，愚闇不了意識境界，起於常見。**」意思是說：認定一切法緣起性空，認定五色根虛妄，認定苦樂捨受虛妄，認定能思量作主的心虛妄的人，因爲現觀的緣故，親見這些法都是虛妄法，但是卻對於這些三界有能夠世世滅已而又相續不斷出生的原因，不能如理作意的理解，對於三世相續實有的如來藏空性心不能了知，盲無慧目，就以爲萬法都是緣起緣滅而沒有一個眞實法常住不壞，所以就出生了斷見的看法。又因爲有人對於覺知心每天相續現起，但其實是剎那生滅不斷的壞滅性，不能如實的了知，心性愚癡闇鈍而不能了知覺知心意識境界的虛妄，所以生起了常見，誤以爲意識離念靈知心是常住不壞法，生起了常見。這一段經文中所說的常見境界，正是淨慧法師與黃明堯（上平居士）、杜大威、劉東亮等人所墮的離念靈知心常見境界；他們對意識心的剎那生滅性，以及對意識覺知心夜夜斷滅後又能次日再現起的背後根源如來藏心，都無所知，專在意識離念靈知心上用功，堅持是常不壞法，所以是常見見者；他們又因爲專在意識離念靈知心上而求佛法，是外於眞實心而求佛法者，正是心外求法者，所以名爲外道；證實他們是心外求法的外道事實，也證實他們都是常見者，所以合名常見外道。

他們以佛門裡的常見外道之身，堅定地認離念靈知心爲常住不壞的眞心而自稱開悟時，已成就未得言得、未證謂證之大妄語業；又以凡夫身而誣謗眞悟的已有道種智的勝義菩薩僧，又成爲一闡提斷善根人，捨壽後的未來無量世異熟果報已在無間地獄，那可不是好玩的地方。請四位「善知識」每日夜深人靜時，千萬記得愼思明辨之，冷靜理智的詳細思考之，互相督促，勤謀補救之道。

阿彌陀佛！

第二章　將佛法世俗化、淺化的證嚴法師

第一節　緣起

在東台灣花蓮的證嚴法師，從西元一九六六年起，到二〇〇五年止，經過三十九年歲月的努力，在她的引領下，從三十位信眾所組成的「佛教克難慈濟功德會」，隨著台灣經濟起飛的庇蔭，如今奇蹟似的發展成為大約四百多萬會員的龐大慈善團體——佛教慈濟慈善事業基金會。這個慈善基金會包括了慈善、醫療、教育、文化等四項，證嚴法師統稱為四大志業；另外還有骨髓捐贈、環境保護、社區志工、國際賑災等四項，合此八項同時推動，證嚴法師統稱為「一步八腳印」。

觀察證嚴法師所推行的四大、八腳印，短短三十九年間，在佛教徒及信眾們的極力護持下，獲得極輝煌的成就，成為台灣及國際上多人所知的慈善團體，不得不讓人嘆為奇蹟；對於她及她所領導的佛教徒及信眾們，在慈善事業上的付出，值得台灣及國際人士隨喜讚歎。然而奇蹟及隨喜讚歎的背後，卻隱藏著極為嚴重且不為人知的事實，那就是證嚴法師不僅將　佛陀無上甚深微妙法加以世俗化及淺化，而且緊跟著印順的腳步，暗地裏將常見外道法、斷見外道法引入佛門中；她

將 佛陀正法加以常見化及斷見化的作爲，嚴重破壞 世尊正法於無形中。像這樣嚴重破壞 佛正法的事實，若非一一舉證及詳細解說，莫說初機佛弟子們不信，乃至久學的佛弟子們亦無法接受此一說法，亦認不清此一事實。

因此緣故，正光將依證嚴法師種種著作中，違背 世尊開示的錯誤知見，一一舉例並引經據典加以辨正，來證明證嚴法師將 佛的正法世俗化、淺化、常見化、斷見化的事實。文中引用證嚴法師著作者，必定註明該書的出處及頁數；若僅註明出處而未註明頁數者，則是從慈濟基金會網站（http://www.tzuchi.org.tw/）搜尋得來的，文後必定註明網址出處，讀者可自行上網求證。爲避免證嚴法師因正光一一辨正之後，知其所說違背 世尊開示以及嚴重誤導眾生之事實，隨即將其錯誤的網頁刪除，狡辯其未說、未刊登，因此正光已事先將其相關網頁複製起來，保留證據；若未來證嚴法師狡辯未作是說時，將提出來作爲佐證之用。

證嚴法師將 佛的正法世俗化、淺化、常見化、斷見化，正是經中預記「穿如來衣、吃如來食、住如來家、說如來法，破如來法」的人。如是之人，將使跟隨她的佛門三眾，在不知情及未讀正光辨正之情況下，作了錯誤的抉擇而與證嚴法師共同成就破佛正法的共業，於捨壽後的未來將受無量世長劫尤重純苦重報；待脫離苦楚後，已是一百大劫以後的事了；受完長劫大苦之後，才能開始享受這一世布施的福德而成爲人間無智的富人、俗人。正光不忍證嚴法師未來世受無量苦，不忍慈濟四百多萬會員的法身慧命受其誤導的緣故，遂發起悲心而作此獅子吼，冀望透過 世尊聖言量的開示及法義的翔實辨正下，讓證嚴法師及慈濟四百多萬會員們，於閱讀後發起抉擇慧，了知證嚴法師將佛法世俗化、淺化、常見化、斷見化及耽誤眾生法身慧命的事實，進而使證嚴法師及其信眾遠離邪知邪見造成的破佛正法共業；才有可能在發起聞慧之後，尋覓眞善知識、依止眞善知識，並在眞善知識正確佛法知見教導、熏習下，外門廣修菩薩六度萬行後，於定、慧、福德具足及性障消除下，得以一念慧相應，終能明心證眞，找到 佛所說的眞心——第八識——得不退轉住而入菩薩七住位；從此得入內門廣修菩薩六度萬行，乃至得以眼見佛性而入菩薩十住位，成爲菩薩摩訶薩；若肯再隨大善知識修學者，乃至得以超劫精進，一生取證初地果位，圓滿第一大阿僧祇劫所應具備的證量、智慧與福德，是爲此文之緣起。

第二節　證嚴法師的常見外道證據

在證明證嚴法師是常見外道之前，先舉示　佛對常見外道的定義，再來舉例說明證嚴法師常見外道的證據而辨正之。首先舉示　佛所說的常見外道的定義，世尊在《大寶積經》卷一一九曾說：「於心相續刹那滅壞，愚闇不了意識境界，起於常見。」（CBETA, T11, no. 310, p. 677, b18-19）語譯如下：「對於覺知心每天相續現起，不能如實了知其不斷的刹那生滅的壞滅性，因爲心性愚癡闇鈍而不能了知這個覺知心意識境界的虛妄，所以生起了常見。」由上經文正義可知，常見外道是指稱：一般人對每日都會間斷而且正當現起運作時也是不停地刹那生滅的意識覺知心，不能眞實了知其刹那生滅，誤以爲是不生滅的眞實心，執以爲實，所以產生了錯誤知見，即誤認爲每夜斷滅的意識心、現行時也是不停地生滅的意識覺知心是常住不壞心，與世俗人同樣誤認意識覺知心是不生滅的。因此，常見外道就是外於常住眞心第八識，堅執刹那刹那生滅的意識爲常住心的人。

既然已知常見外道是追求意識境界的人，接下來應該了知意識有哪些微細的變相境界，知道以後就不會再落入意識心的種種變相境界中。譬如一念不生寂照之靈知心（即是古今佛門四眾所謂的不起語言文字，一念不生而了了常知的離念靈知心；也包括前念已過、後念未起時的短時間離念靈知心）、無語言文字思惟之靈知心、清清楚楚明明白白之心、無語言文字妄想而被錯認爲無分別之明覺心、專心課誦做事的心、遍滿虛空而無見聞覺知的心、遍滿虛空而能覺知的心、打坐入定能知能見之心、打坐入定時不聞外聲不見外境之靈知心、打坐入定時無見聞覺知之心、神通之心、證得神通而能離開色身飛來飛去的心。正是因爲意識心有以上種種微細境界，以及此類境界衍生出來的種種變相境界，使得佛門中許多法師、居士墮入其中而不自知。

譬如錯認一念不生而寂照六塵之靈知心的法鼓山聖嚴法師、佛光山星雲法師（有時化名爲佛光禪師）、空生精舍慧廣法師及其弟子觀淨法師，亦如藏密紅、白、花、黃教歷代祖師喇嘛（古時覺朗派的篤補巴、多羅那他……等人除外）及今世的達賴喇嘛、大陸河北柏林禪寺淨慧法師、杜大威居士、劉東亮居士（網名翁阿轟）、元音老人、徐恆志居士、南懷瑾老師、王驤陸居士、袁煥仙居士等人，都不脫常見外道知見；墮入清清楚楚明明白白之意識心者，則有中台山惟覺法師；墮入十方唯一虛空的想像中，誤認爲虛空實有殊勝體性及能量，妄說虛空能生吾人知覺心者，即是美國蓮生活佛盧勝彥。至於他們墮入種種意識境界之原因，詳情請閱導師 平實居士種種著作，及拙著《眼見佛性——駁慧廣法師『眼見佛性的含義』文中謬說》、〈破斥劉東亮及杜大威不死矯亂言論〉、正慶居士〈評盧勝彥的看見佛性〉文，即可了知，在此不多贅言。

近年深居簡出的證嚴法師，早期「說法」時只是勸善，與佛教界專修實證者倒也相安無事，何以故？依文解義所說佛法非常淺顯故，尙不至於嚴重偏離正法故。後來全面信奉皈依師印順所弘揚的藏密應成派中觀邪說（正光案：印順已於二〇〇五年六月四日逝世），加上眼看各大山頭法師落在意識心上而又個個示現爲證悟聖者，她心中不甘寂寞，便踵隨各大山頭法師之後，開始公然主張剎那剎那生滅的意識心就是 佛所說的不生不滅眞心，自認智慧同於禪宗證悟第八識祖師的境界；不但如此，並且寫於著作中公開發行，進而以地上菩薩之身分示人，以大乘聖位菩薩自詡。由於證嚴法師不知意識心就是 佛所指斥的常見外道心，不知自身已墮常見外道知見中，還將此常見外道的知見引入佛門中廣泛的誤導慈濟四百萬眾。正光爲了讓世人瞭解證嚴法師的常見外道見內涵，救護她及慈濟四百萬信眾回歸正法，以免隨她廣修福德之後卻誤犯了大妄語業——修善而成就惡業——今於其著作中，一一列舉其所犯常見外道見之處，並引經據典、條分縷析加以辨正如下：

證嚴法師說：「其實生是死的開頭，死是生的起點，對佛家來說，軀體雖然終歸敗壞，意識（靈魂）卻是不滅的，我們實在不必害怕死亡。」（《生死皆自在》第111頁）

正光辨正：此中分爲兩點說明，一者，從理證上來說，意識心是剎那剎那生滅的心，非是 世尊所說不生不滅的眞心第八識；二者，從教證上來說，證嚴法師及一般人所認知的靈魂其實是中陰身，不是意識心，更不是 佛所說的第八識實相心。

首先辨正的是理證：一者，意識心是剎那剎那生滅的心，非是 世尊所說本來不生不滅的眞心第八識，以下分爲十七點說明：

第一點：意識心有生有滅故。佛在《佛說大乘流轉諸有經》卷一曾云：「至命終時，意識將滅；所作之業，皆悉現前。」（CBETA, T14, no. 577, p. 950, a20-21），經中已明言：當生命到達終點，即將無法在世間運作時，這個剎那剎那生滅的意識覺知心，將會漸漸的消失乃至斷滅，此即唯識學所稱的初死位，眞相識如來藏尚未離開色身。今生所造一切的善業、惡業、淨業、不淨業，將隨第八識業種的移轉而顯現業境（不含無記業）讓自己看見，就好像播放電影片一樣，由上而下一格一格的出現，將一生所造善惡業行全部現行，出現總時間不到半秒鐘。此時，意識心非常猛利，於每一格業境，都能清楚了知。於了知後，就漸漸進入正死位中，在正死位中是沒有意識心存在的，意識心是斷滅不存的。正死位過後，中陰身生起時，意識才會在中陰身中生起，業風就開始吹襲：造惡業、謗法、毀法、大妄語者，即有惡風顯現惡境；造善業、弘法、護法、說眞實語者，即有可愛之來生境界相現起，由此而受來世可厭或可愛異熟果報，都是隨其往昔及今生所造種種善惡業，而在六道中妄生妄死。由上可知，意識心在死亡時會漸漸消失，斷滅不存之時才能進入正死位中，但是在正死位中的心卻只是意根與眞相識如來藏，不是意識覺知心，正死位中意識已經滅失而不存在了。所以證嚴法師說**意識卻是常住不滅的**，是虛妄說，與常見外道相同。

第二點：爲什麼死亡時意識心會漸漸的消失乃至斷滅？則有必要探討，這是因爲今世五根身成就後，配合五扶塵根接觸外五塵境，今生的意識心才首度在五勝義根（頭腦）生起而顯現，亦即：今生的意識心是因爲今生的五根身出生及正常運作下才能生起及顯現，往世的意識心則是依往世的五色根完好不壞而生起及存在；因此當色身的五勝義根開始慢慢毀壞了，譬如年老死亡時，隨著如來藏對五勝義根的捨棄，意識心就漸漸的消失乃至斷滅。既然意識心是依今生五色根（五扶塵根及五勝義根）成就後而有的，於今生的五色根毀壞時就必定會消滅，不能去到未來世中，所以意識當然是有生有滅的法，當然不是不生滅的法，更不是 佛在《般若波羅蜜多心經》所說常住不壞滅的眞心第八識，因此證嚴法師說「**意識卻是不滅的**」，與 世尊的聖言量完全違背。身爲在家佛弟子，說法與 佛相違背，已經是大不應該了；證嚴身爲佛門法師，以 世尊遺法代表的身分，說法卻與 世尊的聖教完全相悖而與常見外道相同，並且印在書中廣爲流通，是否應該？値得佛門四眾特別注意及討論！

又意識覺知心不只是在正死位會斷滅，在睡著無夢的眠熟位、悶絕位、無想定、滅盡定、無想天中亦復如是會斷滅；既是會斷滅的生滅法，當然是生滅法，所以證嚴法師在書中公然倡言意識心不滅，這是昧著僧寶良心而公然反對 佛說。

第三點：譬如在眠熟的睡著無夢之時，這個意識心也就斷滅了，已無意識心現行了知六塵（已無見分），所以不知正在睡覺時的六塵（無自證分），也無法了知自己是否繼續存在、無法確定自己正在睡覺（無證自證分），由此緣故才能成就一般人及醫學家所說「睡眠」的事實。若如證嚴法師所說「意識卻是不滅的」，那就表示這個意識心在睡著無夢時，仍然是不睡覺，仍然覺醒著。既然覺醒著，就表示沒有睡眠，也就無法成就睡眠的事實，與世間所說「睡著無夢時意識就斷了」的常識完全顛倒，令人懷疑證嚴法師有沒有世間法的常識。

而證嚴法師這般的說法，與六龜鄉的空生精舍慧廣法師如出一轍，何以故？慧廣法師在其著作《生命的眞相》第一四二頁如是云：

「它（正光案：慧廣法師此處的「它」字是指離念靈知意識心）似乎是無時不知，不僅在我們醒著時，知道一切聲音的生滅，就是在我們睡覺時，它似乎也沒有消失；否則，夢中的事，醒來後我們如何會記得？我們睡覺時，它不但不消失，似乎也不睡覺的；不然，我們在睡覺時，如何經人一叫喊，我們就知道而醒了過來？可見，它不是無常的。」

至於慧廣法師說法的落處，詳見拙著《眼見佛性——駁慧廣法師「眼見佛性的含義」文中謬說》舉證，就可了知他的虛謬妄想。在此可以稍作說明，大眾可以因此多瞭解一些意識與意根的自性，由此證明慧廣同於證嚴法師，都屬於佛門中的常見外道（他們都繼承印順法師的六識論邪見）。

慧廣法師所說的離念靈知（意識）不生滅的說法，其實是不懂阿含解脫道正理的謬見；阿含部經典中說，意識心會與六塵相應，離念靈知心正好是這個體性，完全無異。眠熟位中，意識是斷滅了的，不是慧廣講的不曾斷滅；他把意根當作是意識，再把意根剛喚醒意識時的狀態，當作是整個眠熟位中的狀態，而不知道意識覺知心是完全斷滅的，所以他不但不懂佛法，甚至於世俗法中的意識心的觀行，都還沒有作好，是連意識與意根都分不清楚的愚人。爲何說慧廣是愚人呢？因爲「**愚者難分識與根**」，慧廣對意識與意根都分不清楚，當然是愚人。連識與根都分不清楚了，他又怎能證得更微細的如來藏呢？所以就誤以爲沒有如來藏，也沒有意根的存在，所以才會公然的主張意識離念靈知心常住不滅。離念靈知心，不論如何歸類，祂都永遠只能歸類在意識心中；只要對八識心王的體性有了基本的理解，就知道離念靈知心永遠都無法歸類爲眞相識如來藏，也永遠無法被歸類爲意根。

第四點：因爲意根沒有欲、勝解、念、定等心所法，但是離念靈知心卻正好具足這四個心所法；眞相識如來藏完全沒有慧心所，更別說這四個心所法，但是離念靈知心卻具足這五個心所法，所以離念靈知心記得以前所經歷的人、事、地、物，記得睡夢中的夢境，意根與眞相識如來藏卻都不具備這種能力，所以由五別境心所法的觀察與確定，離念靈知心只能歸類在意識心中了。但是意識離念靈知心在眠熟位中是斷滅而不存在的，只有意根繼續存在運作；因爲意根仍有法塵上的極昧劣了知性（對於極粗糙的法塵都無能力了知），可是對於法塵有無大變動，祂卻是還有能力了知的；當別人連續不斷的大聲呼喚時，意根覺察到法塵上的大變動，就喚醒意識離念靈知心，就有了剛醒來時的不很清楚的了知，一到數秒之後才會有清楚的了知，這二種了知才是意識心的心行。這裡面，意根與意識的差別，慧廣法師是完全不懂也不曾體驗過的，所以他不知道在眠熟位中意識離念靈知心是完全斷滅而不存在的，才會主張離念靈知心在眠熟位中還是存在不斷。由這個事實，說慧廣法師眞是愚人，因爲 玄奘菩薩早已說過：愚者不分識與根。

第五點：譬如一般世俗人及醫師都知道的道理：「睡著無夢時，意識已不現行。在睡覺時間，意識仍然存在而處在清醒狀態的現象，就叫做失眠。」然而身爲出家法師專修佛法觀行的慧廣，亦如擁有慈濟醫院而應具有基本醫學知識的證嚴法師，竟然也會不知道，竟然在書中公然主張意識是不滅的，等於是主張意識在睡覺及悶絕時也不會斷滅，這未免太荒唐了吧！不知慈濟醫院的醫師們對此有何看法？是不是和她一樣的主張意識在睡眠位中仍然沒有斷滅？假使不是這樣子，應該請慈濟醫院的醫師大德們，向她勸導一番，請她不要再公然主張意識是不生滅的，否則要慈濟醫院的眾醫師們要如何定義眠熟、悶絕、死亡呢？假使意識是不生滅的，那麼人類就應該都不會有死亡、悶絕的事了，不知慈濟醫院的眾醫師們，能否接受正光的呼籲，向她說明一下意識會斷滅的事實？

第六點：在悶絕（俗稱昏過去）的階段，意識心也會斷滅。譬如因為痛得受不了而昏厥，或者腦袋被人敲了一記悶棍，使得五色根中的勝義根功能受到暫時的影響而不能運作，所以昏過去……等。悶絕當時已無意識覺知心、離念靈知心的存在，更不能了知自己正在悶絕位中，也不能返觀悶絕位中的境界，所以在悶絕位中不省人事、不知六塵。若如證嚴法師所說「意識卻是不滅的」，則在悶絕時意識應該清楚的知道自己昏過去了，也應該都知道悶絕位中的所有事情，那又怎麼能稱為「悶絕、昏過去了」呢？

而且，意識若如她所說的不生滅，則從昏過去到甦醒的過程中，也應該知道自己正住在悶絕的境界中，也知道自己在悶絕境界當中正在逐漸清醒過來而了知自己正在清醒的每一個過程才是。可是在事實上及醫學上卻不然，都可以證明：於悶絕當中，不僅不知道自己已經昏過去了，而且從昏過去開始到甦醒前都不省人事，都不知道自己正住在悶絕的境界中，須待意識恢復現行而醒來以後，才知道方才自己不省人事而昏過去了。又意識既然於悶絕前才是有現行的，在悶絕位中都不現行，直到悶絕後重新現行而甦醒過來，才有意識覺知心的存在，這就表示意識有生、有滅；這也表示意識心對於悶絕的境界是有出也有入的；有入有出的意識心當然是生滅法，這是老修行人中眾所認知的事，世俗人及醫師們也都知道這個道理，但是身爲佛教法師，應該是比世人及醫師都更能了知此事實，慧廣及證嚴二人卻完全不知道，有失法師身分對佛法應有的基本認知。由上面粗淺的舉例，可知意識覺知心當然是生滅性的不常住法，因此證嚴法師說「意識卻是不滅的」，不僅嚴重違背 世尊聖言量及唯識增上慧學的說法，也無法符合世間法常識上的驗證。

第七點：在無想定中，唯識學都說已無意識五遍行的想心所（但仍有意根的想心所），想即是了知、了別之義；因爲意識覺知心不能存在無想定中，無想定中沒有意識心存在，所以意識心的五遍行、五別境心所法都不現行，因此無想定中沒有意識覺知心可以了知自己正住在無想定中，所以外道及佛門中的外道見者才會誤以爲是無餘涅槃境界。當他們想要進入「涅槃」時，就把意識離念靈知心的自已滅掉而無所覺知時，不知還有一個意根心存在而仍須滅除，誤以爲那是無餘涅槃的境界；當他出定以後，就誤以爲自己剛才是住在無餘涅槃境界中，就以爲死後只要把意識覺知心滅了，就可進入無餘涅槃而保留無想天身以免墜入斷滅境界中。這意思就是說：等到進入無想定中時，意識已斷滅而不現行，已無意識能覺知及反觀，故暗無覺知。由此可以證明，意識心是會斷滅的。不但正光如是說，諸大菩薩也都是這麼說的；這在大藏經中的許多論藏裡，都還可以找到證明，如果證嚴法師不信正光的說法，需要正光提示教證來證明的話。（註：無想天是第四禪的四種境界之一，不是欲界覺知心中沒有語言妄想的境界。）

無想天人處於暗無覺知的無想天正定中，壽命最多是五百大劫，其中多有不足五百大劫而中夭者。待無想天壽命將盡時，因爲一念無明的緣故，突然出生意識心，即便下墮人間或三途。無想天捨報時之意識覺知心初現起時可分爲前後三刹那：率爾初心、尋求次心、已決定心。由此前後三刹那心之具足而出離無想定，即便下墮。於出生第一刹那覺知心時，此覺知心仍無法了知當時所住的境界相，名爲率爾初心，這是意識心初起的境界相。覺知心爲求了知出定後的境界相，遂又生起第二刹那的尋求心來作比較，因此第二刹那覺知心名爲尋求心，次於初心位。待出生第三剎那的覺知心時，已有前後二剎那境界相而作比對，已能了知出離無想定的境界相了，此時心得決定而住於無想定外，因此第三剎那覺知心名爲決定心，已是第三剎那的覺知心了。初出無想定的這三剎那覺知心，類似眠熟初醒時，證嚴法師可以在清晨醒來時自己詳細的觀察；如果定力夠的話，這三心都是自己可以驗證的，就會了知意識心的生滅性了；只恐證嚴法師定力不夠，每晨都落到清醒後的一、二分鐘時，才知道忘了觀察率爾初心、尋求次心、決定三心。無力觀察的緣故，就會認定意識覺知心是不生滅心。

無想天人若出無想定時，已無天福持身而只有下墮一途了，所以無想天不是可以常住的涅槃境界；而無想天中的五百大劫，也只是相似於眠熟無夢時的無覺無知境界一樣，由意根來安住其中，意識心是不在的，所以無覺無知，不能行善、聞法及修道，一切無所能爲，空過五百大劫；猶如作客一般，善行及道業都無可作，故名客天，對道業是沒有絲毫幫助的，有智慧的佛子們不應勤求第四禪境界而誤會涅槃，生此天中享受清福。由無想定位的出入境界，顯示意識有入有出、有生有滅，當然意識覺知心是生滅法，不是本來不生不滅的眞相識如來藏，證嚴法師不可故意違佛聖教而說是不生滅的。

第八點：阿羅漢在滅盡定中，唯識學中都說前六識已不現行，阿羅漢所造的論中也都如此說；滅盡定中的阿羅漢不但是滅掉了意識心，而且他們的第七末那識（意根）亦已滅除五遍行之受及想二個心所有法，並於次日中午時分喚起意識心才能出離滅盡定；若不喚起意識心，就不可能出離滅盡定；顯見滅盡定位並無意識心存在，由此可見意識心並不是常住不滅的，證嚴法師顯然不懂這個粗淺的佛法道理。又阿羅漢於入滅盡定前，會預先設定明天出定時分的狀態然後才入滅盡定，除非有重大情況符合自己預設的出定狀況，否則阿羅漢通常不會在預設情境以外的情況下出離滅盡定。須待意根接觸第八識所顯現的法塵相已經符合預設出定的條件時，意根才會引生意識現行而了知及確認應否出離滅盡定境界；待意識確認了以後，才會完全出離滅盡定。由上可知，阿羅漢入滅盡定時，意識已不現行，尚待第八識顯現出意識斷滅前預設之相分時，意根接觸、領受及引生意識覺知心現行，才能出離滅盡定，才有離念靈知心出現，才有見聞覺知性出現。因此意識在滅盡定位確已斷滅而不現行，當然就證明意識是有生有滅的無常法了，所以意識絕不是證嚴法師所說的常住不滅心，所以她說「意識卻是不滅的」，這說法不符合 佛陀聖教，也與世俗眠熟境界、聖者所證境界都互相違背。

所以，意識心絕對不是常住心、不滅心，證嚴法師是否腦筋有些糊塗了，才會這樣子亂說一場？唯有 佛所說的第八識心如來藏，才是從本以來不生不滅：以往從無出生之時，現在此世也不曾斷滅過，未來仍將如此永不生滅。意識一向與垢淨相應，如來藏則是從本以來不垢不淨：心體的自性恆時清淨，卻含藏七識心王相應的染污種子。意識的染垢體性常有增減，但是如來藏的清淨自性從本以來不增不減，自體一向清淨而無增減。意識的功能永遠只能作諸了別，不能出於六塵的了別性以外，但如來藏心體則有許多神用，名爲無漏有爲法，如是種子後在佛地不增，今在凡夫乃至地獄眾生亦不減少。如來藏心體無形無相、性如金剛，合十方諸佛威神之力，也無法破壞任一低賤有情的如來藏識，這才可以說是不滅的。反觀意識心，只要從後腦勺忽然打一棒，保證證嚴法師一定會悶絕而使意識斷滅，完全無知無覺，她怎能違背常識經驗而說意識心不生滅？難道不怕慈濟醫院的醫師們暗中說她無知嗎？

如來藏從來不在六入（眼入、耳入、鼻入、舌入、身入、意入）上面生起分別，從來離六塵中的見聞覺知，也從來不思量，所以永不作主，一向都是隨緣而任運不斷的運行，卻又能了知眾生七轉識的心行。祂能配合自己所生的七轉識、心所有法等，出生世間、出世間一切法，爲吾人所受用；祂也能在出生七轉識等萬法的運作過程中，顯示祂自己的六種無爲（虛空無爲、擇滅無爲、非擇滅無爲、不動無爲、想受滅無爲、眞如無爲）而由吾人所親證；由此等無爲法的親證緣故，得以進修二乘解脫道及大乘佛菩提道，所以如來藏才是世出世間一切法的根本；也因爲祂無法被滅除，所以才能說是金剛心、常住心。意識覺知心卻是夜夜斷滅的，不是從往世轉生來的，也是不能去到未來世的，證嚴法師怎可說是常住不滅的金剛心？

第九點：意識覺知心，其性非如金剛，不可能是不滅的常住心。何以故？過去世的意識覺知心，在死亡轉入中陰身而入胎以後，就永遠斷滅了，無法來到今世；待今世出生新的五扶塵根、五勝義根後，以此世全新的五根爲緣，才能有今世的意識覺知心出生；所以今世的意識覺知心是依今世的五色根及一直存在的意根爲緣而有的，不是從前世來的，所以意識覺知心不記得前一世的種種事情，何況能知更多世以前的事情？由此證明意識不能從前世來到此世，當然不是證嚴法師所妄說不生不滅心。今世死亡後入母胎中，今世的意識覺知心就永遠斷滅了，無法去至來世；因爲今世的意識心是依今世的五色根爲緣而出生的，五色根既然不能去到未來世，當然意識覺知心就不可能去到未來世中，就永滅不現了。所以意識心無法了知往世事，必須進修宿命通才能了知，或者必須有因緣時在定中才能了知。來世的意識心也不是從此世去的，須待未來世新的五色根出生了，才會有未來世全新的意識覺知心出現；所以來世的意識覺知心不是從此世前去的，而是另一個全新的意識覺知心，當然不會記得此世的種種事情了，這樣子才可能安住於母胎中而不覺得煩悶難過；所以出生以後的意識心是全新的意識，諸事不懂必須從頭開始學習，所以不是從前世往生過來的，連最簡單的食衣住行等事情，意識也都不是生來就能知道及運作的。由此可知，意識有生有滅，無法貫穿三世，非如第八識不必依他法爲緣就能自己存在故，非如第八識本來不生不滅故，所以證嚴法師說「意識卻是不滅的」，完全不符聖教與法界中的事實。

第十點：意識心有時因爲精進斷除煩惱而得清淨，有時因爲生起煩惱造作貪瞋癡行而有染污，這樣有時清淨、有時染污，完全不符合 世尊所開示「常住不滅的眞心從來不垢不淨」的聖言量，所以只有第八識如來藏才是常住心，意識不可能是常住不生滅的眞實心。又此意識心只要現行生起了，就會對六入境界相生起分別，而且一向清清楚楚了了分明；在六塵中了了分明的了知諸法境界，就會有貪厭之心，不能像第八識從本以來就不分別、從來離見聞覺知、從來不作主而一直都是清淨的自性，所以意識是有分別性的染污心，所以意識心會與貪厭苦樂……等心行相應，因而造作善惡業以求離苦得樂，這當然不是 佛所說的無分別心。因爲意識能夠清清楚楚的分別熏習世間法，祂在世間法中熏習以後，就會使祂產生了善惡性的增減，非是 世尊所說體性從來不增不減的眞心；意識心既然是性有增減的變易心，當然不可能是不滅性的常住心。但是證嚴法師對此似乎是完全不懂的，所以才會主張意識心是不滅的常住心。

第十一點：意識以意根及法塵爲俱有依，不能外於意根及法塵而存在；是因意根、法塵、觸心所等三法和合爲緣，才能從如來藏中出生，故意識是被生之法，而且是夜夜斷滅之法，又如何能夠自己出生一切法？既然自己不能夠出生一切法，又如何能夠於一切法上顯現六種無爲而被吾人所親證呢？因此意識尙待第八識、意根、法塵而生，非有其自己獨存的體性；有生則必有滅，又不能獨自存在，當然不是證嚴法師所說的「不滅」法。假使證嚴堅持不必有意根、法塵就可以讓意識心單獨存在，則依此原則或前提，慈濟醫院的醫師們都應該可以爲她實驗證明：用麻醉藥把色身麻醉以後，意識心應該仍然可以存在而了了常知；人死盡了以後，未入中陰階段時，意識心也應該了了常知。依此原則，證嚴法師在此世初入胎及住胎位中也應該了了常知，而且出生以後不會忘卻前世諸事；慈濟醫院的重病患者死亡之後，也應該仍有意識覺知心存在而了了常知。但是現見慈濟醫院所有醫師們都無法成功的為她這樣證明，證嚴法師也是絕對不能在初住胎位中了了常知的，由此事實顯然可見意識心不是常住法，而是有生有滅之法，所以在初入胎位及正死位中都無意識現起，意識都是斷而不現的，所以她講「意識卻是不滅的」，確實是亂說法。

綜合上面十一點所說，在此作個小結論，意識心在唯識增上慧學中，常被菩薩們一致公認為五位必滅的生滅法，在眠熟、悶絕、正死位、無想定、滅盡定中都不現行。離此五位境界，意識覺知心才可能重新生起，所以意識體性有生有滅，是斷滅法，非是證嚴所說不滅常住的不間斷法。凡是修學二、三年佛法的佛弟子都知道：意識是意法為緣而生的，意識心是生滅的。修學二乘菩提的南傳佛法學人，也都知道四阿含諸經中的聖教：「**意、法為緣生意識**」、「**諸所有意識，彼一切皆意、法因緣生故**」，所以意識覺知心絕對不是常住而不生滅的，這是佛門中的常識，不是開悟以後才能有的特見，不需要見道以後才知道。反觀出家近四十年的證嚴法師，跟著名聞四海的印順法師習法，竟然會不知道這個解脫道的基本佛理，並且睜眼說瞎話云：「**意識卻是不滅的。**」像證嚴法師如此妄說佛法，公然推翻了原始佛法四阿含諸經中的佛語聖教，不得不讓正光搖頭歎息！何以故？謂 佛在四阿含諸經處處都說「意、法爲緣生意識」，所以意識是依他法爲緣而生的有生有滅的法性。佛也曾在阿含部經典中開示：妄說佛法就是謗佛。謗佛者，未來無量世將在地獄受無量苦，眞令人爲她擔心啊！

第十二點：依教證來說，意識是被生的法，非有其自在性。佛在原始佛法的四阿含諸經中處處開示：「**意、法爲緣生意識。**」又開示說：**一切粗細意識皆意、法爲緣生**；在唯識增上慧學中說：**根、塵、觸三，生眼識乃至意識**，原始佛法的四阿含諸經中也如此說。由此可知：意識覺知心，是因意根、法塵相接觸（唯識學稱爲觸心所）而生、而有，所以意識覺知心是被生的法，本身非有其自在性，不能獨自存在，當然是生滅性的妄心。何以故？當精子與卵子結合時，第八識投胎於受精卵中，由第八識執持受精卵，並靠著第八識的大種性自性來接觸母血中的四大，攝取四大來長養受精卵，使受精卵能夠在細胞分裂的過程中不斷加入四大而成就五、六個月大的色身。因爲有色身的緣故，五根就具足雛形了（殘障者除外），連同攜第八識來投胎的意根在內，此時六根就具足了。因為六根具足的關係，第八識就能接觸外五塵而變現內六塵（含法塵）相分。有內六塵相分出現，才會有見分六識的出現，就是眼耳鼻舌身意等六識出現，此即唯識學及原始佛法的四阿含中所說「眼、色緣，生眼識……乃至意、法緣，生意識」的正理。既然有六識出現，就有六識自性的見性、聞性、嗅性、嚐性、覺性、知性的出現。有見聞覺知性出現的關係，就能夠分別種種法，包括世間、出世間法。

由此聖教量及現實法界現觀的證明，可知意識尚待意根、法塵相接觸等因緣具足才能生起，若因緣不具足或五色根毀壞了，就不能在身中生起意識覺知心；而此意識覺知心的種子，又是收藏在第八識如來藏中，所以一切種智中說如來藏的種子即是意識出生的因緣而非只是俱有依緣，所以意識覺知心是從第八識中輾轉出生的法，也是憑藉意根及觸心所、法塵作為助緣，才能出生與存在的法，所以意識覺知心沒有自己可以單獨存在的自在性，不像如來藏可以單獨存在而有自在性，所以意識覺知心是有生也有滅的法。既然是生滅法，怎麼會如證嚴法師書中所說「意識卻是不滅的」？

又意識在唯識增上慧學中稱為審而非恆的心，審字是說祂有別境心所法，能分別、了知六塵境界；非恆二字是說祂於眠熟、悶絕、正死位、無想定、滅盡定等五位中都不現行而斷滅了；既然眠熟即斷滅，要等半夜作夢時以及天明時才會重新再生起，就已經證明祂不是常住的法，而且是夜夜都會斷滅的，當然與證嚴法師所說「意識卻是不滅的」完全相悖。由此可知，證嚴法師錯將 佛所斥責的審而非恆的、緣起所生的意識心當作常住不滅的眞實心，這正是常見外道的見解，與常見外道相同。她將生滅的意識心認爲是不滅的眞心，將這種常見外道的錯誤知見帶進佛門中，印在書中流通，用來誤導慈濟功德會的四百萬信眾，其罪大矣！因爲這是普遍而全面以常見外道法來取代 佛陀的正法。

第十三點：意識具足能所，有覺有觀故，何以故？凡是意識現行，必定有一所觀境及能觀境界之覺知心也；非但具足能所，而且有覺有觀，與本來離覺觀的第八識如來藏大不相同，佛說有覺觀者都是意識外道境界，又說覺觀是世間境界，不是出世間法，將這種人斥爲「分段計著生」的「愚闇不了實相」的凡夫。譬如離念靈知心現行時，有一離念靈知而了了分明的六塵境或定境中的法塵境，以及知道此離念靈知境界相的覺知心，因此能夠知道自己處於一念不生而了了靈知的境界中，具足能所與覺觀，不離能所二邊及世間覺觀境界。又譬如意識覺知心在專心讀書時，既有所讀的書本意涵之境界，也有意識覺知心專注在書本上，並且對書上每一個字義都能清楚了知，所以意識覺知心具足能所與覺觀。由此證明：意識具有能所與覺觀的體性，才可能在六塵中了了靈知。反觀 佛所說的第八識如來藏，則無六塵中的能所與覺觀，何以故？佛在《大方等大集經》卷十一所說：「一切諸法無作、無變、無覺無觀，無覺觀者名為心性。」（CBETA, T13, no. 397, p. 71, a18-20）這表示第八識無覺無觀、無能所，這才是眞心，才是不滅的眞實心。又《維摩詰經》卷三也說：「法〔眞實法第八識〕不可見聞覺知。」（CBETA, T14, no. 475, p. 546, a23）又說「不會是菩提，諸入不會故」，在在表示萬法實相的第八識眞心是離見聞覺知的，祂不在六塵中生起任何覺觀；既然不起任何覺觀，就無能所可言；在這些經典中，在在都已說明第八識無能所、無覺無觀的體性，這才是眞心，才是不生滅心。

又第八識眞心從本以來離見聞覺知，無始劫以來不曾於六塵中生起一念覺知，從來離能所，從來離諸覺觀。凡是會於六塵中生起見聞覺知等自性的心，會於六塵起能所、起覺觀者，正是意識覺知心；若是意識覺知心，則於悶絕等五位中必定斷滅而不會現行，是生滅法，不是證嚴法師講的不滅法，祂也正是有情無始劫以來輪迴生死的根本，正是自性見外道所執著不生滅的見聞知覺性，同於自性見外道之所「悟」。唯有本來離能所、本來離覺觀的第八識如來藏，唯有能出生意識覺知心的如來藏，才是　佛所說不滅的眞心。而這個第八識眞心從來不曾有生，所以也就不可能有滅；祂與每一世出生的有能所、有覺觀的意識覺知心同時同處配合運作，眞妄和合似如一心。證嚴法師信受印順的邪見，如印順法師一般不知道祂的存在，所以就否定第八識如來藏，當然會落在意識覺知心上而不覺其虛幻不實；因此而執著虛妄生滅的意識覺知心爲眞實不滅心，我見就斷不了，仍然被三縛結所繫縛，具足凡夫性，當然得要和所有凡夫一樣的繼續輪迴生死。

證嚴法師主張的意識心是具有能所與覺觀的心，凡是具有能所與覺觀的心都是虛妄心，此意識覺知心必須依意根及法塵爲助緣才能生起，生起以後也必須有法塵及意根作爲俱有依，才能繼續存在，正是依他起性的妄心，當然是生滅心；這與　佛所說從來都無能所、離覺觀的常住不滅如來藏心完全不同，與　佛所說的常住眞心是第八識如來藏的聖教相違背。既然她所說的意識常住，與　佛開示相違背，所說當然不是佛法，自然就是外道法了。而她這個說法與常見外道說的「意識心常住不滅」說法完全相同，所以她的見解當然是佛門中的常見外道見。

第十四點：意識與五別境心所有法相應，是生滅法。意識現行時，必定與了別六塵境的五別境心所有法相應。今以離開語言文字一念不生而了了靈知的離念靈知心為例，譬如意識心喜歡長時住於離念靈知定境中，於所樂之境，有希望冀求為性，這是五別境心所有法中的「欲」心所。又住於離念靈知定境中，能了知此是離念靈知定境，於所決定之境，能夠印定執持為性，正是五別境心所有法中的「勝解」心所。意識覺知心以前曾經住於離念靈知定境中，今復進入此定中而能了知是以前所曾經歷過的同一種定境，這就是於所曾習境明記不忘為性，正是五別境心所有法中的「念」心所。意識覺知心又能在此離念靈知境界中長時制心一處而安住，即是「於所觀境令心專注為性」，正是五別境心所有法中的「定」心所。又在此離念靈知意識心所住的定境中，可以不起語言文字而作分別：此是父親、母親，此是兄弟姐妹，此是風聲、雨聲，此是原有定境、此是比以前更增益微細之定境……等，即是於所觀境能夠揀擇為性，正是五別境心所有法中的「慧」心所。由此可知，離念靈知意識心現起時，一定會與五別境心所法相應，更何況有念靈知心的散亂意識心，當然更會與五別境心所法具足相應的了：譬如專心緣於所愛之境界。但是五別境心所法，在唯識學一切種智中，一向都說與意識心相應，是意識心的功能差別，故意識心一直都與五別境心所有法相應。凡是會與五別境心所有法相應的心，佛菩薩們在經論中都說是生滅法，不是證嚴法師所說的不滅法；因爲這心必須有意根與法塵爲緣才能生起，也必須同時有如來藏流注的意識種子爲因緣才能生起，所以是有生之法；有生則必有滅，不能外於生滅性。

只有第八識如來藏，從無始以來不與五別境心所法相應，譬如第八識從來不會在六塵上面起分別、從來不曾起一念「我喜歡、我不喜歡，我希望、我不希望」等欲念，因此沒有「欲」心所。又第八識從來不對六塵境起一絲一毫的分別，因此沒有「勝解」心所。又第八識從來離見聞覺知，從來不對以前所經歷境界明記不忘，因此沒有「念」心所。又第八識從來不住定中，也不住定外，未曾起一念在定中或定外，因此沒有「定」心所。又第八識從來不對六塵起分別，更不會對六塵境起抉擇，因此沒有「慧」心所。由此可知，第八識從來不與五別境相應，意識心卻正是與五別境相應的；與五別境心所法相應的心當然就不是常住不滅的法，所以意識是有生有滅的法，因此證嚴法師說「意識卻是不滅的」，完全違背方廣諸經中唯識學的開示。

第十五點：意識永遠不離境界受——苦受、樂受、不苦不樂受。意根、法塵相接觸以後，意識才能從如來藏中現起。而意識現起時，必定與三受（苦受、樂受、不苦不樂受）相應。苦受是違逆己心的境界受，樂受是隨順己心的境界受，不苦不樂受是既不隨順也不違逆己心的境界受。而這些苦受、樂受、不苦不樂受都是意識現起後產生的境界受。譬如喝苦茶，其味苦性甘，因此剛喝下去時有苦的滋味，苦受出現；但喝完之後，口內漸漸回甘，樂受漸漸出現；久之，甘味漸漸消失，樂受便轉爲不苦不樂受，因此以喝苦茶爲例，可以發現三受刹那刹那變異，無有眞實的體性。又譬如生重病是苦受，可是當重病轉爲輕病時，輕微的苦受就變爲樂受；又輕病漸漸轉癒而經久時以後，樂受漸漸淡薄乃至變成不苦不樂受。雖然重病、輕病及病轉好之前同屬生病一種，卻有苦受、樂受、不苦不樂受三種受互相含攝。由此可知，意識永遠離開不了苦受、樂受、不苦不樂受；而且這三種受刹那刹那變異、互相含攝，是生滅法，所以意識心也是生滅法。

因爲水不停地滴下來，水泡便不停地出現；連續不斷出現的水泡，使我們誤以爲水泡是一直存在的，因此 佛說：「受如水泡。」正因爲受不斷變異而可領受，並因刹那生滅相速度極快的緣故，眾生就誤以爲受是眞實的存在。同樣的道理，意識對六塵了了分明而能了知六塵境，不離刹那刹那生滅變異相，不離苦受、樂受、不苦不樂受，所以意識非是常住不滅的法。而眞心第八識體恆常住、離見聞覺知、離六塵境界受、離一切苦受、樂受、不苦不樂受，離六塵一切法之了知，與意識生滅法現起之後恆時與三受相應之體性完全不同。由此證實，只有不與六塵境界受相應的心體才有可能是常住法，然而證嚴法師所說的意識是完全與三受相應的心，與第八識完全不與三受相應正好相違，當然不可說是不滅法，所以證嚴法師的說法嚴重違背 佛的開示。

第十六點：意識有能熏的體性，非是第八識有所熏的體性。聖 玄奘菩薩在《成唯識論》卷二說：「所熏、能熏各具四義，令種生長，故名熏習。何等名爲所熏四義？一、堅住性。……二、無記性。……三、可熏性。……四、與能熏共和合性。……何等名爲能熏四義？一、有生滅。……二、有勝用。……三、有增減。……四、與所熏和合而轉。」（CBETA, T31, no. 1585, p. 9, c6-27）

《成唯識論》已明白告訴我們，能熏有四種體性：生滅性、勝用性、增減性、與所熏第八識同時同處。同樣的，所熏也有四種體性：堅住性、無記性、可熏性、與能熏的妄心（意識、意根與其餘五識）同時同處。能熏的意識心與所熏的如來藏心，正好是自性相反的相對心，所以意識心不屬於持種的心，當然是生滅心。

首先談能熏的生滅性。如果意識不是剎那生滅，就不能在六塵中有種種的作用。譬如電影底片如果不是一格一格可以變動及攝影，所攝及所看的影片永遠只有一格底片的影像，將成爲只有一格永遠不會變動影像的幻燈片一樣；假使是只有一張底片（譬喻意識心前後剎那都不變易而永遠是同一心），重複不斷的拍攝影像的結果，將是種種影像重疊在一起（喻如意識前後無數剎那都是同一個種子而不是剎那剎那變易種子、不斷的流注），就不能成就電影的功用（喻如意識只能了知一個境界，不論經過多長時間，永遠都只能了知最早接觸到的同一個境界）。同樣的道理，意識有生滅性的作用，能於前一剎那種子現行、熏習、落謝後，後一剎那種子接踵其位而現行、熏習、落謝，如此不斷接踵其位現行、熏習、落謝，才可能成就六塵中不斷的生滅相及種種的了別，像這種不斷踵接其位而流注生、流注滅的現象，在唯識學上稱爲等無間流，因此意識有能熏的生滅性；證嚴法師完全不懂這個眞理，所以妄說意識常住不滅，不是有智慧的人，與世俗愚人一樣。

又意識有其勝用性，能夠分明顯示出祂的殊勝的作用。譬如意識看見順心的東西就會喜歡、生貪，有樂受；看見違逆己心的東西就會討厭、排斥，有苦受；看見不順心也不違逆的東西，既不喜歡也不討厭，有不苦不樂受，所以意識在六塵境上有苦受、樂受、不苦不樂受的勝用性；這正是離念靈知心及有念靈知心的自性，也是變易法，不是常住不滅的法性。

又意識有增減性，能在善法、惡法、淨法、不淨法中有增、有減。譬如熏習五戒、十戒的善法，可以增長善法體性，死後生欲界天。譬如熏習惡法，可以增長惡法的體性，死後墮畜生道，乃至墮地獄道。譬如熏習解脫道、佛菩提道淨法，最後可以成就二乘聖人所證的二種涅槃——有餘依涅槃、無餘依涅槃，乃至菩薩們依之修行，可以增證爲佛道的四種涅槃——本來自性清淨涅槃、有餘依涅槃、無餘依涅槃、無住處涅槃，所以意識有其勝用性及增減性。譬如熏習惡法，以及在惡知識邪教導下，增長邪知邪見等不淨法，乃至造下謗佛、謗法、謗勝義僧大惡業，導致未來在無間地獄受無量苦楚，這都是因爲意識的心性有增減的體性所致。意識既然對善法、惡法、淨法、不淨法有增減性，當然不是常住法，當然是有滅之法。

最後意識必定與所熏第八識同時同處完成熏習作用。如果意識沒有與第八識同時同處完成熏習，不能成就熏習的功用以及種種業用。譬如能熏的意識心經過現行、熏習、落謝後，如果沒有所熏的第八識配合運作及執持業種，如何成就世出世間種種業用以及三世因果絲毫不爽，因此意識必定與所熏第八識同時同處；

八識心王中只有一個心是常住不滅的，那就是實相心；只有實相心才可能是常住不滅的心，那就是第八識所熏的心——如來藏。假使如證嚴所說的「意識是不滅的」，那麼意識也應該是常住的實相法，那麼，實相心就變成有二個心了！那麼每一個有情應該都是同樣有二個實相心了，證嚴法師說話之前都沒有想到這個邏輯上的嚴重過失，現在又該如何自圓其說呢？

接下來談所熏的堅住性。第八識所熏的堅住性是指這個第八識心體堅固常住，永不壞滅，就算合十方諸佛威神之力，也無法破壞任一低賤有情的第八識。正是因爲有這種堅住性，所以被熏的心才能夠從過去世來到現在世，也能夠從現在世去至未來世，才能貫穿三世而使各人的因果報償不昧，不會混亂。

又第八識的無記性——無善性、惡性，本來就離見聞覺知，不在六塵境起分別，從來不思量故不處處作主，因此對六塵境無善性、惡性分別；能夠分別善性、惡性正是七轉識自己，正是證嚴所執著的意識心。正因爲第八識是無記性，能夠不加簡擇而執持一切業種，因此三世因果的道理才能成辦。如果第八識對善業、惡業能做簡擇，於造惡業時，第八識應該拋棄一切所造惡業，保留一切善業，則世間應僅有三善道，無三惡道等事發生；事實卻不然，仍有三善道、三惡道之因果循環不息，因此唯有第八識的無記性，才能成辦三世因果不昧。反觀證嚴法師所說的意識心，則是處處求樂厭苦的心，也是會對因果業種能作揀擇的分別心；假使如她所說「意識卻是不滅的」，那麼意識就應該是持種的心了；如果是由意識持種的話，那麼一切人死前都可以由意識在去到下一世之前，把惡業種子丟棄而只保留善業種子，那麼法界中將不可能有三惡道眾生的存在了；可是現見三惡道眾生一直都存在著，受報不曾終止過，可見意識不是持種心；既不是持種心，又怎麼可能是常住不滅的心？所以證嚴對佛法是不懂的，才會講出這種荒腔走板的說法來。

又第八識有可熏性。若第八識沒有可熏性，吾人尚且不能熏習世間法，所學之法譬如世間的知識、技術、藝術、茶道、花道、劍道、電腦、飛機、飛彈等，今日學之明日即忘，何況能熏習出世間法——三乘菩提，正因為第八識有可熏性，所以世出世間法才能夠熏習成就；而意識正好是能熏的法，又因為祂夜夜眠熟時都會斷滅，所以不可能執持所熏的種子，只能由所熏的第八識如來藏持種而保留到來日，就能記得昨日所熏習的種種法而不會忘失。既然如是，意識當然是夜夜都會斷滅的法，只有如來藏才是不會斷滅的法，證嚴法師卻不知道這個教理，還公然在書中主張「意識是不滅的」，身爲法師而無知若此，眞令人難以想像。又第八識與能熏的妄心同時同處配合運作，才能成就熏習作用。如果第八識沒有妄心意識心等七轉識配合熏習，則必入無餘涅槃。入無餘涅槃已無妄心七轉識，第八識復又離見聞覺知，處於自住寂靜的境界，如何成就熏習作用？因此第八識必須與妄心同時同處，才能成就所熏作用。

正因爲意識完全符合能熏的四種體性，刹那變異生滅，所以意識是生滅的，沒有常住不壞的體性；唯有第八識如來藏，完全符合所熏的四種體性，體性堅住而不生不滅。由此可知，證嚴法師說「意識卻是不滅的」，完全符合能熏的體性，與第八識如來藏所熏的正理完全相背，因此證嚴法師說「意識卻是不滅的」，完全不如法，是名妄語。

第十七點：證嚴信受的是印順的法義，而印順只信受原始佛法的阿含部經典，這裡就以阿含部的經典教義，來證明意識心是有滅的、會滅的、必滅的虛妄心。佛在阿含解脫道中說：無餘涅槃的取證，是滅除五陰、十八界後的境界。既然阿羅漢入無餘涅槃時，必須滅除五陰、十八界法的所有陰、所有法；這就顯示一個事實：意識是必滅的，不是不滅的。因爲意識是十八界法中的意識界，是五陰中的識陰所攝的虛妄心，所以證嚴說「意識卻是不滅的」，眞是不懂阿含解脫道的凡夫，正是我見未斷的凡夫。我見未斷的人，在大乘法中，尚且進不了七住位，尚且不是六住滿心位的賢人，何況能是地上菩薩？她卻公然以地上菩薩自居，大妄語業也造得太大了！她的膽子眞大！假使她的徒眾因爲被她誤導而像她一樣的自稱入地證聖，將來捨壽後要如何承受果報呢？這就是正光所最擔心的事！

綜合上述理證與教證二大類的十七點結論，證明意識心在眠熟等五位中必定斷滅，正是被生、所生之法，非有其自在性、具足能所、有覺有觀、與五別境相應、不離境界受——苦受、樂受、不苦不樂受，又是能熏法，本身已是生滅法，完全符合《楞伽阿跋多羅寶經》卷二的開示：「**意識者，境界分段計著生。**」（CBETA, T16, no. 670, p. 496, a24）何以故？意識入眠熟等五位——睡著無夢、悶絕、正死位、無想定、滅盡定——時必定斷滅，出了眠熟等五位，意識必定現前故。既然意識有生、有滅、有入、有出，即是有境界法、有所得法，非是從來不生不滅、不出不入、無所得的眞心第八識境界。而第八識在睡著無夢、悶絕、正死位、無想定、滅盡定中不僅一直在運作不輟、離諸能所與覺觀、不與五別境相應、無苦受、樂受、不苦不樂受、是所熏法，所以才是常住不滅的法性，正與意識常起常斷的體性完全相反，所以證嚴法師說「意識是不滅的」，不僅是悖理，而且也是違教的邪說，與佛所說完全相反。

從這裡可以知道，證嚴法師早期所說佛法非常淺顯，純粹是勸善而無關正法義理故，尚不至於嚴重偏離正法。後來全面繼承印順藏密應成派中觀的邪說，僅承認有六識，否定事實上存在的第七識、第八識，又不想落入斷滅見中，所以就認爲意識是常住不滅的；因此她的整個佛法思想，就開始緊緊圍繞著六個識，就與常見外道的知見完全相同了；正因爲這個常見外道的邪見作祟，所以她開始公然主張：「**意識卻是不滅的。**」可是這樣的主張，卻又與她自己同一時間的說法完全顛倒，何以故？因爲證嚴法師在同一本書《生死皆自在》三一七頁～三一八頁都說：「**人往生後，六識已不起作用。**」像這樣在同一本書前後說法顛倒，若不是居心叵測，故意顛倒是非、不死矯亂者，那就是對佛法無知到極點了，連一點兒自省的能力都沒有。像這樣的「地上菩薩」竟然會在佛法興盛的今時台灣出現，而且領導了四百萬人，誤導眾生極爲嚴重，讓正光不能不搖頭嘆息：**竟有如此荒謬的說法者，已自打嘴巴而不知，還公開主張「意識卻是不滅的」，眞是顚倒啊！**

此外，正光列舉證嚴法師著作有許多常見的想法，歸納如下，大眾可依上面所說正理，一一檢驗，譬如證嚴法師在她的著作《八大人覺經》第七十頁：「學佛者，所學的就是要把意識轉回到本性，能這樣，則智慧門開，光耀明淨，屆時自可把握自己的生死，控制業力、創造命運，就不會被三界魔王牽制在欲界中不得自在。」然而意識永遠是意識，不會因爲究竟清淨了，成爲佛地的意識以後就變成第八識無垢識；在人間，佛地仍然是八識心王同在一起運作，永遠是八個識運作，所以意識修到了佛地時，種子流注出來時仍然還是意識，永遠都不可能變成眞心第八識的。而且，三界魔王的說法，也是不懂佛法的胡說；因爲魔王是指天魔波旬，他的境界是欲界的第六天境界，沒有能力到達初禪天，何況能到色界與無色界？證嚴怎會說他是三界魔王？可見她連三界境界都不懂，又如何能發起地上菩薩的道種智？連三賢位的根本無分別智都沒有，連聲聞初果的斷我見智慧都沒有，竟然敢自居爲阿羅漢都不敢自居的地上菩薩果位，膽子眞是大得離譜了。

又譬如《靜思語》第二集二七五頁~二七六頁：【客問：「我很容易分心，經常在做事的同時操心下一刻的事務如何處理？請問師父：要怎樣才能用心？」師言：「知道利用時間、能夠把握當下此刻，就是用心。作事要專注，胸懷要如海天一般廣闊清明。好比大鵬鳥，專注地蓄勢待發，一陣風來，即全力衝飛，氣勢磅礡。用

心是自然而然的，並非刻意造作。」】

然而把握當下此刻，仍是意識虛妄心，不是本來不生不滅的眞心第八識。因爲這個意識心，有時可以把握當下，有時因爲散亂心，無法把握當下，乃是一直都與六塵境界相應的心，也是有出有入、有境界法的虛妄心，不是本來無出無入、離諸境界而不受影響的第八識如來藏。

又譬如她的《三十七道品講義（下）》第四〇一頁~四〇二頁：【「我們平時工作，若是拿起這個、掉了那個，叫做散亂心。拿東西時，若是能輕輕拿起、輕輕放下，使周圍的環境安詳寂靜，則稱爲涅槃。」】

但是證嚴法師的涅槃的境界，卻是與外道五現涅槃的欲界涅槃一樣，正是常見外道五現涅槃的同路人，卻是與 佛所說的涅槃滅除意識等十八界法的境界完全相反；既與常見外道的五現涅槃相同，公然違背 佛所教示的涅槃，我們怎能說她不是常見外道呢？她所說的這個能使周圍的環境安詳寂靜的心，仍是意識心，仍是有生滅的，有生滅的境界，怎能說是涅槃的境界？而且涅槃中無一切法，連意識心都不存在了，怎麼會是在六塵中了了分明而安詳寂靜的六塵境界？這正是意識心所住的六塵境界，不是本來常住涅槃寂靜境界的第八識心，而且是意根與法塵爲緣而出生的有生之心，當然不可能是不滅的心。但是證嚴法師對此完全無所認知，連涅槃的基本知識都付諸闕如，又怎敢公然以地上菩薩自居？顯教法師中，恐怕再也找不到比她膽子更大的人了。

所以從證嚴法師種種著作當中，很清楚的顯現一件事：證嚴法師所認爲的意識心是常住不壞心，認爲就是 佛所說的無餘涅槃境界中的眞心。然而這個意識心卻是有生滅的心，非是 佛所說本來就常住涅槃的第八識。身爲出家人的證嚴法師，理應依照 世尊聖言量如實宣說：「意識是根塵觸三法爲緣而生的，意識心是生滅法。」但她卻反其道而行，在書中公然的說「意識卻是不滅的」，嚴重違背 佛陀的聖言量及理證上的現量。既然違背 世尊所說，依照 佛在四阿含所說：妄說佛法即是謗佛、謗法。而謗佛、謗法結果，是成爲斷一切善根的一闡提人，果報極爲嚴重啊！證嚴法師對此不可不知也！

接下來說明證嚴法師及一般人所認知的「靈魂、神識」，其實只是中陰身，不是意識心，更不是 佛所說的第八識。這裏將分爲二種來說明。第一種是瀕臨死亡，但仍未死亡而靈魂出竅的道理，第二種是完成死亡過程而成就中陰身的正理。

首先談第一種瀕臨死亡，但仍未死亡而靈魂出竅的道理。有些人在死亡邊緣掙扎時，會發生靈魂出竅的現象，因此待意識甦醒之後活過來時，將其靈魂出竅過程的種種體驗加以描述，由他人加以記載，彙總成書，而有種種描述瀕臨死亡經驗的書籍出現，得以流傳後世。而此類所述瀕臨死亡的體驗，並非眞正死亡，並非體驗到死亡的境界，因爲仍然有意識的存在，得以了知靈魂出竅後的情形；只要意識還存在，就不是眞正進入死亡境界，就是還沒有開始死亡的過程，所以靈魂出竅其實是還不曾體驗到死亡過程的。因此當有人瀕臨死亡時，會感覺到自己脫離了肉體，然後看到自己的身體，也看到搶救自己的醫務人員，以及自己到了一個從來沒有去過的地方，看見自己以前從來沒有看過的事情等等。經過一段時間後，瀕臨死亡者甦醒過來，能夠很清楚地描述當時的情形；此種情形，即是一般世俗人所說的靈魂出竅。從這裡已明白說出，瀕臨死亡的人能夠靈魂出竅，以及能夠了知靈魂出竅後的情形，就表示當時意識尚未斷滅，意識仍然是醒覺的，只是不在身體中運作而已；如果意識已斷，又如何能見到自己靈魂出竅，以及自己靈魂出竅後所發生的種種情形？既然能夠在清醒過來以後，將瀕臨死亡體驗的過程一五一十詳細說出，得以記載下來，廣爲人知，當然不會是死亡過程的經歷。所以瀕臨死亡經驗是由一個仍具有意識而尚未進入第八識開始捨身的死亡過程之人所說出來的，而這一點，科學家也證實確實無誤。

爲何會有這種靈魂出竅現象發生呢？簡單說明如下：第一點，表示此人過去世曾修得天眼通或神足通，於瀕臨死亡時，因緣成熟而有世俗人所謂靈魂出竅的現象出現，何以故？因爲天眼通或是神足通，不論是報得（過去世曾修得神通而在此世特定狀況下突然出現）或修得（今世才修神通加行而獲得神通），都是與意識相應的；如果沒有意識的運作，就無法使天眼通或神足通顯現，因此，唯有在意識清醒之下，天眼通或神足通才能顯現出來，所以神通是與意識相應的，神通需要意識的運作才能顯現；如果意識不存在，神通是無法顯現的。而瀕臨死亡的人意識並未斷滅，仍然有意識的覺知作用，故於瀕臨死亡及其他因緣成熟的時候，將天眼通或神足通顯現出來，只是他自己不知道這是神通罷了；然後才能在醒來之後，將其瀕臨死亡的種種過程詳細說出來，讓大眾了知或作爲科學家研究之用。第二點，表示這個人於瀕臨死亡的時候，爲自己心眼所見，見到自己靈魂出竅，乃至經歷某些自己未曾經歷的境界。既然爲心眼所見，亦即是透過意識看見自己瀕臨死亡的情形，表示當時自己的意識仍未斷滅，仍然清醒著，所以能於瀕臨死亡的過程中清楚了知，並於醒來之後，解說瀕臨死亡過程中種種內容，爲科學家或醫學家研究之用。所以瀕臨死亡的過程，其實只是休克狀態下的體驗，而不是眞正死亡過程的體驗。

綜合上面所說，不論是上述第一點或第二點的靈魂出竅情形，都與意識有關，而意識之所以能夠運作，其實不能離開意根及第八識配合運作，何以故？意識以意根及第八識爲俱有依，而意根又是以第八識爲俱有依，所以意識不能離開意根而運作，意根又不能離第八識而運作，所以意識心沒有能力獨自運作。這是一切已悟得如來藏的菩薩們都能現前證驗的，正覺同修會中已有許多人都是如此現前證驗無誤的，這不僅僅是學理、學說而已。因此，若能夠靈魂出竅，這境界仍須意識、意根及第八識等和合運作才能成就，非如證嚴法師單單指靈魂或神識就是意識而已，而且這時的意識心也不是靈魂，也不是中陰身。

接下來談第二種事實，完成死亡過程而成就中陰身的正理。當吾人剛斷氣、呼吸心跳停止（初死位）的時候，今生頭腦中的記憶將移轉至第八識，因而導致業境現前，如同電影片播放一樣，由上而下一格一格出現，而且不到半秒鐘就將一生的善惡業全部播放完成，接著息脈就全部停止了。這時每一格所造之業，或善業、或惡業、或淨業、或不淨業，此時的意識心都能清楚了知而進入眞正死亡的階位（唯識學稱爲正死位），此時第八識開始捨身，而捨身過程可分下面五種情形：

第一種，善人之死：行善之人因爲在世間努力造橋、鋪路、布施、行善，守五戒、十善等，於死亡後的中陰境界中，猶如美夢中見諸天女迎接圍繞，心生愛樂；於愛樂之中，趣向彼處，即於所應出生之天上化生而出，死時無諸苦患。若是往生色界天時，雖有中陰身，但是仍無苦患；若是往生無色界天時，則無中陰階段，直接往生無色界。

第二種，五戒不犯者之死亡：死時，就好像睡眠一樣不知不覺，於中陰身現起覺知時，方知自己已死，所以死亡過程中無諸苦患。

第三種，修得禪定者及證悟菩薩之死：此諸證悟菩薩悟後若未生起所知障中的異生性，未因性障深重而造毀謗師長、破壞正法等惡業，或無往世業緣成熟者，則死時無有惡境現前，正死位中無諸苦患，猶如睡覺一樣，並無痛苦之事發生。若證悟菩薩復於死前發願往生西方極樂世界，生前復又積極度眾以及精勤斷除煩惱的結果，於死亡時，猶如睡覺一般，待中陰身成就，覺知心才現起，遙見阿彌陀佛、觀世音菩薩、大勢至菩薩與諸聖眾迎接。阿彌陀佛放大光明照行者身（此身是指中陰身），觀世音菩薩以金剛台迎接，自見其身（中陰身）坐上金剛台，隨從佛後，如彈指頃，往生西方極樂世界。於西方極樂世界，聞 阿彌陀佛說法而悟得無生法忍，位階初地或諸地，如《觀無量壽佛經》所說。

第四種，造諸惡業罪不及地獄者之死：死前及臨死位方有四大分離之種種痛苦，是其所必須承受之果報故，死後有中陰身。

第五種，謗佛、謗法、謗僧或將諸外道法引入佛法之死：死前受諸痛苦，然後極重悶絕，故正死位完全無知（若已被麻醉藥控制而無覺知，直接進入死亡過程者，則死亡過程中無痛苦而直接捨報），待至覺知心現前時，已在地獄中化生受苦，不經中陰階段，故一般造作地獄惡業的人死前都會受苦；但在正死位中意識心已經斷滅，故無所謂地水火風四大分離種種痛苦，只有死前受諸痛苦。

綜合上面所說，除往生無色界者，以及於地獄化生者外，其餘四種，於第八識捨身一分時，在亡者身旁隨即成就中陰身一分；第八識捨身五分時，中陰身即成就五分；乃至第八識捨身十分，中陰身成就十分；此中第八識移轉至中陰身的過程，如秤兩頭，低昂時等。也就是說，第八識一分一分的捨報，漸漸移轉到中陰身，待第八識完全移轉到中陰身，就完全捨報了，這時屍體已無第八識持身，這樣才叫做死透、死盡，正死位就過去了。待亡者完全死透而中陰身成就時，中陰身又隨即具足八個識。其中意識延續生前的意識而有，仍然以生前的五色根所具有的微細四大爲緣，而在中陰身顯現，仍然可以接觸外五塵，所以中陰身的意識是通生前這一世的。意根隨著第八識而移轉在中陰身中，仍然是生前的意根，所以完全依照往昔的習氣而運作。這個中陰身是第八識執取生前色身的四大變現而成的，屬於微細的色身，不屬於生前粗重的色身。由此可知，一般世俗人所認知的靈魂，有形有色而且能言語表示，這其實是中陰身，在中陰身仍然是八個識具足，所以世俗所說的靈魂並非如證嚴法師單指的意識心，更不是某些人所說的「靈魂就是第八識」。證嚴法師身爲佛門法師，又自居爲地上菩薩，竟然連靈魂中陰身也不懂，竟然說爲意識心，令人不能不覺得：她把佛法世俗化、淺化得太嚴重了。

此中陰身，世俗人稱爲靈魂或者神識（這裡所說的神識是指一般世俗人認知的靈魂（中陰身），不是佛在阿含解脫道原始佛法經典所說的「神識」—第八識），是由意根作意，而由第八識執持死前色身微細四大物質所形成，亦名意生身，由意根之意而從如來藏心體中出生的緣故。又因爲中陰身色身是微細物質的緣故，沒有人類粗重四大所成色身，一般肉眼無法得見，唯有天眼（或陰陽眼）者可見，如契經所說。又中陰身沒有人類複雜的五勝義根可以思維，雖有記憶，然純粹依照意根習氣而行。又此中陰身需要微細物質來維繫色身，需以食物香氣爲食，故中陰身又名尋香。若中陰身沒有香氣來長養，此中陰身隨即死亡。若有食物香氣長養，得以維持微細色身；待第六天，中陰身開始衰敗，最遲第七天就會死亡。每一次的中陰身最多只有七天的生命，最多可以有七次中陰身出生，越是後生的中陰身，功能越差，福德越薄；最遲者七七四十九天必定往生，過後就不再有中陰身出生了，所以不造惡業的人，在最後的第七個七天過完之後就一定會隨善業中的最下劣果報而往生，已不能有所選擇了。

因爲中陰身是在死、生二有中間所生的，所以又名中有身，此如《瑜伽師地論》卷一及《俱舍論》卷八所說。而中陰身最多七次的出生過程中，以第一次中陰往生福報最好，越後面往生則福報越差。又此中陰身小有眼通，因異熟果報的緣故，得見有緣父母和合，而自以爲與父親或母親和合，爲彼境界所拘束而入母胎，執取父精母血所成之胚胎爲自己，便受後有。若七天中不得往生之緣，此中陰身即死，復生另一中陰身，等候下一個因緣而往生。

當中陰身投胎爲人時，大多因自己的貪、瞋、癡而受生，何以故？當凡夫中陰身得見有緣父母和合時，心中即起顚倒想，而不知彼爲來世父母。若應往生爲男子時，即於來世母親起淫貪想，欲與來世母親和合，而對來世父親起瞋想；若應往生爲女子時，則於來世父親起淫貪想，欲與來世父親和合，而對來世母親起瞋想。有淫貪、瞋心故，必定與愚癡無明相應。因爲無明的關係，爲彼境所執而入胎、住胎、出胎，此名不正知入胎、不正知住胎，不正知出胎。而乘願再來的證悟菩薩，不同於一般凡夫，於彼境而不起淫貪、瞋心及無明而入胎，此名正知入胎。一旦入胎以後，中陰身隨滅，前六識斷已，僅剩第七識末那及第八識在受精卵中。若此菩薩有四禪八定及無生法忍，則由定力而生意生身，能於住胎時或入眠熟位中，或以意生身出遊在外，意不顚倒，名爲正知住胎；若此菩薩無四禪八定及無生法忍果，一旦入胎，意識即滅而無所知，名爲不正知住胎。既然不正知住胎，就更別說能夠正知出胎了。

從以上正理得知，這個中陰身（靈魂）若無香氣長養，此中陰身必定中夭。因中夭緣故，意識必定斷滅，須待另一個中陰身出現後，意識心及見聞覺知性才復出現。又此中陰身投胎後，中陰身隨即永滅不現，前六識必定斷滅，意識已斷滅而不存在，僅餘第七識意根及第八識在受精卵中。綜合上述可知，意識於正死位及中陰身投胎後都會斷滅，非是常住的法；所以意識本身是有生滅的，非是不生滅的，不像第八識在此二位仍然運作不輟，才是常住法，因此證嚴法師說「**意識卻是不滅的**」，完全是不如實語，有以下過失存在：

一者，完全違背世間醫學正理。若如證嚴法師所說意識就是靈魂，而靈魂正是中陰身，這樣一來，中陰身意識投胎後，受精卵本身應該就有見聞覺知心了；因為意識將仍然繼續存在著，意識若存在，就一定會有見聞覺知。可是所有的醫學都證明，受精卵發育最少要到四、五個月，才會具有五色根的雛形功能；一般約六個月左右，五根具足了，意識因為意根、法塵相接觸的緣故才能比較具足的現行，才有比較可用的見聞覺知性出現，而非一受精以後就有意識、就有見聞覺知了。所以證嚴法師說意識就是靈魂的說法，太荒唐了！

又意識僅有一世，不能去至來世，只有 佛所說的意根與第八識如來藏才能去至未來世，能夠貫穿三世因果。何以故？今世五色根發育少分具足時，今世的全新意識才能現行，見聞覺知才能出現。而今世的意識是一個全新的意識，與過去世意識完全不同。今世意識的現行是因為中陰身投胎時，第八識如來藏執持受精卵，藉著父精母血及四大為緣，於五、六個月左右，五扶塵根、五勝義根發育少分具足後，能夠接觸外五塵而變現內六塵相分，意根欲了知內六塵相分境，而由第八識流注意識種子，才有今世的意識出現，迥異過去世的意識，因此今生的意識是今生的五扶塵根、五勝義根具足後才出生的。若如證嚴法師所說「意識卻是不滅的」，當意識心從過去世來到今世時，應該於受精卵的時候，就有意識了，就有見聞覺知性了；乃至在受精卵的時候，就應該都記得過去世所有的事情，也包括過去無量世熏習的種種語言、文字、知識、技術等等，不須經過出生後的長時間學習才能了知。可是事實卻不然，今世不僅忘記過去無量世所學過的語言、文字、知識、技術等等事情，而且今世還得從頭開始牙牙學語、蹣跚學步，還要熏習種種世間語言、文字、知識、技術等法，才能在今世很順利的運作與生活。因此意識都是僅有一世，都是今世所生，不能由過去世來至今世。同理，今世的意識也不能去至來世，何以故？過去世的意識是由過去世五勝義根接觸外境而有的，迥異今世的意識故。同樣的道理，未來世的意識是由未來的五扶塵根、五勝義根具足後才有的，迥異今世的意識故。由此可知，意識心都是僅有一世，無法貫穿三世，非不滅的，所以證嚴法師的說法，處處漏洞、處處乖違教義與理證，不但是凡夫之人，連佛門凡夫所知道的「意識是生滅法」的知見，她都還不具足。

佛弟子們都知道，佛法包括世間法及出世間法，因此說法時要經得起世間法的考驗，可是現見證嚴法師所說的佛法，不僅違背了 世尊的開示，也違背世間醫學常識上的正理。既然連粗淺的世間醫學常識正理都違背了，證嚴法師又如何證成自己的說法「意識（靈魂）卻是不滅的」是正確的？由此可知，證嚴法師連世間法都說錯了，又有何資格能夠說甚深的了義法呢？所以正光說證嚴法師不懂世間法及佛法，眞的一點也沒有冤枉她。

二者，證嚴法師的說法完全違背 世尊的開示。佛在《大寶積經》卷五十五說過，意識心是在受精二十八週後才出現的，經云：「二十八七日（即第二十八週）處母胎**時，生於八種顚倒之夢想，何等爲八？一乘騎想、二樓閣想、三床榻想、四泉流想、五池沼想、六者河想、七者園想、八者苑想，是故名爲八種之想。**」（CBETA, T11, no. 310, p. 324, c4-7）

語譯如下：【在受精卵處於母胎第二十八週以後，胎兒生起八種夢境妄想。哪八種夢境妄想呢？就是乘騎想、樓閣想、床榻想、泉流想、池沼想、河想、園想、苑想，故稱爲八種想。】吾人智慧淺薄，無法像 佛一樣有廣大勝妙的智慧，能夠究竟了知八種妄想內容如何，因此暫且不談八種妄想內容爲何，只談「想」就好了。在大乘唯識學上，以及阿含解脫道中，同樣都說：想即是了知，了知就是意識現行後但仍未生起語言文字時的分別性。由此可知，胎兒在母胎發育到二十八週左右，因五根雛形具足了，連同攝第八識投胎的意根，已經六根具足了，能接觸母體所傳達的母體聲音等外五塵，由第八識變現出內六塵相分。有內六塵相分，就有見分六識的出現，謂眼識乃至意識。因爲意識現行的緣故，「想」就出現了。「想」出現了，了知也就完成了。若如證嚴法師所說「意識卻是不滅的」，吾人應該在受精的初入胎位中，意識就應該現行了，就應該有見聞覺知性了，就能了知了。可是事實卻不然，醫學已證明，須待受精卵發育到二十八週左右，五根雛形具足，意識因意根、法塵相接觸後才能現行，才能完成了別，在在都已證明二千五百多年以前，世尊在沒有任何科學儀器輔助下，依照一切種智之智慧說出完全符合現今科學的開示，眞是不可思議啊！由此可知，證嚴法師認爲「意識卻是不滅的」，認爲意識是常住法，完全違背 世尊在《大寶積經》開示的入胎二十八週後意識才出現的聖教。

由以上的分析，結論如下：證嚴法師堅持意識心就是常住不壞心，卻不知道這個意識心在眠熟等五位中都會斷滅，而且還錯認靈魂、世俗人所說的神識就是意識心，不僅違背世間的世俗常識正理，也違背 佛在出世間法中開示的聖教量。由於俱違世間及出世間正理，導致證嚴法師整個佛法修證偏向常見外道見，並將此常見外道見引入佛門中用以誤導佛門四眾，未來果報難可思議，再回頭已經是一百大劫以後的事了。像這樣攸關自己法身慧命的出生、誤導佛門四眾的重罪，證嚴法師豈可不顧自身未來世的異熟果報，而繼續堅持「意識卻是不滅的」？若眞的如此，眞是 佛說愚癡無智的可憐愍的眾生啊！

第三節　證嚴「上人」同具斷見外道的證據

「上人」一詞，通常是尊稱等覺菩薩才用的，譬如《維摩詰經》卷二：「如是等十方無量諸佛，是上人念時，即皆爲來，廣說諸佛秘要法藏……。」（CBETA, T14, no. 475, p. 548, b16-17），此段經文所說**上人**者，即是尊稱 維摩詰菩薩；看來證嚴法師似以等覺菩薩自居，所以縱令信徒稱之爲**上人**而無拒受之意。但是在現前的理證與教證上，都已證明證嚴法師只是尚未斷除我見的凡夫，理由是：從聲聞法的阿含解脫道來說，她至今仍然主張「意識卻是不滅的」，與世俗人一樣落在意識心中，也與常見外道相同而無異，具足凡夫本質；從菩薩法的佛菩提道來說，她至今仍不肯承認有如來藏，又未曾證得如來藏，所以也是尚未進入第七住位的賢位菩薩。由這二個寫在書中的證據來看，她既未否定意識心，既不知意識心是常起常斷的生滅性，不知意識心的自性是緣起性空，所以顯然未證能取、所取空，則是尚未圓滿六住菩薩觀行、乃至是尚未修習六住般若空義的人；她又未證得禪定，顯然也是尚未圓滿五住證量的人，最多就只能說她是四住位的菩薩了（雖然這樣說有點兒高估了她），所以她至今仍然只是未斷我見的凡夫。以凡夫菩薩而接受等覺菩薩的上人稱呼，可能是有些超過了！如果是讓徒眾們稱呼為「菩薩摩訶薩」，罪過倒還小一些；因為已經明心而又眼見佛性分明，依據《大般涅槃經》的佛語聖教，讓人稱呼為「菩薩摩訶薩」，是合乎聖教的；但她連見性與明心都沒有，甚至於聲聞教中的斷我見功德，她也尚未獲得，具足凡夫而讓人稱呼等覺菩薩的名位，確實是有些過頭了！

言歸正傳。在評論證嚴法師是斷見外道之前，先說明斷見外道定義為何，再來舉示證嚴法師是斷見外道的證據。《大寶積經》卷一一九云：「諸計度者，見身諸根、受者、思者，現法滅壞，於『有』相續不能了知，盲無慧目，起於斷見。」（CBETA, T11, no. 310, p. 677, b16-18），語譯如下：「有許多錯誤認知而執著己見的人們，認定一切法緣起性空，認定五色根虛妄，認定苦受、樂受、捨受虛妄，認定能思量作主的心虛妄的人，因爲現觀的緣故，親見這些眼前可知的根、受、思量（作主）等法都是虛妄法，但是對於三界有（意識覺知心）能夠世世滅已而又相續不斷出生全新意識的道理，不能如實的了知（對於意識可以世世從第八識空性心中出生的眞相不能了知），盲無慧目，就以爲意識斷滅了以後，不會再有來世的意識覺知心重新從第八識空性心中出生，誤以爲所有眾生都沒有來世，所以就出生了斷見的看法。」

由上舉經文可知，斷見外道是不知有第八識心，認爲根、受、思、意識覺知心等都是緣起緣滅，無有眞實體性；又認爲法界中並無第八識的存在，所以就認爲死後一切斷滅，沒有一法可以延續到未來世去，所以認爲死後斷滅、一切法空。證嚴法師不承認有第八識如來藏常住不壞，而認定世世永斷的意識心常住不壞，表面上看來是常見外道見，但是實質上仍不離斷見外道見，因爲意識絕對不可能去到未來世，所以言論上是常見外道，本質則成爲斷見外道。

接下來看證嚴法師是斷見外道的證據。證嚴法師又說：「第八識，就是一般人所說的『靈魂』，佛教中稱爲『業識』，醫學上則稱爲『基因』。」（《生死皆自在》第三一七頁）

她這一段話，有許多過失：第一點，第八識是否就是證嚴法師所說的靈魂？第二點，第八識是否就是證嚴法師所說的「業識」？第三點，第八識是否就是證嚴法師所說的「基因」？正光把她這一段話分爲三點來說明。

第一點：她對佛法的無知，眞是讓人歎爲觀止，才會這樣把佛法名相胡亂逗合，成爲牛頭逗馬嘴了；她的這一段話，是想要顯示她對佛法有所瞭解，但是卻更加暴露她對佛法的無知，正是不知而強作了知。她這一段話中說第八識就是靈魂，眞是錯得太離譜了！因爲第八識無形無色，世俗人所說的靈魂卻是中陰身，卻是有形有色的，可見她眞的是不懂佛法。而且靈魂中陰身只是中有之身，不是常住法；但是第八識卻是無始劫以來就一直常住不壞的，怎能與七天壽命的中陰身靈魂相提並論？而且，靈魂是中陰身，只是介於此世與後世中間，暫時而有的投胎專用的微細物質身，既不能出生萬有諸法，也不能出生人人的五色根、意根、六塵、意識等六識心；但是第八識卻能出生五色根、意識等六識心、六塵、意根……等法，二法大不相同，沒有絲毫相同之處，怎會是同一個心呢？所以說她是不懂裝懂，現在這一段話，倒成了佛教界眞修行人茶餘飯後的笑譚了。

第二點：第八識是否就是證嚴法師所說的「業識」？馬鳴菩薩在《大乘起信論》卷一云：「**復次，生滅因緣者，所謂諸眾生依心、意、意識轉故，此義云何？以依阿梨耶識說有無明，不覺而起能見、能現、能取境界，起念相續，故說爲「意」。此「意」復有五種名，云何爲五？一者名爲業識，謂無明力不覺心動故。……**」（CBETA, T32, no. 1666, p. 577, b3-7）（別譯：《大乘起信論》卷一：「復次生滅因緣者，謂諸眾生依心、意、識轉。此義云何？以依阿賴耶識有無明不覺，起能見、能現、能取境界，分別相續，說名爲意。此意復有五種異名：一名業識，謂無明力不覺心動。……」（CBETA, T32, no. 1667, p. 585, c23-27）

語譯如下：「**生滅因緣的意思，就是說一切眾生都依心（第八識，唯識學稱爲第一能變識）、意（意根、末那，唯識學稱爲第二能變識）、意識（唯識學稱爲第三能變識）的運轉，才能有一切生滅不斷的種種因緣法的出現。這究竟是什麼道理呢？是因爲依阿賴耶識這個第八識含藏著煩惱障的無明以及無始無明的上煩惱，所以才會有無明而不能覺知實相，所以第八識阿賴耶識出生了意根與五色根，藉著祂自己所生的意根與五色根來接觸外五塵，而在五勝義根顯現內六塵相分；因有內六塵**

相分出現，就可以出生意識覺知心見分等六識，就生起能見、能現、能取的種種境界。在六識與六塵分別當中，就有一個相續不斷的心體在運作，這個就是意根。而這個意根有五種不同的名稱，第一個名稱爲業識，是因爲意根無始劫來無明的熏習，使得我執常在；因爲我執常在，就會使覺知心現行；因覺知心現行的緣故，心就動了，意根就執取覺知心爲我；因爲執著有我的緣故，就不斷的造業。正因爲無明的緣故，使意根透過意識不斷的造業，因此緣故，意根稱爲業識。……」由上面的說明，這個業識就是意根，唯識學中稱爲末那識，並非證嚴法師所說的第八識；第八識是出生業識意根的心，證嚴法師怎麼會無知到反過來說是業識呢？

又，因爲意根有思量性的緣故，所以會處處作主；處處作主的關係，不斷的透過意識而造作種種善業、惡業。而種種善業、惡業都含藏在第八識心體中。又因爲第八識如來藏隨緣任運執藏過去所造一切善業、惡業、無記業種子，使這些業種都不會壞失，於因緣成熟時就實現這些業種，由意識的顯境名言（由能知覺的意識心所擁有的了知六塵境界上的能見、能聞……能覺、能知等六種自性）來了別六塵境而受苦樂；也就是說，藉著覺知心的覺受來作爲自己的覺受、而受苦樂，意根就這樣世世作主決定要造善惡業以後，轉生而世世承受所造善惡業的果報，所以意根是世間凡夫受苦樂的主體；每一世的意識覺知心都是只能存在一世，不能去到來世承受此世、前世所造的善惡業果，所以意識心不是業識；而第八識如來藏又一直都是離六塵中的見聞覺知，所以從無始劫以來一直不曾受過苦樂，也不會造作任何的善惡業，所以不論是從造業或受業果來說，第八識都不可能是業識。

正因爲不斷造業的心是意根，來世業種果報現行時承受苦樂果報的心也是意根，所以意根名爲業識，所以業識決無可能是第八識如來藏心。意根也是唯識增上慧學中所說的第二能變識，體性恆審思量故，因爲恆而遍計執，所以會不斷促令第八識出生世世的五色根、六塵、六識……等萬法，所以意根又名爲現識。雖然意根體性是恆，但是進入無餘涅槃時，意根永不現起，所以從解脫道的四果親證者來說，祂也是可斷之法，並非完全如第八識永遠是恆，永不變異。

而第八識含藏著七轉識無始劫以來的染污種子，配合意根處處作主的體性，在三界中現起種種法；於現起種種法當中，第八識則從來不在六塵境上有所領受，所以就更不會生起分別，是故 佛在經中說第八識離見聞覺知，不像七轉識一樣，在六塵境上有所領受而起種種分別，所以第八識沒有見聞覺知及處處作主的體性。又第八識從來不於六塵境上處處作主，完全配合意根的心行來運作，沒有一絲一毫的埋怨或抗拒性，因而能夠成就世、出世間一切法而爲吾人所受用，因此唯識學稱第八識爲第一能變識，體性恆而非審。像這樣離見聞覺知，隨緣任運而又從來都不曾作主過的清淨心，怎有可能會是造業、受業的心？證嚴法師怎能說祂是業識？所以說她不懂佛法，而又喜歡裝懂。

第三點：第八識是否就是證嚴法師所說的「基因」？依據香港特別行政區食物環境衛生署網站(http://www.fehd.gov.hk/publications/text/funcc.html)對基因下了定義：「基因是遺傳物質的單位，由脫氧核糖核酸構成。它記載了一切用作製造細胞內蛋白質的資料，從而決定動物或植物的特性。我們日常食用的動植物都擁有數以萬計的基因。」從上述定義說明得知，基因是遺傳物質的單位，由脫氧核糖核酸——DNA構成，屬於物質所攝，它記載了一切用作製造細胞內蛋白質的資料，因此決定種種有情與無情不同的種性；而且所有的動物與植物都各自擁有數以萬計的基因。但是有情的基因，其實卻是由第八識所含藏的業種等，藉著第八識的大種性自性及其他種種因緣而變現出來的遺傳物質，作爲第八識與物質之間的媒介，以決定有情眾生各自不同的眾同分、身高、體重等等，因此基因屬於物質無疑。既然基因是物質、是色法所攝，而第八識是心法，基因的色法又如何等同第八識心法呢？

證嚴法師對此卻又是完全無知的，怎能說她懂得佛法呢？連心法精神與物質的基因都會混同了，又有什麼智慧可說呢？

基因是物質，有其生滅性，何以故？本身不是常住法故，凡是物質都屬於有生滅性故。然而 佛說第八識是心，不是物質，又說從本以來不生不滅；證嚴法師怎會愚癡到把物質而又必然無法免除生滅性的色法基因，錯認為是不生不滅的第八識心法呢？若如證嚴法師所說，有生有滅的色法就是不生不滅的第八識心法時，一旦色法的基因在母胎中成就了，那麼第八識是不是也就出生了？又當色法毀壞的時候，第八識是不是也就斷滅了？既然色法有生有滅，證嚴法師所認知的第八識當然就有生有滅了，這樣一來卻又嚴重違背 世尊在《般若波羅蜜多心經》所說第八識不生不滅的正理，嚴重違背阿含解脫道中說第八識心是無餘涅槃實際而不生滅的道理，嚴重違背方等諸經唯識學中所說第八識心常住不滅的聖教。由此可知，基因決非證嚴法師所說的第八識，基因是物質所攝，不是心法，本身是生滅法；第八識卻純是心法，不是物質，所以基因不可能是第八識。

同樣的道理，證嚴法師不承認有第八識存在，以緣起緣滅的色法基因來代替 佛說不生不滅的第八識心法，完全符合 世尊在《大寶積經》卷一一九開示（詳前所引），就成爲外於第八識而說一切法緣起緣滅的斷見外道了。

綜合上面所說，業識就是意根，體性恆審思量，也就是唯識學所說的第二能變識，因爲祂的遍計執性能導引第八識出生世世的五色根及六塵與六識（包含意識在內），所以也是能變識；而第八識就是唯識學所說的第一能變識，體性恆而不審，這兩者體性截然不同：業識意根恆、審、思量，第八識恆而不審、不思量，怎麼可能是同一個識？證嚴法師對此卻是完全無所知的，所以證嚴法師的說法未免太離譜了！爲什麼證嚴法師會有這樣離譜的說法呢？主要原因是相信已故印順的應成派中觀思想，根本否認有意根及第八識，不承認有意根及第八識的存在，僅承認有六識存在（詳細原因會在後面說明），並隨順其他諸大法師的常見見，堅持意識就是常住不滅的法；卻不知道這樣的說法，與證嚴法師自己的說法完全顚倒，也違背了 世尊的聖言量，已種下未來世不可愛異熟果報了。由此看來，她眞是不懂佛法，因爲她有時說沒有第八識，有時又說有第八識而說爲基因，法理錯亂倒置而過失極多。

再者，從簡單的道理來說明她的不懂佛法，太深細的部分就置而不說。單由證嚴法師這一段短短的話中，就可以知道她連世間法中最簡單的邏輯都不懂：既然有第八識，而意識又是因緣所生法，又是從第八識心體中流注意識種子而出生的，這就很清楚的表明了二個眞相，這二個眞相卻又完全的否定她的說法。第一：既然有第八識的存在，她在這一段話中既然是承認有第八識存在的，當然不可能再主張意識常住不滅而成就一切善惡業的因緣果報了，那又怎能說「意識卻是不滅的」？豈不是要自己掌嘴了嗎？第二：既然有第八識、也有第六意識，當然就必須簡擇是哪一個心常住不滅？總不可能有二個心都常住不滅而不可壞的吧？可是意識又必須有意根爲緣才能出生，那麼依照她的說法，就應該說：意識常住不滅，意根與第八識如來藏也常住不滅，那麼她的意思是不是說「有三個心是常住不滅的」？那就應該實相有三個了！如果她再作別的施設，又會再度出生更多的難題，當然都要由她自己施設更多的說法來圓謊；可是將會因此再度的施設說法而又轉生更多、更多的邏輯上的難題，讓她永遠無法善了。所以，不知佛法的人，最好少說不知道的事情、不知道的法義，否則將來被人拈提時，都是無法圓謊的。證嚴法師不知而冒充已知、胡說一氣的事件，正是現成的例子；但是這種例子在以前就有了，就是她的師父印順；可是她竟然愚癡到不懂借鑑自省，仍然要強出頭而自以爲是，今天才會被正光摘列出來辨正，顏面無光。

此外，證嚴法師在其他著作中，都可以證明既是常見見、也是斷見見的外道無疑。譬如在《齋後語》七十頁，她說：「一般學術上的心理學、物理學或醫學，所能分析的也僅止於此（正光案：證嚴法師的「此」字是指前六識）；但是佛法能更深一層地分析。除了六識之外，還有七識、八識，乃至九識。」她在這裡似乎又承認有七、八識了，卻又建立了第九識。她又在同一本書七十六頁說：「佛教還可以分析到第九識，第九識就如『熱能』，它是完全清淨的，到達佛的境界，已經沒有煩惱，成為宇宙間不可缺少的一部分。眾生都是有形、有識、有煩惱的，若能達到佛的境界，就能無形、無識、無煩惱，可以來去自如，不受業力的牽動，這就是第九識。世間法只能解釋到第八識，到了第九識的境界，就已經是佛、菩薩的階段，可以自如倒駕慈航，不受業力所牽引。」從這裡可以看出證嚴法師的主張如下：一者，世間法只能分析到前六識，無法分析到第七識、第八識；卻又自己補上了一句相反的話：「世間法只能解釋到第八識」，如是自我矛盾。二者，她認為有第八識、第九識之分；三者，九識就如「熱能」，它是完全清淨的；四者，達到佛的境界，就能無形、無識、無煩惱，可以來去自如，不受業力的牽動，這就是第九識。針對這四點主張，正光辨正如下：

第一、證嚴法師主張：「世間法只能分析到前六識，無法分析到第七識、第八識。」單單從這一句話，就知道證嚴法師不懂佛法及世間法也，何以故？在唯識學上，意識有分析、歸納、計畫、記憶此世事物等特質，於睡著無夢、悶絕、正死位、無想定、滅盡定中都必定斷滅故，體性審而非恆故；第七識末那體性恆、審、思量，縱使在睡著無夢、悶絕、正死位、無想定仍處處作主；於滅盡定中，滅了意根五遍行的受與想二個心所有法以後，意根仍有三個心所有法未斷滅。在中陰身，因爲有微細色身緣故，沒有人類粗重五勝義根可以做細膩的分別，因此純依第七識末那的習性、慣性處處作主。由此可知，意識具有分析、歸納、計畫、記憶等特性，在睡著無夢等五位中已不現行，體性審而非恆故；而末那處處作主，恆、審、思量，純依習性、慣性而爲，並於睡著無夢等位仍時時刻刻在運作、在作主，體性恆審思量故。又第八識於妄心七轉識運作的時候，仍然不停的配合運作，因此吾人可以透過五蘊十八界等世間法中的觀察，可以現前觀察到前六識、第七識與第八識的存在，並非如證嚴法師所說：「世間法只能分析到前六識，無法分析到第七識、第八識。」所以她的說法應該改爲：「世間人只能分析到前六識，無法分析到第七識、第八識。」

爲了讓大家能夠了知意識、第七識、第八識之間的關係，就舉生活中的例子來說明。首先舉睡著無夢來說明好了，在醫學上都說：在睡眠期，當頭腦內之顯意識思考作用停頓時，意識必定斷滅，潛意識依然在運作。文中已說明，在睡著無夢時，意識必定斷滅故，何以故？依唯識學及醫學正理而言，這個顯意識有思考作用的特性存在，完全符合意識的體性，因此在睡眠期，這個顯意識思考作用停頓了，也就是在睡著無夢的時候，意識斷滅了。當意識斷滅的時候，還有一個潛意識仍在運作，這個潛意識當然就是說第七識末那也，何以故？一者，意識於睡眠時斷了，潛意識仍然繼續在運作，表示顯意識與潛意識是二個不同的心體，不是同一個心體。這個潛意識可以外於顯意識，於睡眠中仍然繼續運作，非如顯意識在睡著無夢時就斷滅。二者，醫學上都說，這個潛意識有習性、慣性的特質，可以在睡著無夢當中繼續運作。在唯識學上，唯有第七識具有習性、慣性的特質，可以在睡著無夢時繼續依照習氣、慣性運作。

也許有人會問：「爲什麼這個潛意識不是前五識或者是第八識？」正光代答：「前五識體性非恆非審，意識斷時，前五識亦斷滅不現行，已無聞聲見性……等作用，故非前五識；另第八識雖然恆而非審，剎那剎那都在配合七轉識運作，但本身自性清淨，離見聞覺知、不作主，沒有第七識末那習性、慣性的特質存在，因此也不可能是潛意識，所以醫學上所謂潛意識當然就是佛門唯識增上慧學所說的第七識意根了。」綜合上面二點說明，世間法所認爲的顯意識，就是唯識學所說的意識，醫學上所認爲的潛意識就是唯識學所說的第七識——意根、末那，所以當睡著無夢的時候，（顯）意識思考作用停頓斷滅時，這個潛意識——末那仍然在運作。但是證嚴法師卻說「意識卻是不滅的」，那她究竟要如何與慈濟醫院的醫師們對六、七識上的問題有所溝通呢？

又第八識，在有情色身中，執持有情色身終日運作不輟，亦名阿陀那識、持身識，如《深密解脫經》卷一所說：「廣慧！彼識名阿陀那識，何以故？以彼阿陀那識取此身、相應身故。廣慧！亦名阿梨耶識，何以故？以彼身中住著故，一體相應故。」（CBETA, T16, no. 675, p. 669, a24-25）

就是因爲這個第八識能夠執持有情色身，有情不能一刻離開祂，一旦離開祂，就立刻成爲死人，不能在世間運作。又證悟的菩薩不僅可以隨時觀察自己的第八識心體的運作，而且能夠觀察到別別有情，乃至任一低賤有情第八識心體的運作，與自己無二無別。又證悟的菩薩，可以在一切時中，觀察到自己第八識種種微細運爲，也可以經由比量來推及別別有情第八識也有相同的種種微細運爲，與自己無二無別。又破牢關的證悟菩薩，隨時可以現觀自己第七識的運作，也可以現觀別別有情第七識的運作而滅除我執。因此證悟的菩薩們，能夠透過世間法之種種現象上觀察自己以及別別有情第七識、第八識的運作，非是一般人及沒有證悟的人，如證嚴法師所能知道、成辦的。

作個結論：菩薩們從世間法中都可以分析到第七識、第八識的存在，直接找到第八識與第七識而現前觀察祂們如何運作？有何不同的自性？只不過醫學上不知道這個潛意識就是佛法上所說的第七識意根，也不知道這個阿陀那識在何處，不知道有第八識的存在而已。證嚴法師豈可因爲自己無法現觀第七識、第八識種種運作，自己無法親證第七識、第八識，而狡稱「世間法只能分析到前六識，無法分析到第七識、第八識」？因此世間上未悟的凡夫無法觀察到第七識、第八識的存在，然而證悟的菩薩可以透過世間法中的種種運爲，亦即透過蘊處界的觀察，了知第七識、第八識的存在。可是證嚴法師說世間法只能分析到前六識，無法分析到第七識、第八識；卻又自己補上了一句相反的話：「**世間法只能解釋到第八識。**」如是短短一段話中就處處自我矛盾了，怎能說她是懂得佛法的人呢？

為了讓大眾更瞭解顯意識與潛意識（第七識）之間的差異，正光就舉二個日常生活常見的例子說明；至於第八識，佛在經典都有開示，也因為必須保護大乘佛法的密意，在此就不多說了。

第一個例子，當我們走在街上，經過一間珠寶店，窗口有許多漂亮的珠寶陳列，其中有一顆祖母綠特別大、特別顯眼、特別漂亮，令人愛不釋手。當我們眼睛看到這顆漂亮祖母綠的時候，眼識分別的是祖母綠的美麗顏色，意識也分別出它是漂亮的祖母綠，意根遂起了貪愛，想要多看幾眼。可是當意根起了貪愛的時候，意識也警覺到自己不應該貪愛祖母綠。雖然意識心裏這樣的想、這樣的掙扎，可是卻忍不住要多看幾眼。從這個例子可以了知：當意識分別珠寶碩大而且特別顯眼的祖母綠時，意根遂起了貪愛的心行。意根起了貪愛的心行之後，意識也警覺到不應該貪愛祖母綠而有自省的念頭，可是第七識無始劫以來及今世的熏習的結果，導致我所執著的習性、慣性存在，縱使意識理性分析不應該貪著祖母綠、不應該多看祖母綠一眼、眼睛應該離開珠寶店，應該快步離開珠寶店，可是第七識我所執著的習性、慣性作祟的緣故，不同意意識理性分析、歸納與整理的結果，仍然依照我所執著習性、慣性的作主，繼續讓意識貪著祖母綠及想多看祖母綠幾眼，眼睛也就不離開珠寶，雖然自己腳步一直沒有停過，卻因此放慢腳步，不斷的注視觀賞，乃至可能忍不住而停下腳步，轉身回到珠寶店窗口，透過玻璃再繼續觀賞祖母綠，起了種種妄想，一直到自己心意滿足或抱著遺憾等心行，才離開珠寶店。從這裡可以瞭解，意識有分析、歸納、整理、記憶等特性，而第七識有習性、慣性等特性，完全與意識不同，是二個完全不同的心體，一個能夠做理性的分析，一個純依習性、慣性而作主。既然有第七識，證嚴法師承認祂了，又怎能認定意識也是不滅而常住的？她的意思顯然是意識與意根都不滅而常住，那麼就應該是有二個實相心了？可是她又要如何來解釋實相不是絕待而是二個呢？她要怎麼解決這個難題呢？所以她說意識不滅而常住，是有大問題的。

第二個例子，以一般人經歷重大創傷的惡劣事件以後，意識想把它忘記，卻久久不能忘記的事情來作說明。譬如某日某報紙曾記載某位棒球選手因為一次嚴重的失誤，導致該球隊輸掉比賽，對此非常自責，經常在睡覺中被這個惡夢驚醒。從這個例子可以了知：該棒球選手在球場原本不應該失誤而發生失誤，導致球隊輸掉比賽，對該球員而言，屬於重大創傷事件，自然印象深刻而且自責。此事件中，球員的意識經過理性分析不應該有此失誤，然而失誤還是造成，因此意識很自責，久久不能忘記。縱使後來意識分析事情已經發生了，已經無法彌補了，而且也過了一段時間了，應該淡忘此事了，可是第七識末那有能力從第八識裏面任運接觸所造業行的記憶，因此意識雖然想要忘記此重大失誤的記憶，免除痛苦；可是第七識卻任運接觸第八識中這個失誤的記憶種子，使球員於平常生活中及夢境中常常現起。

又譬如在平常生活中，意識早已忘卻此事，可是無意中突然現起一念，意識忽然記起以前失誤的景象，又如同以前一樣的繼續沉迷在此痛苦中，無法忘懷；在夢境中，第七識任意執取第八識所含藏此失誤記憶的業種，讓此失誤的記憶種子現行，超過意識所能承受，故於惡夢中驚醒，久久不能自己。從這裡可以告訴我們，意識雖然能夠透過理性的分析想要忘記重大的記憶而免除痛苦，可是第七識卻任運接觸第八識的記憶的業種，使得自己意識在無意中突然的想起往事，久久無法忘懷。這就證明確實有意根（潛意識）的存在。

從上面二個例子可知，縱使意識有分析、歸納、計畫、記憶等理性特質，仍須第七識依其習性、慣性、作主同意才能成就。同理可推，在醫學上，都知道有一個潛意識異於第六識，具有習性、慣性等不理性、情緒性的體性，卻不知道這個潛意識就是唯識增上慧學上的第七識末那也。既然一般的世俗人都能觀察得到這個潛意識（只是不知道這個潛意識就是唯識增上慧學所說的第七識、意根、末那），則熏習唯識多年的佛弟子能夠了知及觀察意識及第七識的體性及存在，當然可以知道顯意識及潛意識之分別。從這裡可以告訴我們一件事實，這個潛意識（外於顯意識的另一個心體，亦名下意識）就是唯識增上慧學所說的第七識、意根、末那，亦名我執（深層的我見）識也。既然第七識在世間法可以現前觀察到，第八識亦復如是，有智慧的人當然也可以找到祂，而現觀祂在蘊處界中的運作，所以菩薩們可以透過蘊處界世間法而現前觀察第八識運作，並非如證嚴法師所說「**世間法只能分析到前六識，無法分析到第七識、第八識**」而已，所以證嚴「上人」不懂世間法也。世間人尚且能將（顯）意識及潛意識分屬於二類，而證嚴法師卻說世間人無法觀察到第七識乃至第八識，證明她的智慧比世間人的智慧還不如。

第二、證嚴法師主張：「有第八識、第九識之分。」從證嚴法師的種種著作中，只看見有第八識、第九識之分，並說第九識是到達佛的境界，意即第九識是佛地的無垢識，但是從未看見證嚴法師解釋第八識與第九識的關係，因此就有二種情況存在：一者，第八識就是佛的無垢識，二者，別於第八識而有另一心體與第八識同時存在，名爲第九識。如果眞的是這樣，證嚴法師不僅違背 佛說，而且還落入**八、九識並存**的無量過失中了。

爲了讓大眾瞭解證嚴法師嚴重說法過失，先由正光解釋第八識與第九識之間的關係，再來解釋證嚴法師「別於第八識，有另一心體名爲第九識同時存在」的過失。首先解釋第八識與第九識之間的關係。 世尊在《楞伽阿跋多羅寶經》卷四開示：「**甚深如來藏，而與七識俱。**」（CBETA, T16, no. 670, p. 510, c13），經中已明白開示，一切人都是八識具足。又《大乘百法明門論》卷一亦云：「**第一心法，略有八種：一眼識、二耳識、三鼻識、四舌識、五身識、六意識、七末那識、八阿賴耶識**（第八識）。」（CBETA, T31, no. 1614, p. 855, b20-22），已開示一切有情八識心王具足的正理。這個意思是說，一切人都是八個識具足（唯除某些殘障人士），這個第八識就是有情的生命實相心，因此不能少於八個識。假使說有第九識存在，或者有第十識之稱呼，其實都是指同一個識——第八識心體，只是在不同修證的階位上而有不同的稱呼而已；譬如《成唯識論》卷三云：

「**然第八識雖諸有情皆悉成就，而隨義別立種種名，謂或名心，由種種法熏習種子所積集故。或名阿陀那**〔識〕**，執持種子及諸色根令不壞故。或名所知依，能**

與染淨所知諸法爲依止故。或名種子識，能遍任持世出世間諸種子故，此等諸名通一切位。或名阿賴耶〔識〕，攝藏一切雜染品法令不失故，我見愛等執藏以爲自內我故；此名唯在異生有學，非無學位不退菩薩有雜染法執藏義故。或名異熟識，能引生死善不善業異熟果故，此名唯在異生二乘諸菩薩位，非如來地猶有異熟無記法故。或名無垢識，最極清淨諸無漏法所依止故，此名唯在如來地有；菩薩二乘及異生位持有漏種可受熏習，未得善淨第八識故。」（CBETA, T31, no. 1585, p. 13, c7-22）

這段論文中顯示第八識心體就是第九識、就是第十識心體，本是同一個心，在不同的修證階位中別立第九異熟識名，別立第十無垢識名，並不是有第八、第九、第十識同時存在。

譬如第八識斷除一念無明四種煩惱的現行——見一處住地煩惱、欲界愛住地煩惱、色界愛住地煩惱、無色界愛住地煩惱——改名爲異熟識，或名第九識、菴摩羅識，仍是原來的第八識心體，僅是第八識所含藏的種子轉易有差別，使得我見與我執的種子消滅了，所以改名爲第九異熟識，但是心體並無改變，也不是新增了一個第九識心體。於後又精進修行而斷除一念無明習氣種子隨眠以及無始無明隨眠而成爲究竟佛，這時的第八識心體就改名爲無垢識，又名白淨識，或名第十識，仍是本來的第八識心體，僅是第八識所含藏的種子究竟清淨，不再變易而改名罷了，但是心體仍是原來的心體而無改變，不是新增了第十個識，仍然是只有八個識。由此可知，第八識心體就是第九異熟識、第十無垢識在因地時的心體，第九異熟識名、第十無垢識名，都只是第八識心體在不同果位中方便改名而說的心體，兩者非一亦非異，因此不論第九識或者第十識，都是同一個第八識心體，只是三者所含藏的種子有差異爾。這三個名稱只是 世尊、菩薩及祖師們爲了讓佛弟子知道第八識在不同的修證階位的內容有所不同而施設的不同名稱而已，其實都是指第八識心體，並非別於第八識而有第九識或第十識同時存在。但是證嚴法師對於這個道理，看來是不懂的，所以她說得很含糊籠統，又把佛地的第八識心體說成是第九識，那就同於阿羅漢了，她的意思是不是在暗中主張「阿羅漢的證境同於諸佛，都是第九識的境界」？但是卻又說有第十識的境界，又明顯的違背自己所說的意思，所以只能說她是眞的不懂佛法而又裝懂，所以說法時錯亂無章、毫無法序。

接下來說八、九識（或第十識）並存的過失。如果眞的如證嚴法師所說，外於第八識還有另一心體第九識同時存在，這就表示有情身中都應有兩個生命實相心，就完全違背 世尊、菩薩及證悟祖師們開示有情只有一個實相心識的正理。又第八識能夠出生吾人色身，如果第九識也是實相心的話，當然更能夠出生色身，因此人一出生的時候，應該同時有兩個色身出生或者是像連體嬰一樣出生才是，並且出生了以後的心行與喜厭、心性都應該完全相同，也應該同時出現同一心行，可是現見人類出生的時候並非如是，連體嬰出生以後也不是如此，而且正常人都是只有一個色身出現。

又第八識能出生五根身，譬如眼根；如果第九識也是實相心的話，當然也能生眼根，因此當人一出生的時候，應該同時有二對眼根出生，可是現見卻不如是，都是只有一對眼根出生，非是二對。眼根既如是，耳根、鼻根、舌根、身根亦復如是，於出生的時候，僅有一個出現。又眼根能見外色塵，如果第九識也是實相心的話，第九識所生的眼根當然也可以看見外色塵，因此吾人眼見外色塵的時候，應該同時看見二個外色塵境出現，而且還重疊在一起，可是現見卻不如是，僅看見一個外色塵境，非是二個。眼根見外色塵既如是，耳根聞聲塵、鼻根嗅香塵、舌根嚐味塵、身根觸觸塵亦復如是，僅有一個聲塵、香塵、味塵、觸塵出現，不是二個。

又第八識能生七轉識，如果第九識也是實相心的話，當然也能生妄心七轉識；因此同一剎那中應有二組妄心（共十四個識）生起分別與思量作主，非是一個；可是現見卻不如是，一切人都僅有一組妄心七識生起，非是二組。

又第八識觸外境後，能生起意識相應的三受——苦受、樂受、不苦不樂受，如果第九識也是實相心的話，於觸外境的時候，同一時間應該有二組受出現，譬如第八識出生了苦受相分，第九識出生了樂受相分。如果眞的是這樣，完全違背唯識學及阿含解脫道所說「苦受生起，樂受不見；樂受生起，苦受不見」的正理。

又譬如第八識、第九識若能同時存在的話，當樂受出現時就應該會有二組樂受相分同時生起；可是現見卻不如是，僅有一組樂受現起，非是二組。

又，證嚴法師所說的第八識、第九識都是同於意識心而有覺知，也都是實相心的話，如此，當第八識能夠了知三種受的內容，因而起種種心行；如果第九識也是實相心的話，當然也可以了知三種受的內容，因而起種種心行，譬如第八識作意想往東，第九識作意想往西，將使一個最簡單的心行都無法成辦，又如何成就世間種種的作爲呢？

又第八識能生起一切法，如果第九識也是實相心的話，也應該同時能生起一切法，因此吾人見某一個法生起時，應該同時看見兩組法相生起才是，可是現見法生起的時候，明明是一組法相生起，非是兩組。從上可知，八、九識並存，有許多的過失存在，所以實相法界中不能外於第八識而有另一個第九識存在，更不可能會有第十識同時存在。因此第八識就是第九識、第十識，第九識、第十識就是第八識，證嚴法師對此應該有所瞭解以後，才可以爲人說法，否則就不免如她所說的出現種種過失。

除了上述所說的八、九識並存的過失外，還有許多過失，罄竹難書，限於篇幅無法一一詳細解說；大眾如果有空的話，請詳讀 平實導師所著〈略說第九識與第八識並存…等之過失〉（附載於《學佛之心態》書後），或進入正覺同修會「成佛之道」網站（http://www.a202.idv.tw/a202-big5/Book1019/Book1019.htm）正德居士所著《學佛之心態》附錄四瀏覽或下載，在此不再多言。

第三、證嚴法師主張：「**第九識就如『熱能』，它完全清淨的。**」爲了避免曲解證嚴法師所說「熱能」的意思，正光引用證嚴法師同一本書二十九頁中的文字來說明。證嚴法師說：「**火——火大是指身體的暖氣，就是熱能。**」所以她的意思很清楚：火大就是熱能，熱能就是第九識。然而火大是四大元素之一，屬於有形有相的物質所攝。證嚴法師既然說第九識就如同火大、熱能一樣，亦即是說第九識就是有形有相的火大物質一樣，那就表示她所說諸佛的第九識無垢識亦屬於有形有相的物質，也就有生有滅了。這不僅違背 世尊開示第十無垢識不生不滅的正理，而且還符合斷見外道的說法，何以故？因爲第八識就是果地無垢識之因地心，無垢識即是因地第八識之果地心也！但是依她的說法，成佛之後的無垢識等同物質一樣，都是生滅法，所以成佛之後也就一切法斷滅而不可能存在了；因爲第八識心體成爲第九識或第十識以後變成物質了，也就不可能再出生佛地的七識心王了，那就成爲斷滅境界了，所以說證嚴法師的本質又同時具有斷見外道的本質。因此，外於第八識心而說一切法緣起性空，當然是斷見外道無疑了。由此可知，證嚴法師「第九識就如『熱能』，它完全清淨的」的說法，完全不如法，成爲斷見外道的本質，也類似四大極微派的外道見；她把這種邪見寫在書中到處流通，已成就誤導眾生及以外道法取代佛法之罪業。

第四、證嚴法師主張：「達到佛的境界，就能無形、無識、無煩惱，可以來去自如，不受業力的牽動，這就是第九識。」此中證嚴法師提到：「達到佛的境界，就能無形、無識……」，這樣的說法有如下過失：

一者，如果無識是指沒有這個佛地眞心。假使沒有了無垢識心體的話，證嚴法師所說的「佛法」就完全符合斷見外道說法，何以故？佛在無住處涅槃時，仍然有究竟清淨的無垢識心體，仍然有無垢識所生究竟清淨的七識心王與祂配合運作，也仍然有無垢識所生的種種無漏有爲的功德法現行，這些種子也都存在而圓滿無缺的，並非如證嚴法師所說無識——沒有無垢識。所以說證嚴法師不懂佛法。

二者，如果無識是指無垢識沒有了別性的話，那也仍然是完全違背唯識學「識謂了別」之義，何以故？唯識學都說每一個識都能了別，只是所了別的對象有所不同罷了！譬如眼識能了別青黃赤白，耳識能了別聲塵、鼻識能了別香臭，舌識能了別酸甜苦辣，身識能了別一切冷、暖、寒、熱、細滑觸等，意識能了別法塵及五塵中的細相，所以不僅具有前五識粗糙的功能，而且還能了別前五識所不能作的細膩了別；意根則能知法塵的變動、並且恆執一切法爲自我所有，第八識能了知七轉識心行、也知道如何攝取四大造有情色身、及了知如何讓眾生所造業因種子而受善惡種種果報、了知……，皆無差池；又能記存眾生的業種，也有祂自己才會相應的不可知執受，能作種種七轉識所不能作的了別等等；因地的第八識已是如此，更何況佛地無垢識能與二十一心所有法——五遍行、五別境、善十一相應，使得佛地的一一識、一一心所有法都能各自獨立運作，非等覺菩薩及以下菩薩所知，更不是一般凡夫所能思議。因此若如證嚴法師所說：佛地無識——沒有識的了別作用，那就違背唯識學中佛地每一識都能了別之義。所以說她不懂佛法。

三者，如果無識是指沒有七轉識的話，成佛之後就只剩下無垢識本體，沒有究竟清淨的七識心王來配合運作，則諸佛根本無法盡未來際常在人間利樂有情，完全違背 佛在《楞伽阿跋多羅寶經》卷四開示「甚深如來藏，而與七識俱」的聖教；一切諸佛都是同有八識心王的，證嚴所說卻是與 佛聖教相違的，懂得佛法的人決定不會如此妄說、妄爲的。又當最後身菩薩明心見性成就究竟佛果時，依證嚴法師的說法，就應該都是滅掉了七識心王而進入無餘涅槃，只留下無垢識本體住於寂靜的境界，並且從三界中消失了，那就無法變化種種身相來度化眾生，就違背佛地仍有清淨七識心王同時運作之正理。

四者，如果無識的意思是指沒有七識心能作分別的話，當諸佛證到佛地眞如時，佛是不是也應該跟白癡一樣的沒有分別？何以故？佛說第八識離見聞覺知，因此證得佛地眞如而成爲無垢識的時候，是否應該一樣沒有見聞覺知、沒有分別？

可是佛弟子們都可以在經典上，看見 佛在教導佛弟子時，都根據佛弟子不同根器而施以不同的法門，教導佛弟子修學解脫道及佛菩提道，顯然是有分別的；也看到當佛弟子不如法的時候，佛會加以訶責，引導佛弟子趣向正道。從這裡就可以知道，佛地的七識心王仍有分別的功能，非無分別功能。由此可知，若如證嚴法師所說佛地是無識（沒有七識心王了別）的話，當諸佛證得無垢識境界時，就會跟白癡一樣了，是耶？非耶？證嚴法師對此問題，應該有所澄清，以免誤導廣大徒眾，成就妄說佛法的惡業。綜合上面所說，都可以證明證嚴法師所說的法義根本不如法，而且還符合斷見外道思想無疑，有時則又符合常見外道的思想。

至於證嚴法師為何也是斷見外道的緣由，則有進一步探討的必要。這可從慈濟基金會網站**法師簡史**（http://www2.tzuchi.org.tw/tc-master/html/foreword.htm）的網站貼文內容就可以了知。網站貼文如下：【一九六三年二月，他（指證嚴法師）隻身到台北市臨濟寺準備受戒，卻因沒有剃度師父而無法報名。戒場報名截止前一個小時，由於到慧日講堂請購《太虛大師全集》的因緣，巧遇印順導師（繼太虛大師後主張人間佛教，台灣比丘界第一位以論文獲得日本大正大學文學博士學位的學問僧），至為驚喜，並以一顆謙卑恭敬，姑且一試的心，請求拜印老為師，想不到竟獲導師應允，證嚴法師喜出望外。由於時間緊迫，印順導師在簡單的皈依儀式中對證嚴法師開示說：「你我因緣殊勝，我看時間來不及了，但是既然出家了，你要時時刻刻爲佛教、爲眾生啊！」並且馬上爲他取了法名——「證嚴」，字「慧璋」。行了簡單的皈依禮，即儘速趕到臨濟寺報名，順利地受了三壇大戒。】從以上貼文可知，證嚴法師因爲在事急的情況下，印順慈悲而接受她皈依的緣故，心存感激而在後來繼承了印順應成派中觀無因論斷見外道的思想。

爲什麼說印順是斷見外道呢？因爲印順早年認同藏密應成派中觀的邪見，一直持續到死時爲止，不曾改變，所以他不僅否定第七識，而且還將貫穿三世因果的第八識否認掉，而意識心卻是意法爲緣生的斷滅法，不能貫通三世的，死時就會成爲斷滅境界。印順爲了掩飾其斷滅見本質，就另外創造一個常住不滅的意識細心，以子虛烏有而不可知、不可證的意識細心，來代替 佛所說可證可知的第八識如來藏，作爲貫穿三世因果的聯繫者，將佛教中原本可知、可證的第八識義學，取代爲不可知、不可證的意識細心玄學。

又印順始終認爲成佛之道就是觀察五蘊、六入、十二處、十八界皆悉緣起性空的解脫道內容，他認爲阿含的解脫道就是成佛之道，不必有大乘諸經所說般若與唯識種智妙義的親證，單修阿含解脫道就可以成佛了。他認爲：由蘊處界的觀察、思惟，斷除我見與我執，即是證得解脫，即是成佛之道，因此印順僅承認 佛初轉法輪的四阿含諸經中的一部分（對四阿含諸經仍然沒有全部認同），更不承認第二轉法輪般若諸經所說的勝妙義理，他認爲二轉法輪是 佛在四阿含中所側重二乘無餘涅槃之修證，只是在說一切法空、一切緣起性空，所以都與他所認知的阿含解脫道一樣是虛相法，就將大乘般若定位爲性空唯名之虛相法；印順也不承認第三轉法輪諸經所說，認爲方廣經中的唯識諸經皆是在破斥六識虛妄，皆是在說七、八二識非眞實有，所以就把眞實唯識增上慧學名之爲虛妄唯識論，認爲同於 佛在四阿含中所說的蘊處界等一切法緣起性空。然而印順以他對四阿含的錯誤認知而自稱爲 佛的正理，用來排除 佛初轉法輪阿含所說的涅槃本際、推翻二轉法輪無住心的般若常住妙義、否定三轉法輪唯識諸經眞實唯識的正理，正是斷見外道的本質無疑，其過大矣！因此導師 平實居士說他爲破佛正法之最甚者，正僕居士說他爲 玄奘以來破法第一人（詳見《正覺電子報》第 22 期的連載文），正是如實語，一點也沒有冤枉他。

復次，印順又說 阿彌陀佛之極樂信仰是太陽崇拜之淨化，東方琉璃淨土是娑婆世界天界之淨化，根本不承認經中說有西方極樂世界、阿彌陀佛及東方琉璃世界、藥師佛，一心要將佛法侷限在有限時空的地球人間之內；如此一來，使得淨土行者依止經典修行之往生標的頓成虛妄、頓失所依，也使佛教侷限在小小的地球人間一隅，違背三乘經典所說無邊廣大諸佛世界的聖教，其過極大！因此說印順是從佛法的根本來破壞正法，而且他所破壞的又是三乘菩提所依止的根本法如來藏，使二乘涅槃也頓成斷滅法，所以說印順破壞佛教正法最爲嚴重，破法之重莫過於此。大眾欲知印順如何破佛正法，詳情請見印順《妙雲集》下篇之四《淨土與禪》或者印順文教基金會網站網頁（http://www.yinshun.org.tw），爲避免印順的門徒掩飾其過而將該文網頁刪除，正覺同修會已將此文轉貼於成佛之道網站（http://www.a202.idv.tw/a202-big5/Book0-9/book3004.htm），供大家瀏覽及舉證之用。

證嚴法師因爲印順在她緊急時刻接受她的皈依，心存感激，因此繼承印順的密宗應成派中觀的無因論斷見外道思想，所以她多數時間僅承認有六識，不承認有第七識、第八識，難怪她在諸著作中談到第七識、第八識時都是前後矛盾、互相顛倒，理由已如上說。除此以外，證嚴法師繼承印順「不承認有西方極樂世界、有阿彌陀佛，不承認有東方琉璃世界、有藥師佛存在」的思想，因此在西元二〇

○一年八月二十五日，於慈濟月刊四一七期「淨土不遠」一文（網站爲http://taipei.tzuchi.org.tw/monthly/417/417c8-8.htm）如是寫著：「東方與西方：依佛經所言，無論是西方極樂世界或東方琉璃淨土，都與我們身處的娑婆世界相距達數萬億佛國；距離如此遙遠，如何能企及呢？上人（指證嚴法師）以爲，往東或往西都遙不可及，這是佛陀出以方便的譬喻。」證嚴法師明白的指說：西方極樂世界及東方琉璃世界「這是佛陀出以方便的譬喻」，意謂並不是眞實存在的，這有極大過失，說明如下：

一者，她與印順所說如出一轍，認爲西方極樂世界、阿彌陀佛、東方琉璃世界、藥師佛都是「佛陀出以方便的譬喻」，根本不存在有西方極樂世界、阿彌陀佛，也不承認有東方琉璃世界、藥師佛。可是佛弟子都知道有西方極樂世界、阿彌陀佛，也知道有東方琉璃世界、藥師佛，何以故？佛在《佛說阿彌陀經》卷一曾開示：【爾時，佛告長老舍利弗：「從是西方過十萬億佛土，有世界名曰極樂，其土有佛號阿彌陀，今現在說法。」】（CBETA, T12, no. 366, p. 346, c10-12）

也曾在《藥師琉璃光如來本願功德經》卷一開示：【佛告曼殊室利：「東方去此過十殑伽沙（今譯爲恆河沙）等佛土，有世界名淨琉璃，佛號藥師琉璃光如來、應

正等覺、明行圓滿、善逝、世間解、無上士、調御丈夫、天人師、佛、薄伽梵。」】

（CBETA, T14, no. 450, p. 405, a1-4）

依照證嚴與印順的看法，認為這二部經都不是 佛金口親說，都是後人編造的，所以不可用來證明有西方極樂世界、阿彌陀佛，有東方琉璃世界、藥師佛。但是十方虛空無窮無盡，為什麼只許此一地球有人、有佛法，卻不許十方虛空中的無量星球也有人類、也有佛法？可見印順的思想，已被外國一神教學者所認為的「宇宙以這個平面的世界（地球）為中心，只有這個地球才有人類有情及佛教」的思想所同化了，才會堅持只有這個地球人間會有人類或佛教的存在；證嚴法師誤信他的想法，所以不依經典如實而說，繼承了印順的斷見外道思想，睜眼說瞎話而言：「往東或往西都遙不可及，這是佛陀出以方便的譬喻。」所以她不承認有西方極樂世界、阿彌陀佛及東方琉璃世界、藥師佛，暗中否定之。近年來因為正覺同修會提出印順公然否定西方極樂世界等佛土的證據以後，她就開始公然的否定極樂世界、阿彌陀佛了，所以慈濟人現在見面及分手時都不唱言「阿彌陀佛」了，都改說「感恩」二字了。

但是慈濟人為人助念時，心中還是不相信有 阿彌陀佛可以接引死者往生極樂世界的；助念時唸 阿彌陀佛聖號，只是作爲接引亡者眷屬加入慈濟的手段而已；這樣的助唸，是不可能超度亡者到極樂世界面見 阿彌陀佛而得到解脫的。可是一般人不知道慈濟人去爲他們助唸的目的，也不知道慈濟人根本就不相信有 阿彌陀佛，就欣然接受慈濟人的助唸；但是這樣的助唸，對亡者是很不公平的，因爲他們助唸時，心中既不相信有極樂世界 阿彌陀佛，根本就無法感應 阿彌陀佛來接引亡者往生極樂世界。可是，這個事實，又有多少人能知道呢？眞令人爲慈濟人所助唸的亡者難過。有智慧的或知道眞相的人一定會加以拒絕，轉而請求一般修學淨土法門的寺院幫助唸佛；沒有智慧的人才會繼續迷戀慈濟的大名聲，請求慈濟人爲亡故的親屬作沒有意義的助唸。

又地球所處的娑婆世界，距離西方極樂世界雖有十萬億佛土，距離東方琉璃世界有十個恆河沙佛土之遠，然而諸佛去至別別佛土時，都是隨念就到，不因距離遠近而有時間差別；因爲心不是物質，不同於物質性的光，所以沒有時空的限制。更何況淨土行者能夠往生西方極樂世界者，除了自己的信、願，以及自己精進念佛的自力行之外，大約而言都是仰仗 阿彌陀佛威神之力攝受，才能在死後身坐金剛台或蓮花，依 佛的神力而如彈指頃、屈伸臂頃就到西方極樂世界；這是《佛說觀無量壽佛經》所說，證嚴法師豈可因為兩個佛土距離娑婆世界遙不可及，豈可因為自己無力往生佛土，就說西方極樂世界與東方琉璃世界「往東或往西都遙不可及，這是佛陀出以方便的譬喻」，就否認兩個佛土、兩位佛陀的存在呢？證嚴法師如是行為，不僅使淨土行者頓失所依，其過甚大；而且與印順一樣成就破佛正法最重業，成為斷一切善根的一闡提人，何以故？證嚴法師不依經典故、依人不依法故、無有慧力簡擇印順破法之事實本質故，與印順同流合污故。也因為如此，早期慈濟人相互見面時都會合掌互說「阿彌陀佛」，今天證嚴法師為了配合印順的斷見外道思想，又不信有西方極樂世界及 阿彌陀佛，所以近年開始要求慈濟人見面時不再以「阿彌陀佛」互相問訊，而全部改為口唱「感恩」了。像這般破佛正法的事實，又豈容證嚴法師狡辯及一手遮天？

二者，證嚴法師說法時，常常會繼承了印順的習慣，同樣常常會有自相矛盾之處；譬如她上面的說法，與自己另一本書承認有西方極樂世界的說法完全顛倒。證嚴法師在二〇〇一年一月出版的《靜思語》第二集三三八頁～三三九頁說到：【問：「如何往生西方極樂世界？」師（證嚴法師）言：「想往生西方極樂世界，必須發菩提心，培植善根福德，並且要身體力行。發心不要只發在心頭上，要發在腳底，道是用

腳走出來的。西方淨土與娑婆世界相距十萬億佛國之遙，若不勤植善根，怎能到達目的地？」〕

證嚴法師這樣的說法，是說有西方極樂世界，如果佛門四眾發願往生西方極樂世界，須發菩提心、並努力勤植善根，才能往生西方極樂世界。可是事隔不到七個月，卻在慈濟月刊四一七期中如此說西方極樂世界：「這是佛陀出以方便的譬喻。」根本不承認有西方極樂世界。如是說法，只有二個情況：一是前面說有極樂世界的說法，只是表面上的說法，不想正式承認有極樂世界，但爲了避免他人對此有所不悅，所以隨順信徒而表示有極樂世界；但這樣的作法，是不直心的行爲；所以正光寧願說她是說法前後不一，而不是心口不一。但是前面已經有承認極樂世界實有的事，現在卻說沒有極樂世界，如同前面所舉證她的說法，有時說意識是不滅的，成爲意識是實相心而沒有第八識的說法；後來卻又說有第八識，並且更說有第九識；都一樣是說法前後顛倒，成爲自打嘴巴，而且還嚴重違背 佛的開示，實在讓正光不得不搖頭嘆息：台灣竟有如此荒謬說法及破法者！這樣的謗法行爲，已成爲地獄種性人，未來世將受長劫尤重純苦果報，真是 佛說的可憐愍者。對此，正光對證嚴法師及慈濟四眾們提出由衷的建議如下：

第一，建議證嚴法師趕快捨棄如是常見及斷見大邪見，趕快把前後不一的說法加以釐清，收回以前所說錯誤法義的書籍；何以故？常見、斷見是六十二外道法之一故，是 佛踵隨六師外道所破斥的外道法故。以外道法引入佛門中，佛說不免地獄果報故，其所受的苦是長劫尤重純苦果報故，受報之時間又是長劫而非短劫故，如是果報承受之時極度痛苦故。因此建議證嚴法師應該好好依照經典所說，並思惟印順的說法是否符合經典？也應思惟：**印順的說法被人公開寫在書中大力破斥已經六年了，為何一向很樂於破斥別人邪見、一向很樂於提出法義辨正的印順，卻一直都不能回應、不能提出辨正？**然後再審查：**自己是否跟錯人了？要不要趕快改變繼承自印順的佛法思想？檢查自己是否正在妄說佛法？自己否定了如來藏以後是否已成為一闡提的斷善根人？**

如果屬實則應迅速改之，千萬別因自己所說法義被人破斥、面子難堪，造成自己的名聞利養及眷屬漸漸流失，而惱羞成怒，因此不思在法義做辨正，專在事相上無根毀謗及抵制，妄謂 平實居士為邪魔外道，妄謂 平實居士所弘之法有毒，妄謗曰：「**隨蕭平實學法者，將來捨報時必下地獄。**」如是行為，是以尚未見道的凡夫僧身分來評論已見道的大乘勝義僧，將自己未來的無量世做賭注，未免太不值得了。

第二，建議證嚴法師及跟隨證嚴法師弘揚常見、斷見者，包括現跟隨、當跟隨者，都應於佛前懺悔；不僅必須日日懺，而且還要見好相，才能得免破法的重戒大罪。除此之外，還要像古時的 世親菩薩一樣努力弘揚 佛陀的正法，才能得免無間地獄業。 世親菩薩早年專志於小乘法之弘揚，提出「大乘非佛說」的主張，造論毀謗大乘法。後來受胞兄 無著菩薩的感化而證悟之後，幡然悔悟過去的邪知邪見，因此轉修大乘法，欲割舌謝罪；但因謗法之罪極重，非割舌所能贖，所以 無著菩薩勸他改以謗法之舌，盡其一生弘揚大乘法。因爲努力弘揚大乘法的緣故，使 世親菩薩不僅將破佛正法之最重罪消弭於無形，而且所修佛法證量也接近初地菩薩。此一事實證明：努力護持或弘揚大乘正法者，可以消弭破法的無間地獄罪。因此奉勸證嚴法師及跟隨她在弘揚常見、斷見者，應效法 世親菩薩努力弘揚大乘法一樣，以謗法之舌，努力弘揚 佛的正法，才能得免未來地獄果報出現。

第三，除上面一、二項以外，尚未跟隨證嚴法師破佛正法的慈濟四眾們，應該簡擇證嚴法師的說法；如果證嚴法師所說的法是表相正法而不破法者，正光及佛門四眾皆當隨喜讚歎，何以故？表相正法亦是正法故，於正法上培植福德，都是在累積自己的福德資糧，爲自己將來的明心、見性以及成就佛道作準備，因此所有的佛弟子，包括正光在內，都應當隨喜讚歎。然而培植福德當中，也應思惟：「佛法單單只是在人間行善嗎？單單只是在修集福德嗎？」若眞如是，佛教與其他宗教並無任何差異處，大可在其他宗教努力行善就可以了，何必一定要改在佛教裏行善？若不如是，則意謂佛教有異於其他宗教之處，理當思惟其中的差異在哪裡？思惟已，則知道 佛是福慧兩足尊，福德與智慧究竟圓滿具足，因此而了知佛法不單只是在人間努力行善、努力培植福德資糧而已，還要探求佛地的智慧，增長自己在佛道上的智慧，並且努力去圓滿具足成佛之道應有的智慧。如是思惟已，則應參訪善知識尋求智慧的增長。尋求善知識已，當思善知識說法是否符合 佛說。如果善知識所說的法符合 佛說，則依止善知識所說法義，勤求智慧的增長，以便爲未來的明心見道做準備。如果善知識所說不符合佛法，則遠離之。能夠這樣簡擇的人，才是有智慧之人。

又慈濟四眾簡擇證嚴法師所說法之後，已證實是破佛正法時，則應勸她改正或遠離才是；如果經過簡擇知道證嚴法師所言爲非法、所言爲破佛正法，她又不願改正，但跟隨者仍不願遠離，繼續護持她，就會與證嚴法師共同成就破佛正法的共業，也很容易成就魔業或地獄業。今當說其所以然：天魔波旬所住的境界就是他化自在天——欲界天之頂——福報不可謂不大；天魔波旬正因爲往世修大福德，但卻不懂佛法，所以有此大果報；因此緣故，天魔在他化自在天有廣大天福可以享受；可是他享福之餘，所作所爲卻是在破壞 佛陀的正法。同樣的道理，一生在表相佛法的慈濟團體努力布施及行善，福德不可謂不大，但是卻應當先思惟慈濟領導人證嚴法師所作所爲是不是在破佛正法？雖然自己沒有親自參與破佛正法，可是在慈濟團體當中捐輸錢財讓她運用，卻是用在誹謗三乘菩提根本所依的如來藏正法，是在大力以常見、斷見外道法來取代 佛陀的第八識正法，護持的人就免不了有破法的共業存在。以修學佛法、努力於人間行善、蒐集福德資糧爲先，所得的果報卻是在破佛正法，應下地獄；地獄罪受完之後才可以生天享受欲界天的福報；假使福德修得越大，就越有可能往生欲界頂的他化自在天，這正是天魔波旬所住的地方，成爲天魔波旬的手下，可就不免使人爲您抱屈啊！因此建議慈濟人應該好好思惟證嚴法師所說是否符合 佛說？所作是否破壞 佛的正法？避免種下魔業，乃至種下地獄業而不知。能夠這樣爲自己簡擇，才是眞正有智慧的人。

第四節　證嚴「上人」將佛法世俗化的證據

觀察證嚴法師歷年來所說佛法，不僅是嚴重違背　佛說（譬如有時否認第七識、第八識，僅承認有六識，將生滅的意識心認爲常住不滅的心等），而且還將佛法世俗化及淺化。以下，正光透過法義辨正的方式，一一列舉證嚴法師將佛法世俗化、淺化的事實昭告大眾，讓佛門四眾得以了知；待了知後，得以遠離證嚴法師的邪知邪見，以免斷送了自己法身慧命出生的因緣，亦免除證嚴法師因爲自己無明的緣故，種下地獄業而不知。

首先舉示證嚴法師將佛法世俗化的證據。證嚴法師在《清淨的智慧》第一〇六頁～一〇七頁云：【何謂明心見性？在凡夫稱爲「心」，在佛稱爲「性」，我們現在都是用心而迷了性。我們出生在人間，培養出來的叫做習氣，我們由第六識來分別外面的境界，一直將人性與眾生分別，我執我見，而使人心脫離了佛性；其實，佛性即凡夫心，凡夫心即我們本來佛性。因此明心見性，套一句現代的語言，即是「啓發良知，發揮良能」，我們現在修行學佛，重點即在如何啓發自己的良知、開發人們的愛心。】

從證嚴法師所說這一段話中，就知道她有很多錯誤的所在，正光以她較大的錯誤而分五點來說明：第一點：凡夫的第八識與佛地的無垢識體性無二無別，所差異者，凡夫第八識體內含藏的種子有染污，而佛的無垢識所含藏的種子究竟清淨，因此凡夫的第八識斷除了煩惱障現行，斷除了分段生死，把第八識除掉了阿賴耶識名稱而改稱為異熟識，只改其名，不改其體。雖然第八識已斷除了分段生死，可是仍然有變易生死未斷除，因此精進的斷除異熟識體內的煩惱障習氣種子隨眠及所知障隨眠，第八異熟識又改名為第八無垢識，仍是只改其名，不改其體。由上可知，如來藏、阿賴耶識、異熟識、無垢識都是第八識之異名，只是在不同階位有不同名稱而已，因此眾生的「心」——第八識，與佛地的「性」——無垢識，都是一樣的，體性非常清淨，無二無別；所差異者，其所含藏種子有差異爾。然而這樣的說法，唯有成就大法的菩薩摩訶薩才能信受，一般凡夫如證嚴法師、印順、昭慧等人都是無法信受的，此即《勝鬘師子吼一乘大方便方廣經》卷一所說正理：【「有二法難可了知，謂自性清淨心，難可了知；彼心為煩惱所染亦難了知。如此二法，汝及成就大法菩薩摩訶薩乃能聽受，諸餘聲聞唯信佛語。」】（CBETA, T12, no. 353, p. 222, c4-7）

古時聲聞羅漢都信佛語，所以相信無餘涅槃中的實際就是如來藏自性清淨心；可是現在的印順、昭慧、證嚴等聲聞人卻是不信佛語的。反觀證嚴法師這一段話：「在凡夫稱爲『心』，在佛稱爲『性』。」她認爲「心」與「性」是同一種法，只是因地與佛地不同而已，這是完全不懂心與性的凡夫俗子，不懂心體與心性非一亦非異的中道正理，也是完全違背 佛的開示，完全不如法。

第二點，第八識眞心，從無始劫來未曾迷過，有所迷者是第八識所生的七轉識。但是七轉識都不可能變性爲第八識如來藏眞心，可是證嚴卻想要把第六意識覺知心修行清淨以後轉性而變成第八識眞心。第八識從無始劫以來，體如金剛堅不可壞，從來離見聞覺知、從來不在六塵境上起分別、從來不思量、從來不作主，怎麼會有迷與悟可說呢？因爲從無始劫以來就一直都是離六塵見聞覺知的，怎會有迷或悟可說？譬如《維摩詰所說經》卷二：「法（眞實法第八識）不可（以有）見聞覺知。」又如《大方等大集經》卷十一「一切諸法無作、無變、無覺無觀，無覺觀者名爲心性」等，故曰不迷；正因爲這個不迷，所以第八識眞心無始劫來也就沒有悟可說了，所以《心經》才會說：「無無明，亦無無明盡，……無智亦無得。」第八識既無見聞覺知，當然不會學法、參禪、求悟，所以第八識也無所謂的迷可說了！但是第六識覺知心是生來就迷於實相的，也是永遠的第六意識妄心，永遠不會變成眞心第八識，所以證嚴法師想要把妄心意識修行清淨而轉變成眞心的說法，正與法界現量的事實互相顚倒。

第八識所生的七轉識，即是一般眾生所認知的心，從來都在一切六塵境界上生起分別與執著，沒有不分別執著的。譬如眼識分別顯色青黃赤白與明暗（此指狹義的色塵分別，廣義而言，還有意識在色塵上分別長短方圓的形色、屈伸俯仰的表色），耳識分別聲音、鼻識分別香臭、舌識分別酸甜苦辣、身識分別冷暖細滑觸等、意識除了前五識的功能外，尚有其他細膩的分別，非前五識所能分別，意根則是處處思量所以時時作主。由此可知，第八識從來不在一切境上起分別，從來不曾迷；而七轉識處處在分別，沒有不分別的，而且還不知道自己是由第八識所生（證悟者或曾聞熏正法者除外），也不知道一切境界相，就是第八識藉著所生的有根身接觸外五塵境，而由第八識顯現內六塵相分境，七轉識就在內六塵相分境上起分別而有三性——善性、惡性、無記性，因此妄自造業，導致有情輪迴生死不息，故說之爲迷。若是從來離見聞覺知的心，就不可能會有迷可說，因爲離見聞覺知的心一定不會分別，不分別的心就沒有迷與悟可說了！因此證嚴法師所說「我們現在都是用心而迷了性」，不僅違背唯識學八個識的正理，而且還落入妄心七轉識的自性裏，把參禪的正理完全弄顛倒了，所以說她根本未曾證悟過。而這個妄心七轉識就是證嚴法師及一般世俗人所認知的「心」，都不知道眞心第八識在一切心行中，從來同時、同處無私無悔的與妄心一起配合運作，因此證嚴法師不知言知、不懂示懂、未悟說悟，這樣短短的一句話就洩了她的底蘊！

第三點：習氣是經無始劫以來熏習得來的，非是證嚴法師單單指今世熏習得來的，因此證嚴法師說：「**我們出生在人間，培養出來的叫做習氣。**」非是如實語，何以故？吾人之有種種習氣，都是因爲經過無始劫以來，不了知生命實相及不如理作意熏習的結果。這個道理，可從唯識學上「現行熏種子，種子熏現行」來解釋。所謂「現行熏種子」是指七識心現行，熏習了諸法成就，種子落謝後而長養第八識中所含藏的種子，這也是說眾生在世間因種種身、口、意行不斷造作了善業、惡業、無記業等業，並於造作後被第八識自動保存著，因此第八識心中的識種內容經過熏習後而有所改變。「種子熏現行」是指第八識保存七識心熏習所得的種子，於外在種種因緣成熟時，使七識心得以現行而實現善性、惡性諸法，或者無關善惡性的技術諸法等；這就是說第八識保存的業種，因七識心不斷攀緣外境的結果，而使往世七識心熏習所成的相應識種現行。再由於七識心不斷的攀緣外境，而使七識心的種子現行，重新經過熏習諸法之後，復保存於第八識心中，而使第八識的識種不斷的改變，像這樣「識種現行→熏習諸法→識種落謝→長養識種→識種現行」的過程不斷重複出現，此即是唯識學所說「現行熏種子，種子熏現行」的正理。正因爲有「現行熏種子，種子熏現行」的道理，使有情不僅在世間可以熏習及成就種種世間法，而且還可以在世間繼續熏習出世間法，成就二乘解脫道及大乘佛菩提道。

正光可以舉一個譬喻來說明「現行熏種子，種子熏現行」的實際內涵。譬如有二個水庫結構及含水量相同，一個是高度較高的水庫（稱高水庫），另一個是高度較低的水庫（稱低水庫）；白天時，另有一個核電廠補充水庫發電的電力不足；在這種情況下，將高水庫的水流放到低水庫，利用高低水庫兩者高度落差帶動低水庫發電機而產生電力；到了夜晚，用電量大幅度減少的時分，則將核電廠的多餘電力，將低水庫的水又送回高水庫。核電廠的抽送低水庫回到高水庫，就譬如熏習。如是不斷一放一抽的結果，水的總量及水位高度並沒有因此減少，反而產生許多電力可資民生及工業使用，符合唯識學所說「現行熏種子，種子熏現行」的正理，何以故？一者，於白天用電高峰時，利用高低水庫兩者高度落差結果產生電力，相當於唯識學所說「種子熏現行」的道理；二者，於夜晚離峰用電時分，利用核電廠多出來的電力，將低水庫的水抽回高水庫，這就是唯識學所說「現行熏種子」的道理；三者，水不斷的一放一抽的結果，水庫總量及水位高度維持不變，卻增加許多額外的附加價值——電力，這就是唯識學所說識種熏習的內容，因爲熏習的結果而有所改變的正理。

從上面方便的舉例而得知，吾人今世的習氣，是無始劫以來、以及今世所熏習所得的結果，非是單單今世所能成辦的，因此證嚴法師說「**我們出生在人間，培養出來的叫做習氣**」，是很局部的說法。如果證嚴法師所說能夠成立的話，在醫院嬰兒室剛出生而未經父母教養熏習的嬰兒，個性都應該一樣；可是事實上顯現出來，每一個剛出生的嬰兒個性都不同，有的小孩非常好哭、好動，有的則非常文靜，有種種的不同，這顯然不是單單今世的熏習所能成就。

又正光曾經在某一頻道看見一件非常有趣的事實紀錄，可以說明習氣是無始劫以來所熏習的結果，不是證嚴法師所說的單單今世熏習所能成就的。其內容如下：有一隻剛破殼出生的豬鼻蛇，剛要離開出生地時，卻發現洞口有一隻老鼠闖進來，這隻還很小的豬鼻蛇發現後，知道老鼠會吃牠，卻不慌不忙翻身裝死而逃過一劫。如果依照證嚴法師說法，習氣是今世才熏習得來的，爲什麼小豬鼻蛇遇到危險，今世未經教導就會自動裝死而逃過一劫？所以從這裡可以證明，小豬鼻蛇遇到危險，未經過教導就會裝死，乃是無始劫以來所熏習的結果，所以遇到危險的時候，因爲習氣使然，得以直覺的裝死，以騙過老鼠。此外，還有許多例子，如袋鼠胎兒自母袋鼠子宮出生後，不需他人教導，就會自動爬到母袋鼠乳頭上；小烏龜剛才出生爬出沙灘上，也沒有人教導牠，自然而然就會往海水方向走等等，都可以說明習氣是無始劫以來所熏習的結果，不是單單今世熏習就能成就的。從這裡可以了知，證嚴法師所立的宗旨根本無法通過旁生的考驗，當然更不可能通過人類的考驗了，所以證嚴法師的說法顯然是錯誤的，是不正確的。

第四點：吾人能夠分別外境，是透過第八識及第八識所生的根、塵、識和合運作分別才完成的，非是證嚴法師所說「我們由第六識來分別外面的境界……」。第八識投胎於受精卵約五、六個月左右，五色根漸漸具足（殘障者除外），連同與第八識一起投胎的第七識意根，六根具足了；因有六根的關係，能夠接觸外五塵：色塵、聲塵、香塵、味塵、觸塵，再由第八識變現內六塵（含法塵）相分；因有內六塵相分，意根欲了別的緣故，才生起了六識：眼識、耳識、鼻識、舌識、身識、意識；因爲有六識分別一切法的關係，才能了知外境。因此吾人能夠了知外五塵境是因爲有第八識及六根、六塵、六識和合運作，以此連接外境才能成就，非是證嚴法師所說「由第六識來分別外面的境界」，單由第六意識是無法分別外境的。

又在睡著無夢時，前六識已不現行，意根仍然藉著第八識及第八識所生的五根接觸外五塵境所變現內法塵相分而繼續分別。但因意根的了別慧極低劣，無法像意識有自證分及證自證分能做很細膩的分別，因此有情無法察覺到祂的存在，一直到睡前自己所預設的境界（如鬧鐘響、光線漸漸明亮等）出現，或者法塵上有重大變動（如地震、大雨聲等），意根雖已了知法塵有了大變動，但不知道究竟是什麼事情，祂欲了知法塵重大變動是什麼情形，因此喚醒意識來分別，這樣就清醒過來而知道究竟出現了什麼事情。既然睡著無夢時如是，悶絕、正死位、無想定、滅盡定亦復如是，意根一直接觸法塵而作極簡單的分別，只是這個分別非常微細，唯有破牢關證得意根的菩薩們，或是隨從證悟菩薩的言語或書籍的閱讀中才能了知，非是初明心、初見性的人所能了知，何況連明心、見性智慧都未證得的證嚴法師，更無法了知。因此，在眠熟等五位中仍然有七、八識二識及第八識所生的五色根仍然繼續接觸外五塵境，由第八識變現內法塵相分，再由意根所了別，非是單單如證嚴法師所說「我們由第六識來分別外面的境界」而已。

第五點：所謂明心其實是找到第八識的本體，見性則是能在山河大地上親眼看見第八識的另一種作用，並不是證嚴法師所說：「啓發良知、發揮良能。」假使她是王陽明的信徒而不是佛教裡的法師，當她這樣說時，我們就不會責備她；但她是佛教中的法師，又是中國的大乘禪弘揚地區，她說這話就很不應該了，當然要說出她的錯誤所在，以免誤導了慈濟四百萬信眾。禪宗所謂的明心，是指破本參，乃是指參禪者在參禪的過程中，不斷地在眞心與妄心和合運作之間，尋找出眞心如來藏；於因緣成熟時，一念慧相應而觸證到第八識，就當場了知意識心的虛妄性，隨即斷了三縛結（我見、疑見、戒禁取見），同時也轉依了第八識本來無生的體性，因此引發般若智慧的出現。

爲什麼明心的時候，可以斷除三縛結呢？在明心破本參的時候，發現這個眞心從來不生不滅、不增不減、不淨不垢，而這個妄心七轉識，一直都是不斷的生滅著，也永遠有善業、惡業的增減，從來都是有時清淨、有時染污的。又觀察意識心的夜夜眠熟就斷滅了，因爲這個緣故，依第八識心體無生的體性來現觀第八識所生的五蘊、六入、十二處、十八界都是虛妄不實的，並轉依第八識無生的體性，因此能夠滅度一切的苦厄，此即《般若波羅蜜多心經》卷一所說：「觀自在菩薩，行深般若波羅蜜多時，照見五蘊皆空，度一切苦厄。」（CBETA, T08, no. 251, p. 848, c7-8），隨後就現前觀察到眞心如來藏與意識心非一亦非異，意識心附屬於如來藏時亦可說是不生滅的，所以就說是無二無別，否定了意識心而將意識心攝歸於如來藏心體中，因此斷了我見：不再以生滅性的意識心作爲不滅心。

當找到第八識時，不僅能看見自己眞心的運作，發起下品妙觀察智的初分，而且也看見別別有情眞心的運作，與自己無二無別，因而發起下品平等性智的初分，此二智名爲總相智，都是根本無分別智。因爲發起這二種智慧而開始有一些能力簡擇法義的緣故，於經中所詮釋眞心的道理漸漸能夠了然於胸，心得決定不再懷疑自己是否有悟沒悟；並以悟後所得的總相智簡擇古今祖師們所說的三乘菩提法義，能夠分辨這是證悟祖師、這是未悟祖師、這是已斷我見的祖師、這是未斷我見的祖師……等，因此而對諸方大師之有悟未悟及是否已斷我見，都可以心得決定而無疑惑，因此而說爲已經斷了疑見。

又外道沒有證得生命實相心之前，想要遮止七轉識的有時清淨、有時不清淨，想要遠離七識心不能恆住清淨境界的緣故，因而施設種種不如理作意的戒律。譬如每天要吃草的牛戒，每天要泡水的魚戒，食自落果、常立不坐……等戒。參禪者明心找到第八識後，發現這個第八識從來離見聞覺知，從來不持戒，是七轉識自己在持戒；七轉識發現這個道理後，轉依第八識無生的體性，了知解脫之道不是憑外道所說施設的禁戒可以修成的，知道那些禁戒的施設都與解脫無關，都與實相的修證無關，所以成就道共戒而不再非戒取戒了，不再以不如理作意而亂施設的戒相為依歸，因此而斷了戒禁取見。

因為明心斷了三縛結的緣故，成為大乘通教中的菩薩初果聖人，也是聲聞解脫道中的初果聖人，但在大乘別教中只是位階外聖內凡的七住賢位菩薩。又因為找到第八識，發起般若慧，而有五種宗通（宗門意旨的通達）：

一者，真實義通：於明心證真後，發起般若總相智，能夠現觀自己與別別有情真心如來藏的運作，與經典所說完全符合。

二者，得通：明心所獲得的總相智，是以往沒有而今獲得的智慧。

三者，離兩邊通：獲得總相智以後，能夠現前觀察第八識從來離見聞覺知，從來不思量、從來不作主，永遠中道性，不墮二邊——常見與斷見，因此能夠離二邊。

四者，不可思議通：獲得般若總相智的人，所說的法義甚深極甚深，不是未明心的凡夫乃至阿羅漢愚人所能了知。

五者，意通：明心的人所說的法義，唯有明心的人，以及久悟的上地菩薩能夠了知。因爲有般若總相智以及五種宗門意旨通達的關係，能夠於初見道之後的相見道位上精進斷惑修證，能夠於十住如幻觀、十行陽燄觀、十迴向如夢觀，以及初地鏡像觀、二地光影觀……地地增進，乃至成究竟佛；因此而在明心之後，得以在內門廣修菩薩六度，乃是修道的開始，非是修道的究竟。但是這些道理與親證，證嚴法師都不曾走過、不曾實證，也無法懂得這些道理，她怎能爲人解說她自己都不知道的明心與見性的內容呢？強行出頭解說，當然會與事實相違，就不免誤導眾生了。

所謂見性，必須先於平常鍛鍊看話頭的功夫，然後作一段長時間的看話頭功夫，在看話頭的功夫成熟以後，開始參禪；並於參究佛性的話頭時，引發眞疑出現，於因緣成熟時，肉眼忽然伴隨慧眼（智慧之眼，即心眼）看見第八識的另一種面目，亦即第八識直接出生的見分，外於六塵而不斷在運作，而在六塵、在山河大地上面分明顯現；這時就可以眼見世界及身心世界如幻，當下成就如幻觀而不必作種種觀行。並於眼見佛性的當時，成就二種受用：一者，不僅看見到自己佛性，也可以看到別別有情的佛性；二者，不僅可以在有情身上看見自己與有情的佛性，也可以在山河大地上面看見自己的佛性，譬如在牆壁、山河大地、石頭、樹木等，看見自己的佛性，實際上自己的佛性卻不在那些無情物上面。因爲能夠眼見佛性的關係，當時隨即成就薄貪瞋癡的功德，成爲大乘通教菩薩的二果人，也自然同時獲得聲聞二果的解脫分。

綜合上面可知，明心見性是在參究過程中，找到第八識本體，以及在鍛鍊看話頭功夫以後，進而眼見第八識的另一種神用，這才是眼見佛性，簡稱見性。因此二緣故，能夠進修見道之後應進修的相見道位別相智，進而進修地上菩薩的道種智，次第分證無生法忍乃至圓成究竟佛地的一切種智。反觀證嚴法師所說的明心見性：「套一句現代的語言，即是『啓發良知，發揮良能』。」都是與王陽明一樣在意識心上用心，與第八識無關，而與世俗凡夫的認知無異，何以故？意識心有時能夠啓發良知、發揮良能，有時不能啓發良知、不能發揮良能，完全符合《楞伽阿跋多羅寶經》卷二所說「意識者，境界分段計著生」的正理。又因爲良知良能有覺有觀故，純是意識與意根的作用，也違背《大方等大集經》卷十一所說「一切諸法無作、無變、無覺無觀，無覺觀者名為心性」的正理，所以證嚴法師所說的明心與見性「啓發良知，發揮良能」，實與 佛所說的明心見性——找到第八識本體及其勝用——完全無關，她完全落在意識覺知心上，根本就違背了 佛說，而與世間法及常見外道無異。像這樣的說法，將佛弟子多劫以來夢寐以求的標的加以世俗化、淺化：只要認同世俗人的「啓發良知，發揮良能」，就可以算是明心見性了，這將使佛弟子不再追求明心、見性的目標，永遠無法見道，就斷送佛弟子們法身慧命出生的因緣，其過大矣！

此外，證嚴法師在其他著作中，處處可見到將明心見性世俗化的開示，譬如在《齋後語》第四十五頁：【「我們的本性本來是清淨光明的佛性，因為有種種煩惱，所以遮蓋了這分光明的本性，使良知佛性無法顯現出來。」】《齋後語》第一四九頁：【「學佛的目的是明心見性，『明心』就是我們的心地能夠光明磊落，本性光輝自然能顯現出來。就像點燃心地裡面這支蠟燭的燭光一樣，不只可以照耀自己、瞭解自己，還能夠照耀別人、瞭解別人。」】《三十七道品講義（下）》第二七五頁：【我（證嚴法師自稱）常說：「人之初，性

本善。」人最初的善心、赤裸裸的本性，就是佛性，也可以說最初的一念心就是人的本性。】

《三十七道品講義（下）》第五二〇頁：【所以，我們一定要攝心於道。收攝散亂的心思，成爲統一的心念，就稱爲「道」；若能如此，則「身心寂靜」。】

《證嚴法師心蓮》第一五四頁：【所謂保持「佛心」，就是要時時保持冷靜，時時對他人起慈憫心。】

二〇〇二年八月十日在經濟日報刊登《體會證悟》云：【很深的道理，用很簡單的事相來譬喻，這就是菩薩法最微妙的方法教育，因此不論聰明才智的高低都能有所體會，最重要的是身體力行去感受，也就是佛家所謂的證果。】

證嚴法師如是行爲，正是將甚深微妙的佛法與一般世俗法相提並論，正是將明心見性法世俗化，正是將本來深妙絕倫的佛法證道聖境淺化爲世間境界，將會使慈濟四百萬佛弟子不再以明心見性作爲修行的首要目標，就可以一生追隨她在一般世俗法上用心，得以成就印順所倡導的人間佛教凡夫的菩薩行，也難怪證嚴法師教導慈濟人在環境保護工作上面用心時就名爲環保菩提，將聽聞佛法教人行善的表相命名爲清涼菩提，將建醫院、看護眾生病苦等事行命爲醫療菩提，將救濟貧苦眾生等事行命名爲慈悲菩提，……。如是以種種世間行善之行冠以菩提之名，將眾生所應追求的三乘菩提完全世俗化、淺化，將菩提轉變成爲世間法了；如是之人，正是身穿如來衣、吃如來食、住如來家、說如來法，卻是破如來法的表相出家人，本質已經不是出家人了，何以故？一旦成就破佛正法、犯了破法重戒之時，其聲聞戒當場就已失去故。

在古時，有人因錯說一個字，得到長劫的長壽野狐身，更何況是妄說佛法的證嚴，將外道法取代佛教的三乘菩提妙法，將佛法世俗化、常見化、斷見化，果報必將遠甚於長劫野狐身的惡業，來世將受無量苦楚；證嚴法師白天有眾人圍繞奉承，可能不會想到這件事情，但是每日總有夜深人靜獨處之時，那時豈能不迴身自觀而戒愼恐懼、戰戰兢兢？因此建議證嚴法師於夜深人靜時，好好思惟一番，究竟自己的作法，是否已將佛法極度的世俗化、淺化？若不思惟而作補救措施，等到臘月三十日到來時，想要避免死後業境現前，一定是來不及的。

第五節　證嚴「上人」將佛法淺化的證據

證嚴法師將佛法淺化的證據罄竹難書，茲舉較明顯的例子「將初地到十地菩薩證量、智慧及功德淺化」來說明。譬如證嚴法師在《心靈十境》二一～五頁云：

【學佛，一定要經過「菩薩十地」這十個階段。「地」是基礎的意思，第一個基礎階段就是「歡喜地」。要做一位歡喜地菩薩，須具備什麼條件呢？

首先要培養歡喜心，也就是愛心、慈悲心；有了慈悲心，就願意施捨。不管出力或是物質的布施，抑或以自己所體悟的道理去改變他人，都要從歡喜心和愛心開始，然後才能「捨得」，包括捨出金錢、物質和時間。……

所以說，修行就是這麼簡單的事：只要在日常生活中，時時培養殷勤的心和歡喜心；有了歡喜心就沒有煩惱，有了殷勤之心就不會懈怠，並且腳踏實地精進，就能恆持道心，進入菩薩的初地，也就是「歡喜地」。】

從證嚴法師書上這些話得知：證嚴法師認爲只要時時培養殷勤的心和歡喜心來行善，就能恆持道心及沒有煩惱，就可以進入初地菩薩果位了。像這樣的初地菩薩實在太好當了，每個人只要像證嚴法師所說，人人都可以在一世中成爲初地菩薩了。這樣的說法，與 佛所說證得初地菩薩所需要的條件眞是太懸殊了！她的心行與初地的果證簡直是南轅北轍，完全顚倒。茲說明初地修證的內容與過程如下：

一者，須經歷一劫乃至一萬劫修集信心的十信位過程。也就是說須經過一大劫乃至一萬大劫而對佛法僧具足信心（包括心中經常憶念眞如法、相信佛具足無邊功德、相信佛法對自己有大利益、相信正行僧等）的信心修集，不因自己性障及文字障的關係，對 佛所說眞正、微妙、甚深的了義法無法了知而產生懷疑、不信、乃至毀謗，這樣經過一劫乃至一萬劫修集對於三寶（特別是對大乘法寶）的信心，於十信位圓滿不退之後，才能轉入十住位的初住初心之中。

二者，須經歷初住位到六住位，外門廣修菩薩六度萬行。佛弟子於一劫乃至一萬劫修集信心具足後，即可轉入菩薩十住資糧位的初住位中。於初住位中廣修菩薩六度的第一度：「布施」，主要是以財施爲主，法施及無畏施爲輔，隨緣、隨分、隨力去布施；所以，凡是還沒有證得如來藏的未明心位，不論如何廣作布施的工作，都只是初住位的凡夫菩薩而已，隨時都有可能退失於菩薩行而返回十信位中。若於初住位修行布施圓滿以後，對三寶的信心已能不斷增上及作更廣大的布施而使福德能夠一一建立的緣故，對 佛所說的戒律能夠深入瞭解及受持，因此而身受菩薩戒，轉入菩薩二住位中，這是外門廣修布施及持戒之行。於二住位中，廣修菩薩六度的第二度：「持戒」，對 佛所說的一一戒能夠細心受持，並於 佛所施設的十重戒一一不犯，以之莊嚴其身。於持戒功德發起之後，復轉入三住位中；於三住位中，廣修菩薩六度的第三度：「忍辱」；此階位中對於 佛所說戒律能夠安住，進而對世間法及出世間法的種種忍辱能夠安住；於忍辱圓滿後，復轉進四住位。於四住位中，廣修菩薩六度的第四度：「精進」，對 佛所說的一一法能夠精進不懈的修學，亦能努力摧邪顯正、護持正法；於精進圓滿後，復轉入五住位中。於五住位中，廣修菩薩六度的第五度：「禪定」，對 佛所說的禪定已有信心，並依照 佛所說禪定內容努力去修定；於禪定的修證有了基礎以後，才轉入六住位中。於六住位中，首要之務爲觀行能取、所取都空，最後雙證能所取空，成就世第一法，鄰於初果而住；並且必須廣修菩薩六度的第六度：「般若」，主要是進修如來藏的空性智慧，對於經中所說的般若加以熏習以及勤求善知識教導，使自己的智慧增上，並依善知識觀行五蘊、六入、十二處、十八界之虛妄，確實驗證能取所取都空，驗證自己確已經歷大乘四加行的煖、頂、忍、世第一法的親證功德，然後參究如來藏的所在而求明心，方能圓滿六住位；在六住滿心位中證得第八識如來藏，而且能安忍不退之時，才能轉入七住位不退。但是這些一一親證之後，也只是獲得大乘般若的眞見道功德而已，還未能到達初地，還得要有相見道位的種種進修，才能到達初地的入地心位。由此可見，想要證得初地果位的功德，先要經初住到六住位的外門六度萬行，才能進入眞見道位的七住位中，還到不了初地的。

三者，想要證得初地果位功德，須先經歷七住位明心，乃至十住位眼見佛性，才有希望再度進修而進入初地。於七住位中，依善知識教導禪法知見，建立正確參禪知見，並努力於定力的增長、慧力的增上、福德的累積、性障的消除等等。於定力、慧力、福德等圓滿後，依善知識教導參禪的方法，在日常生活中發起疑情，尋求第一義諦，於因緣成熟及 世尊的冥助之下，一念慧相應而觸證眞心第八識本體。當參禪者一念慧相應而找到第八識時，現觀第八識既不在內、也不在外、不在中間，體如虛空而無形無色無相；祂從來不在六塵境界中運作與相應，故不對六塵任何境界生起分別，祂既不思量、也不作主，完全配合祂自己所生的蘊處界而分明顯現自己的眞實性與如如性；這是本來就如此而不是修來的清淨境界，所以悟了也是無所得、無境界法；這個自性清淨心可以被吾人所親證，因此這個無形無相的第八識，又名「空性」，亦名「眞空」。於觸證如來藏以後，能夠安忍於此第八識的本來無生而轉依祂，因而發起般若中道的總相智慧，圓滿七住位的不退功德。

此即是《菩薩瓔珞本業經》卷上所說：【是人爾時從初一住至第六住中，若修第六般若波羅蜜，正觀現在前，復值諸佛菩薩、知識所護故，出到第七住，常住不退，自此七住以前名爲退分。】（CBETA, T24, no. 1485, p. 1014, c1-5）因爲明心的關係，斷三縛結，所以同時亦是大乘通教的菩薩初果人，亦是聲聞教中的初果聖人。

於七住明心而成就菩薩初果解脫分以後，復轉入八住、九住、十住位，於內門廣修六度萬行，再依般若中道智慧，現觀五蘊、六入、十二處、十八界虛幻，於善知識教導看話頭的功夫下，在日常生活中將話頭鍛鍊得清清楚楚，並精進於慧力的增上、福德的累積（尤以財施及法施爲主）、貪瞋癡等性障的淡薄，於因緣成熟及世尊的冥助之下，一念慧相應而得眼見佛性——眼見第八識如來藏的另一種面目，即透過眼根、色塵、五遍行觸心所以及五別境慧心所，得以用肉眼在一切物上看見自己的佛性，也是第八識直接出生的見分，外於六塵而不斷的運作，不但是在六塵中分明顯現，甚至於眠熟時也一樣清楚分明的現前；如是空而不無，亦名「有性」，又名「妙有」。並於眼見佛性當時，現觀自己身心及世界如幻，自然就會成就「如幻觀」的觀行而轉入十行位中，還是到不了初地的；對這些般若證境的修證，證嚴法師絲毫都沒有；連七住位明心所證悟的第八識心體所在，她都不懂、不證，就自以爲是地上菩薩了，膽子可眞大。

合此第八識空性與有性，名爲「眞空妙有」，此唯有明心與見性二關都具足的人才能完全了知，非是已明心而未見性的人所能了知，更不是未悟的證嚴法師所能了知。因爲證嚴法師在《心靈十境》第七十四頁~七十五頁如是云：【何謂「眞、俗」二諦？以物質而言，它在佛理中，可以從「有」分析到「無」、把「整化爲零」；因爲它是四大假合的物體，從眞諦來講，到了最後就是「眞空」。但是，我們也要回復到俗諦，因爲我們生活在人間，所以，要瞭解物質「化零爲整」的功用，它可以把沒有的東西、組成有的東西，這稱爲「妙有」。】

像這樣將自己思維、想像得來「從有、到無」的荒謬知見，說之爲佛所開示「眞空妙有」的正理，與佛法完全是牛頭不對馬嘴的荒唐言說；像證嚴法師對佛法嚴重誤解到這樣的程度，她將世俗人的想法解釋作佛法的證境，與藏密喇嘛們將外道雙身法的淫欲享樂境界用來解釋作佛法的果證，並無不同，眞是太離譜了。由這一段話中，看見證嚴法師竟然把 佛陀的證果內容擅加改變，而成爲不必經歷這七個過程的內容，也不必親證能、所取空而實證意識心的虛妄性，也不必親證如來藏的明心內容而實證如來藏的眞實有，而將明心解釋爲意識覺知心清淨而不執著的常見外道境界，就可以算是明心了；又將眼見佛性加以淺化，不必如同 佛說的眼見佛性，而是依照她所扭曲後的極粗淺凡夫境界，就說是見性了，這正是將佛法淺化的具體代表作。

四者，須在悟後再經歷十行、十迴向位的修行，圓滿相見道位的功德以後，再發起十無盡願，始能進入初地。於眼見佛性成就如幻觀後，復轉入十行位中，於內門廣修六度萬行中，依般若中道智慧，了知般若及唯識諸經種種別相智及道種智，並隨分修學禪定、透牢關，並現觀五蘊、六入、十二處、十八界猶如陽燄非常虛幻，亦即現觀能取六塵心猶如陽燄虛妄不實，成就「陽燄觀」的現觀，圓滿十行位，復轉入十迴向位之初迴向位中。於初迴向位中，努力護持 世尊了義正法，加以摧邪顯正，並救護一切有情迴向正道；於摧邪顯正當中不斷消除自己的性障：私心與我執，唯留最後一分思惑不斷，努力進修十迴向位得以圓滿。於十迴向位將圓滿時，現觀自己所行種種自利利他無量菩薩行，猶如夢中所做一切事一樣，成就「如夢觀」的現觀，圓滿十迴向位。於如夢觀現觀成就而圓滿時，自己性障已經永伏如阿羅漢，這時加修百法明門及發起十無盡願，才能轉入初地的入地心中。這些都是 佛陀在經中所說的入地過程與內容，但是證嚴法師卻都以世俗人的想法而加以變更，自以爲是的胡說一氣，這就是她將本來圓滿勝妙深奧的佛法加以淺化而成爲不圓滿、不勝妙、不深奧的證據。

從上面事實可知，能夠發起初地菩薩的證量、智慧及功德，須經過一劫乃至一萬劫的修集信心的十信位圓滿後轉入十住位；菩薩於初住位到六住位外門廣修六度萬行，並於明心找到第八識，發起般若中道智慧而不退轉，才能成就菩薩七住位的功德；於明心而入七住位不退後，努力增長定力、智慧、福德，以及性障的消除，並依善知識教導而鍛鍊看話頭的功夫，於日常生活中將話頭看得清清楚楚，並於種種因緣成熟時，得以眼見佛性，成就十住如幻觀的現觀而轉入十行位；於轉入十行位，依般若中道智慧，於二轉、三轉諸經所說別相智及道種智精進熏習，並努力消除自己的性障，成就十行位陽燄觀及十迴向如夢觀；於如夢觀成就後，自己性障永伏如阿羅漢，加上修習百法明門及發十無盡願，才能完成經歷一大阿僧祇劫才能證得的初地菩薩證量、智慧及功德，才能成爲初地的入地心菩薩。反觀證嚴法師說：「只要在日常生活中，時時培養殷勤的心和歡喜心；有了歡喜心就沒有煩惱，有了殷勤之心就不會懈怠，並且腳踏實地精進，就能恆持道心，進入菩薩的初地，也就是『歡喜地』。」所說完全與 佛說的初地證境相悖，其實只是證嚴法師自己的臆想、妄想所得，與初地菩薩的修證完全無關；她以凡夫未斷我見、未證明心境界、未證見性境界、未發起般若根本智、後得智的凡夫境界，而在書中示人以諸地果位的證量，所以證嚴法師已成就如下過失：

一者，將初地菩薩證量、智慧及功德加以淺化，等同世間人所說，何以故？不須經歷十信、十住、十行、十迴向位，即可以進入初地故；不須明心、也不須眼見佛性成就如幻觀，乃至不須完成十行位陽燄觀、十迴向位如夢觀，就可以進入初地故；不須精進永伏性障如阿羅漢、也不須加修百法明門及發十無盡願，就可以進入初地故。如是行爲，將世間人所說「殷勤的心和歡喜心」套進 佛所說應於一大阿僧祇劫才能成就初地菩薩般若證量中，將初地的般若實相智慧及福德、功德都加以嚴重的淺化，使得初地菩薩甚深微妙的證量、智慧及功德同於世間人一樣無二無別，這正是她嚴重淺化佛法的地方。

二者，她使佛弟子不能了知初地菩薩證量、智慧及功德的勝妙處。由於她的所有弟子都不知而隨她自以爲知的緣故，她就斷送了諸弟子證得初地菩薩的機會；諸弟子們也像她一樣，同以保持「殷勤的心和歡喜心」，以爲這樣就是已經證得初地菩薩的智慧、功德了，將會和她一樣妄言已證初地菩薩果證而犯下大妄語業，成爲必墮地獄的大妄語業者，深可憐憫。

佛在《楞嚴經》卷六開示云：【若大妄語，即三摩地不得清淨，成愛見魔，失如來種：所謂未得謂得，未證言證。或求世間尊勝第一，謂前人言：「我今已得須陀洹果、斯陀含果、阿那含果、阿羅漢道、辟支佛乘，十地、地前諸位菩薩。」求彼禮懺，貪其供養。是一顛迦（一闡提）銷滅佛種，如人以刀斷多羅木，佛記是人永殞善根，無復知見，沈三苦海，不成三昧。】（CBETA, T19, no. 945, p. 132, c1-8）

若慈濟四百萬徒眾中，有千分之一的信徒，因爲證嚴法師的胡亂說法而信以爲眞，所以犯下了大妄語業，其數就有四千人了；這麼多人犯下大妄語業的原因，都是源於證嚴法師的邪教導所致，所以證嚴法師公然在書中如此極度的淺化佛法，後果極爲嚴重；一切慈濟人於此絕對不可不愼也！否則恐將犯下大妄語業而仍然都無所知，眞是害人不淺！

又證嚴法師在《心靈十境》書中，將二地菩薩的證量、智慧及功德加以極度的淺化，譬如第二十四～二十九頁云：【「離垢地」就是很清淨的境界。何謂「垢」？也就是垢穢——對人我有分別心，自以為了不起，總是認為：我的學歷比你高，什麼都比你強，愈比愈覺得自己高高在上；像這樣，心就會常常有垢穢染著。心地若能淨化，去除這些雜念，才能進入「離垢地」。也就是心田中完全是純淨的好種子，不要摻雜一些不好的東西。……所以學佛要先看透視世間之理。大乾坤有四大不調，小乾坤也是剎那無常，有什麼好計較的呢？我們只需要好好清淨心地，不要讓它蒙上垢穢污染，並時時抱著歡喜心和清淨心，這樣就是進入第二階段的「無垢地菩薩」了。】

然而 佛說二地菩薩，是十迴向菩薩成就如夢觀的現觀而知道自己無量劫前的往事以後，性障也已經永伏如阿羅漢，再加修百法明門，於法通達並發起增上意樂而勇發十無盡願時，才能轉入初地。於初地時，廣修布施波羅蜜多，以法施為主而兼顧財施，主要是為眾生廣說一切法皆是第八識所生的微妙法理。並於初地快滿心的時候，現觀一切六塵相，皆是從第八識出生，如是成就「猶如鏡像觀」，便滿初地心，才能轉入二地；可是證嚴法師對這個現觀並無任何的修證，連基本的見道都沒有，就說她已懂得二地的功德法相了。

菩薩於二地心中，廣修二地菩薩應修的種種善法、十善業道、嚴持戒行，以滿足二地應有的福德，並進修二地千法明門的無生法忍道種智，以及努力斷除二地所應斷的煩惱。於二地快要滿心時，因為證得猶如光影的現觀，而了知如何使第八識所含藏的種子轉變清淨，亦即了知如何轉變自己的內相分，令自心與非擇滅無為相應，不須壓抑與加行便得清淨，成就「猶如光影觀」的現觀，永不毀犯清淨戒律，是名眞持戒，這樣才算已圓滿二地心。由此可知，要圓滿二地菩薩的證量、智慧及功德，必須先於十住位證得如幻觀，於十行位證得陽焰觀、於十迴向位完成如夢觀的親證、再於初地完成猶如鏡像現觀，才能轉入二地；於二地中，加修二地應具備的無生法忍道種智及福德，並於二地完成猶如光影觀，圓滿二地滿地心而轉入三地入地心中。反觀證嚴法師不需要完成十住位的如幻觀、十行位的陽焰觀、十迴向位如夢觀、初地的猶如鏡像觀、二地的猶如光影觀，而說「只要對人不起分別心、只要時時抱著歡喜心和清淨心」，就可以圓滿二地的滿地心功德；她將二地證量、智慧及功德淺化到如此地步，都不需要有無生法忍的證量就可以證得二地心，這樣一來就使她的信徒們都不再對 佛所說的甚深微妙法生起殷勤的追求心，因而斷了她的廣大信徒法身慧命了，也會造成篤信她說法的信徒們成就大妄語業。像證嚴法師這樣將二地菩薩證量、智慧及功德加以淺化到這種程度，眞是匪夷所思，實在讓人不敢恭維！

又證嚴法師在《心靈十境》書中將三地菩薩證量、智慧及功德加以淺化，如第三十七～三十八頁云：【第三階段是「發光地」。一面鏡子若是蒙上一層污垢，就無法清楚地映照出人的面貌或景物。我們的心就像鏡子一樣，心若被污染了，清淨的智慧就無法顯現其良能效用。學佛，就是希望我們的心地能發光（智慧光能）；而且不僅能自照，還要照亮他人。

有人說，現在的社會很「黑暗」。其實，這裡所講的「黑暗」是指人的心地黑暗，也就是本性中的智慧光明無法顯發出來。不僅沒有照到外面，也不曾返照自心，因此會感到迷惑不安，這就是凡夫。

凡夫本就具有佛性，只是被無盡的欲望所遮蔽，因此無法發光；若要使它發光，唯有修學堅忍美德，才能斷除迷惑。因爲我們往往無法忍受境界的誘惑，所以容易生起迷惑。】

然而 佛所說的三地菩薩，於二地證得自己內相分所以染污或者清淨的原因，完全是自己七轉識經由無生法忍的淨化所造成的，因此可以自行改易自己的內相分，完成猶如光影觀的觀行，圓滿二地功德而轉入三地的入地心位。於三地入地心的時候，加修三地應具備的無生法忍道種智、福德，尤以六度中的忍辱為主，以及三地所應斷的煩惱。並於三地快滿心的時候，加修四禪八定、四無量心、五神通等法，得以發起「三昧樂意生身」，可以自行前往諸佛世界禮拜供養諸佛及到諸方世界度眾生；於緣熟的時候，忽然返觀自己色身及意根、意識緣於他方世界之自己所現意生身所說諸法，而卻能被自己在此世界色身中之意根與意識所緣，猶如山谷迴響一樣，便得完成此「猶如谷響觀」的現觀，才算是圓滿三地菩薩的無生法忍，然後才能轉入四地的入地心位。

反觀證嚴法師所說「只要能夠忍受境界的誘惑，就可以斷除迷惑」，她說這樣子就是成就三地菩薩的證境了，完全不需要完成三地菩薩應具備的無生法忍道種智、福德、四禪八定、四無量心、五神通以及猶如谷響觀的現觀，就可以證得三地滿心位，將三地菩薩證量、智慧及功德加以極度的淺化。像證嚴法師對佛法這樣的朦朧無知，乃至對地上菩薩證量、智慧及功德嚴重誤會到此程度，誤導四百萬信眾極為嚴重，不得不令正光搖頭嘆息！

又證嚴法師在《心靈十境》書中，將四地菩薩證量、智慧及功德加以極度的淺化，譬如她在第五十四頁~五十七頁云：

【第三地之後，接著踏上第四階——「焰慧地」。「焰」是光明四射的意思，不只是智慧光明返照自身，還要將光芒向外發散照亮。若能登上「焰慧地」，就能到達明淨的彼岸。……

修行，要先捨棄社會上的「名利我相」。做任何事情，都要從基礎做起、耐心去學，否則絕對無法進步。例如：若想享受品茗之樂，必須先學習如何燒水、泡茶，這就是從基礎開始學茶道。除此之外，還應該知道水源從何處來，茶樹如何種植、採收、烘焙等等……。若能這樣按部就班地踏穩每個腳步，就能不斷進步、充實智慧的功能，進而達到「焰慧地」的境界。

總而言之，不論處在什麼環境，都要下決心去適應，並以發光地的生忍、法忍爲基礎，不斷地再精進，才能達到「焰慧地」。】

然而 佛說的三地菩薩意識、意根能依意生身而在他方世界運爲，由此緣故而圓成「猶如谷響觀」的現觀而轉入四地入地心。於四地入地心的時候，進修四地應具備的無生法忍道種智、福德，及四地所應斷的煩惱，並圓滿六度的精進度來度眾生，增益自己在世間法上化身眾多的能力，得於四地快滿心的時候，圓滿「如水中月」現觀——現觀一切他方世界，自己所化現的眾多化身，猶如水中月一樣，隨於眾多水的數量多寡，便一一映現其中，猶如古人所說「千江有水千江月」，因為圓滿水中月現觀而轉入五地入地心。反觀證嚴法師所說「**做任何事情，都要從基礎做起、耐心去學**」，並且「**若能這樣按部就班地踏穩每個腳步，就能不斷進步、充實智慧的功能，進而達到『焰慧地』的境界**」，她以這樣的世俗境界就認為是四地菩薩，完全不需要四地菩薩應具備的無生法忍道種智、福德、發起意生身精進度眾生，以及完成如水中月現觀，就可以證得四地滿心位菩薩，嚴重的將四地菩薩證量、智慧及功德加以淺化、世俗化。像證嚴法師以自己誤解四地菩薩的知見，來淺化四地菩薩證量、智慧及功德，將佛在經典所說四地菩薩的內涵完全改寫，將勝妙的四地菩薩證境代以世俗境界，其過大矣！

又證嚴法師在《心靈十境》將五地菩薩證量、智慧及功德加以淺化，如第七十一頁~七十四頁云：

【**接下來是第五「難勝地」。眞正想要學佛就必須步步上升，套句現代人的話，稱為人格昇華。何謂「難勝地」？也就是「六波羅蜜」裡的「禪波羅蜜」。學佛要**

修習「禪定」，心能定下來，就能達到禪的境界。如何讓心定下來呢？要斷除「思惑」，將心中的明鏡「時時勤拂拭，勿使惹塵埃」，而且不是一曝十寒。……眞正的學佛，是要修練我們的心，在任何境界下，都要能保持一分定力。時時刻刻都很清淨，對於任何境界都不起煩惱，這才是眞功夫。】

然而 佛說四地菩薩以其化現的化身能力，很精進的到他方世界度眾生，圓成「如水中月」現觀而轉入五地入地心。於五地入地心的時候，進修五地應具備的無生法忍道種智、福德，及五地所應斷的煩惱，並將六度中的禪定以及神通等法轉勝，於五地快滿心的時候，在等持位（定中接觸五塵境發起辦事靜慮五神通）中，現觀自己所化現的眾多化身，皆是第八識秉持意根的作意與思，變化所成，皆非實有，圓滿「變化所成」現觀而轉入六地入地心。反觀證嚴法師所說「學佛要修習『禪定』，心能定下來，就能達到禪的境界」，以及「時時刻刻都很清淨，對於任何境界都不起煩惱，這才是眞功夫」，認爲只要心能夠定下來、常保持不起煩惱的無念中，就算是證得五地菩薩的證量了；可是她所說的禪定，卻完全不需要三地修證的四禪、四空定、四無量心及五神通的證境，也不需要五地菩薩應具備的無生法忍道種智、福德及變化所成的現觀，將五地菩薩所必須證得的證境全都捨棄，代之以世俗境界中的覺知心清明境界，這是嚴重的將五地菩薩證量、智慧及功德加以淺化、世俗化，也是污辱五地菩薩證量的說法。

至於思惑，她也不懂，胡說亂道而誤導了慈濟四百萬信眾，所以還得勞煩正光在此加以說明改正。思惑有三，即欲界愛住地煩惱、色界愛住地煩惱、無色界愛住地煩惱，都屬於一念無明所攝，是進入初地以後所應斷除的煩惱。欲界愛住地煩惱是貪愛欲界五塵中之種種苦、樂、捨之觸覺，尤其是指男女之間細滑觸的貪愛；色界愛住地煩惱是對色界法生愛不捨，譬如貪著禪定及色界的神通等有爲法、貪著色界天種種境界；無色界愛住地煩惱是執著四空定中之微細意識心，以爲常住不壞法，如是安住不捨，不想讓覺知心自己消滅；如是三界愛就是思惑的內容。

又思惑亦名我執，是意根相應之深層我見、我癡、我慢、我愛，也包含意識相應的二十個隨煩惱，都要由明心證眞斷我見後，歷緣對境次第觀行才能漸漸斷除，是修所斷的煩惱。又二乘人斷除我見後，再斷盡思惑即成阿羅漢，於捨壽時，只須令自己七轉識不再出現，只須令自己七轉識斷滅而不再出生、現行，即成無餘涅槃。菩薩於明心後，亦須斷除思惑煩惱，然而爲了無生法忍智慧的增上，於初地滿心時能證慧解脫而不取證，故意留一分思惑來滋潤未來世的出生；於三地滿心的時候，能夠取證無餘涅槃而不取證，故意留一分思惑潤未來世生；六地滿心時證得滅盡定，隨時可取證涅槃而不取證，仍留一分思惑而潤未來世生；要待七地滿心斷盡最後一分微細思惑習氣種子，念念入滅盡定，捨壽時將會樂於取證無餘涅槃。然而 佛不許七地菩薩入無餘涅槃，隨即出現於七地菩薩面前，為彼解說「引發如來無量妙智三昧」，引導七地菩薩往八地邁進；所以菩薩正式斷盡思惑的時節，是在七地滿心位，但其實是在初地滿心位就已能斷盡思惑了，決不是證嚴法師所說要到五地才能斷除思惑，因此說證嚴法師眞是不懂大乘佛法也！像思惑這麼粗淺的佛法知見，證嚴法師都會說錯，焉有可能為人解說五地菩薩不可思議的證量、智慧及功德？她其實是連三賢位中的七住位菩薩智慧都沒有！莫說七住菩薩的智慧，乃至聲聞初果的斷我見智慧也都沒有，所以會堅定的認為「意識卻是不滅的」，墮在我見中。

又證嚴法師在《心靈十境》書中，將六地菩薩證量、智慧及功德加以淺化、世俗化，如第八十八頁~八十九頁云：

【菩薩的第六地是「現前地」。例如：一面擦得十分潔淨的鏡子，不管它所照的外鏡是多麼污濁，只要境、物移開後，這面鏡子依然十分潔淨；就像世間的喜、怒、哀、樂已經影響不了修行人的心，所以面對周圍的環境時，即能了然分明，這就稱爲淨性「現前地」。

如何才能達到「現前地」的境界呢？這就要先成就「慧波羅蜜」，亦即「大圓鏡智」。要修到心如明鏡的境界，就要斷「見思惑」——見解和思想上的疑惑。在修行道上，難免會有執著。比如：執著自己已修到某種程度，自認是個心地清淨的人，因而與人隔離，認爲對方是個受污染的人，多數人都會起分別心。其實，這樣的分別心不能有，應當「鏡來照境，離境則清淨」，這才是眞正的現前地的菩薩。】

然而　佛說五地菩薩在等持位中，現觀自己化現在十方世界的眾多化身，皆是第八識秉持意根的意思變化所成，皆非實有，圓滿變化所成現觀而轉入六地的入地心位。於六地入地心的時候，進修六地應具備的無生法忍道種智、福德，及六地所應斷的煩惱習氣種子，並於六地快滿心的時候，對於變化所成之他方世界中自己極多化身做觀行，證知皆是自己所變；雖然在事相上實有可見，爲他方世界證得神通境界之佛子所能親見，然而此等化身絕非眞實有之法，其實似有而非有，非有情亦非無情，純是自己第八識之所化現，圓滿似有非有現觀，是故對於五地滿心位及六地住地心中所有變化所成現觀境界全無所著。由此現觀故，於如是化身無量之境界，悉無所著，更能隨緣任運而化現於他方世界中度化有緣眾生，而自己卻步步邁向寂滅境界，到滿心位時取證滅盡定，成爲解脫道之極果聖者，卻仍然故意保留一分思惑而不斷，轉入七地入地心。反觀證嚴法師所說「就像世間的喜、怒、哀、樂已經不影響修行的心，所以面對週遭的環境時，即能了了分明，這就稱爲淨性『現前地』」，以這種世俗法中的覺知心所住無明境界，就認爲已經成就六地菩薩功德，完全不須要六地菩薩應具備的無生法忍道種智、福德，以及完成似有非有現觀，就可以證得六地滿心位，嚴重的將六地菩薩證量、智慧及功德加以淺化、世俗化，完全符合了 世尊二千五百多年前事先預記末法亂象的獅子身中蟲的作爲。

又證嚴法師說：「像世間的喜、怒、哀、樂已經影響不了修行人的心，所以面對周圍的環境時，即能了然分明。」這正是離念靈知的意識境界最佳表徵，具足我見的凡夫境界；何以故？能夠不起語言文字而了了常知，就是離念靈知意識心所攝，正是 佛所斥的六十二種外道見之一，也是在眠熟等五位中都會斷滅的法，如前所說。而此離念靈知意識心在菩薩六住位時，觀察五蘊、六入、十二處、十八界及大乘四加行完成後，證得能取與所取空之時，就已經不再執取這個意識心為常住不滅法；這個我見，並不是到六地菩薩時還繼續保持著，仍未斷除。像證嚴法師這樣將菩薩六住位所應斷除的意識心凡夫我見境界，說之為六地菩薩的境界，未免太顛倒了吧！

又證嚴法師也談到大圓鏡智及見、思惑，她說見、思惑就是見解和思想上的疑惑，完全違背 世尊的開示，這也是和西藏密宗的法王、喇嘛一樣，同以自意所想的邪見來解釋佛法的內涵；何以故？大圓鏡智是最後身菩薩於人間明心時方能頓得的智慧，是依佛地無垢識（因地名為阿賴耶識、異熟識、如來藏）的所生之法，是本無今有之智慧，屬於無漏有為法，不是證嚴法師所說六地菩薩就可以頓得的智慧。古來從無六地菩薩證得大圓鏡智，教證上也不許說六地菩薩能證得大圓鏡智。

又見惑是指於一切處遍起不如理作意之邪見，執取覺知心、六識身、六思身、六想身、六行身為不滅的我，亦即是我見，亦名見一處住地煩惱，也就是執著意識心等識陰為我、執取色身為我，非是證嚴法師所說：「見惑就是見解上的疑惑。」

而我見是二乘人於初果時所應斷的煩惱，也是菩薩於七住位明心前應該斷除的煩惱，不是證嚴法師所說於六地才斷除的煩惱。以地上菩薩自居的證嚴法師，竟然連這個最基本的見惑的內涵都不懂，竟能率領四百萬信眾而受崇拜供養，眞令人大開眼界。

又思惑是欲界愛煩惱、色界愛煩惱、無色界愛煩惱，這三種煩惱，要由明心證眞及斷我見後，歷緣對境次第觀行才能漸漸斷除，是修所斷煩惱，非是證嚴法師所說：「思惑就是思想上的疑惑。」思想上的疑惑只是世間法中的種種想法與觀念，與我執的斷除無關；出家四十年的證嚴法師，竟然會將世俗法中思想上的疑惑解釋作思惑，實在太使人訝異了！思惑是二乘人證得阿羅漢時所斷除的煩惱，也是菩薩於明心後，亦須斷除的我執煩惱；然菩薩爲無生法忍的智慧增上，於初地能斷盡思惑而證慧解脫，但不取證，故意留一分思惑潤未來生；於三地滿心的時候，能夠取證滅盡定及無餘涅槃，而仍不取證，故意留一分思惑潤未來生；六地不得不取證滅盡定，也可以隨時取證無餘涅槃，已是斷盡思惑的聖者，卻又故意生起一分思惑而潤未來生；待七地滿心，不得不取證念念入滅盡定的境界而圓成七地的無生法忍，這才斷盡最後一分微細思惑及煩惱障中的習氣種子。

但是證嚴法師在前面說菩薩五地——難勝地就要斷除思惑，又在這裡說菩薩六地——現前地要斷除思惑，真不知道證嚴法師所說的思惑，究竟是在哪一地才能斷除？或是五地斷盡思惑以後另外還有別的新思惑產生、再來斷盡？有請證嚴法師公開出書澄清，大眾欲知。所以像證嚴法師這般，將大圓鏡智、見惑及思惑胡亂搭配在諸地菩薩所應頓得的智慧及應斷除的煩惱上面，公然違背佛說而胡說一氣，真是前無古人，後無來者，堪稱古今第一人。

又證嚴法師在《心靈十境》書中將七地菩薩證量、智慧及功德加以淺化、世俗化，如第九十八頁~一〇八頁云：

【第七「遠行地」，則是成就「方便波羅蜜」，就是心和境接觸時能觀照得很清楚，但又「即境不染心」。

心中若有所執著、煩惱，修行就不能輕安自在，也就無法再進步。就像自己綁著自己的腳，自閉於門戶之內，因而無法體會外面的境界，智慧也就無法開啓。……

所以，要達到「遠行地」菩薩的境界，必定要有成就方便的智慧，也要發大悲心才行。要使我們的智慧有朝一日能光耀人間，必須先遠離「獨善其身」的迷

惑與障礙，這就要時時用心、善用良能。】

然而 佛說六地菩薩對於變化所成之他方世界中自己極多化身加以觀行，圓滿似有非有現觀而轉入七地入地心；於七地入地心的時候，依方便波羅蜜多，進修七地應具備的無生法忍道種智、福德，及七地所應斷的煩惱，並於七地快滿心的時候，證得念念入滅盡定，而成就寂靜觀。因成就此寂靜觀故，心極寂靜故，欲入無餘涅槃而取證涅槃；然 佛不欲此七地菩薩入無餘涅槃，示現於七地滿心位的菩薩前，傳授「引發如來無量妙智三昧」，而此三昧勝過七地菩薩以往所修種種三昧，使七地菩薩樂於修學，不樂於取證無餘涅槃，因此成就七地滿地心而進入八地入地心。

反觀證嚴法師所說的七地菩薩證境是很容易獲得的：「就是心和境接觸時能觀照得很清楚，但又『即境不染心』」、「要使我們的智慧有朝一日能光耀人間，必須先遠離『獨善其身』的迷惑與障礙，這就要時時用心、善用良能。」她認爲這樣簡單就能成就七地菩薩的證境，完全不須要七地菩薩應具備的無生法忍道種智、福德、方便波羅蜜多，以及成就極寂靜觀，也不須要 佛傳授及引發「引發如來無量妙智三昧」，就可以證得七地滿心位；這樣嚴重的將七地菩薩證量、智慧及功德加以淺化、世俗化。像證嚴法師將世俗法搭配在七地菩薩的證量上，可見她對佛法顢頇無比，所說諸法可謂是牛頭不對馬嘴，不知所云！

又證嚴法師說要「時時用心、善用良能」，這些都是在意識上面用心，不是在本來離見聞覺知、本來就不思量、本來不作主的第八識如來藏上面用心，也不是在意根上用心，何以故？《楞嚴經》卷四云：「**意（根）默容十方三世一切世間、出世間法。**」（CBETA, T19, no. 945, p. 123, a2-3）是初地以上菩薩所應專修的法門，因爲所有一切世、出世間法的出生都與意根脫不了關係，所以地上菩薩所修的法門大多在意根的默容一切諸法上面用心。但是證嚴法師連這個都不懂，就敢這樣胡亂說法，所以正光說她不懂佛法，還眞的沒有冤枉她呢！

又證嚴法師在《心靈十境》書中將八地菩薩證量、智慧及功德加以淺化、世俗化，如第一一六頁~一二四頁云：

【所以，接下來是第八「不動地」，也是「願波羅蜜」。

「不動」就是不受動搖。古德云：「發心容易，恆心難持。」一般人受到感動時，口頭上發願要付出愛心很容易，但是要以恆常的時間身體力行就很難了。……

若能立下堅定的願，菩薩十地當中，時時刻刻抱持如初的歡喜心。任何境界來了我都很歡喜，任何順、逆之境都不致於動搖我的心；若能如此，立宏誓願、持續不退，這就是「願波羅蜜」，也是菩薩第八不動地。】

然而 佛說的七地菩薩證得念念入滅盡定，而成就寂靜觀，並得佛傳授「引發如來無量妙智三昧」，成就七地滿地心果德而轉入八地入地心。於八地入地心的時候，依願波羅蜜多，進修八地應具備的無生法忍道種智、福德，及八地所應斷的煩惱，並於八地快滿心的時候，不用作意及觀行，可以在十方世界隨念幻化變現，故能於相、於土都自在，成就如幻三昧現觀，成就八地滿地心而轉入九地入地心。反觀證嚴法師所說的八地證境是如此的低劣：「若能立下堅定的願，菩薩十地當中，時時刻刻抱持如初的歡喜心。任何境界來了我都很歡喜，任何順、逆之境都不致於動搖我的心；若能如此，立宏誓願、持續不退，這就是『願波羅蜜』，也是菩薩第八不動地。」她說這樣就是已經成就八地菩薩的果德了，完全不須要八地菩薩應具備的無生法忍道種智、福德，以及完成如幻三昧現觀，也不必於相、於土都得自在，就可以證得八地滿心位，嚴重的將八地菩薩證量、智慧及功德加以淺化、世俗化。像證嚴法師這樣的行爲，就好像喬太守亂點鴛鴦譜一樣，還眞的是離譜到家了。

又證嚴法師在《心靈十境》書中，將九地菩薩證量、智慧及功德加以淺化、世俗化，如第一三〇頁～一四〇頁云：

【接下來是第九「善慧地」。「善慧」，即是慈悲而有智慧。要達到「善慧地」的境界，首先要打穩基礎的功夫，努力成就「力波羅蜜」。

我常常說：「發多大的願，就有多大的力。」有願力來配合，心地自然能夠時時清淨、專心一念；擇善堅持於任何遭遇而能清淨，就不生煩惱、不起惡念；不生煩惱就是智慧，不起惡念就是善念。有智慧、慈悲的善念，再加上一股毅力去推動，就能把理想變成事實，也能轉理論為實際，使人事理圓融無缺。……

所以，學佛可以是如此合情合理又生活化。日常生活中的一切，都是我們能做的事；若能做到這樣的程度，就稱為「善慧」。有這分愛心，並立下堅定的願，就有辦法突破萬難，達到第九地的菩薩境界，也就是「善慧地」。】

然而 佛說的八地菩薩，不用加行的過程，只要在心中剛剛生起了作意，就可以在十方世界隨念幻化變現，是故於相、於土都能自在，成就如幻三昧觀行而轉入九地入地心。於九地入地心的時候，依四無礙辯（法無礙、義無礙、詞無礙、樂說無礙）進修九地應具備的無生法忍道種智、福德，及九地所應斷的煩惱，並於九地快滿心的時候，依四無礙辯而能處於一切境界中都無所畏懼，圓滿力波羅蜜多，成就九地滿地心而轉入十地入地心。反觀證嚴法師所說的九地菩薩是如此的庸俗膚淺：「日常生活中的一切，都是我們能做的事；若能做到這樣的程度，就稱爲『善慧』。有這分愛心，並立下堅定的願，就有辦法突破萬難，達到第九地的菩薩境界，也就是『善慧地』。」這樣庸俗膚淺的世俗境界而說成九地菩薩，完全不須要九地菩薩應具備的無生法忍道種智、福德，以及四無礙辯所生的處眾無所畏懼大神力，嚴重的將九地菩薩證量、智慧及功德加以淺化、世俗化，眞不知道她是何居心了。

又證嚴法師在《心靈十境》書中將十地菩薩證量、智慧及功德加以淺化及世俗化，如第一四九頁～一五一頁云：

【菩薩十地的最後一地是「法雲地」。「法」是「智慧」，「雲」是慈悲、愛護之意。

大地萬物能夠不斷湧現生機，都是靠水分、土壤、空氣和熱能，靠地、水、火、風四大調和的運作，這些東西缺一不可。「法雲地」就如一片遮蔭、造雨的雲。雖然藍天白雲的景致，十分清淨美好；但是如果一直都晴空萬里、艷陽高照，草木就會乾涸、凋零。這時最需要有清涼的及時雨來滋潤大地，緩和太陽的熱度，讓枯萎的草木重現生機。……

但是如何才能登到「法雲地」的境界呢？必須成就「智波羅蜜」。這裡的「智」是指「大圓鏡智」，它能鑑照天下一切事相，卻又不受其影響。我們若有這分明明歷歷的分別智，心就不會被污染，還能進一步以「方便的智慧」來教導眾生。】

然而 佛說的九地菩薩處於一切境界無所畏懼，成就力波羅蜜多，成就九地滿地心而轉入十地以後，於十地時加修十地應具備的無生法忍道種智、福德，及十地所應斷的煩惱，於十地快滿心的時候，此十地菩薩在色究竟天宮成就廣大無邊的大寶蓮花宮殿。當十地菩薩坐上大寶蓮花宮殿寶座而放光照耀十方佛世界時，十方諸佛發動十方世界所有的十地菩薩各各帶著他們自己九地以下的菩薩眷屬，來到這個宮殿前。十方諸佛同時伸手放光遙灌十地菩薩頂及諸菩薩頂，成就這位十地菩薩圓滿十地心功德，成爲受職的法王子，圓滿成就十地滿地心而轉入等覺位。反觀證嚴法師所說的十地菩薩卻是世俗凡夫的境界：「但是如何才能登到『法雲地』的境界呢？必須成就『智波羅蜜』這分明歷歷的分別智，心就不會被污染，還能進一步以『方便的智慧』來教導眾生。」她在前面已錯將佛地的大圓鏡智胡亂搭配在六地境界中，這裡又胡亂搭配在十地菩薩身上，證明她確實是嚴重誤解十地菩薩無生法忍道種智、福德，也不知道十地菩薩必須由佛加持而完成授職法王子的功德，因此像證嚴法師這樣嚴重缺乏佛法知見，卻又敢將自己所不知、不證的法義，胡亂的寫在書中到處流通，眞是愚癡，讓正光不得不搖頭嘆息！

最後，在這裡做個總結：一者，像證嚴法師這樣將諸地菩薩證量、智慧及功德淺化，以及用世俗法來取代佛法，使佛弟子不再以甚深微妙的佛法智慧修證爲依歸，反而認同世間人淺薄的庸俗想法，以世間庸俗的想法來取代佛教的大乘妙法，使 佛的無上正法世俗化、等同世間法一樣，讓佛弟子僅在世間法中努力行善，不思修證正確的解脫道及佛菩提道，這其實是以世俗化的常見外道見、斷見外道見來取代正法，是將佛法破壞消滅於無形中，其過大矣！由以上所舉的證據而證實她的作爲確實有極嚴重的過失，因此正光說證嚴法師將甚深、微妙、無上的佛法加以淺化、世俗化，說之爲前無古人，後無來者，堪稱爲古今第一人，眞的一點也沒有冤枉她！

二者，由於證嚴法師將十地菩薩證量、智慧及功德加以淺化，然後印出《心靈十境》的邪謬書籍來解說十地境界，亦即暗示她自己已經是十地菩薩了，是以十地菩薩自居；像這樣的心行，已經爲慈濟團體立了很不好的示範，何以故？因爲證嚴法師連明心也沒有，還是博地凡夫一個；她連七住菩薩的根本無分別智都沒有，甚至於聲聞初果斷我見的智慧都沒有，怎麼可能會是十地菩薩呢？這未得謂得、未證言證的大妄語，可是成就斷一切善根的一闡提人才敢作的事情；她如此作，將會使慈濟四眾在無法簡擇的粗淺智慧之下，跟隨證嚴法師同墮大妄語業中；若以修學佛法蒐集福德於先，卻於後造下大妄語業而成爲斷善根人，那可眞是天下最大的冤屈啊！慈濟四眾於此應嚴肅看待才是，以免將來捨壽時後悔不及！

第六節　證嚴法師的其他錯誤知見罄竹難書

綜觀證嚴法師的「佛法」，不是落入常見外道、斷見外道中，就是將佛法世俗化、淺化，而且還充滿了許多曲解佛法的錯誤知見來誤導眾生。正光將藉此機會略述證嚴法師嚴重錯誤的佛法知見，如器官捐贈、五蘊十八界等一一加以舉示，讓大眾了知，至於其他微細曲解佛法的錯誤知見，有請各位佛弟子依照 佛的開示，對證嚴法師所說加以簡擇，就可以了知其謬誤之嚴重性。首先談器官捐贈。證嚴法師在《生死皆自在》第三一八頁～三一九頁云：

【人往生後，六識已不起作用，只存第七、八意識。假如捐贈大體或器官是出於亡者自願，那麼為了醫學上的需要而為亡者身軀做處理時，亡者的意識不會覺得難過，肉體上也不會感到痛苦。甚至處理的人也可以一邊這麼說：「你的肝可以救人、你的胃也可以救人……」讓亡者的意識更增歡喜。

假若捐贈大體或器官不是出於自願，那麼處理過程中，他多少會有所掙扎，因為人最執著的就是自己的身體，哪怕是死了之後，還是同樣的執著。當然願力會提昇意識，自願捐贈大體或器官的人，在往生之後，就會因為自己的願望圓滿而心生歡喜。】

正光辨正：當吾人剛斷氣，呼吸心跳停止的時候，今生的記憶將轉至第八識中，導致業鏡現前，如同電影片播放一樣，由上而下一格一格快速的出現。每一格所造之業，或善業、或惡業、或淨業、或不淨業，都能清楚了知，接著就進入死亡的階位（唯識學稱為臨死位），這時第八識開始捨身；而第八識捨身有五種差別，如前所說；其中第四種：若是造諸惡業罪不及地獄業者之死亡，在死前及正死位方有四大分離種種痛苦發生。一般而言，這些造諸惡業罪不及地獄者，在剛死亡沒多久（約三～四小時以內），意識仍然存在，於息脈已斷三～四小時之後才會斷滅，如前所說。又因爲亡者生前曾簽署器官捐贈卡，同意於死後捐贈器官，因此醫生通常於器官捐贈者死後就會儘快進行器官移植手術，以免因爲器官捐贈者死後時間太久，導致器官敗壞而無法移植，所以器官移植手術通常在器官捐贈者死後二十分鐘內就開始進行了。也就是說，在器官捐贈者的意識尚未完全斷滅前就開始進行器官移植手術。由於器官捐贈者初死時意識覺知心尚未斷滅，醫師也未使用任何麻醉劑就動刀，此時猶如生人在未使用麻醉劑的狀況下動刀一樣，是非常痛苦的，但是他卻無法表示任何感受痛苦的意思，是極爲痛苦，也是常人難以想像的；那時亡者將會心生怨恨，痛恨自己被騙了，以爲捐贈器官時眞的可以很歡喜而沒有任何痛苦！試想當我們不小心被針刺了一下，尚且呼天搶地，更何況器官捐贈者在無任何麻醉之情況下，在身上動刀割除各種器官，其劇痛難耐可想而知；因劇痛難耐的緣故，生起大瞋，可能就會下墮三惡道中。由於器官捐贈是捨內財大善行，理應往生善趣才是，其結果卻因爲被不實之言矇騙而生瞋怨、下墮三惡道中，豈不冤枉哉！

有人會問：「憑什麼道理，因爲器官捐贈之大善行，卻導致死後墮三惡道中？」在回答之前，先看看證嚴法師怎麼說。證嚴法師在《清淨的智慧》第五十九頁云：

【〔有人問：〕佛教教人往生後，需要二十四小時助念，不可移動。而如果發願死後將軀體捐出，是否不得往生善處？

〔證嚴法師答：〕死後將軀體捐出，乃生命的延續。佛陀曾言：「頭目髓腦悉施人」，絕對沒有一個救人的人還下墮地獄的，今日的科學證明了二千多年前，佛陀的正知正覺。】

此中分三點說明。第一點，說明頭目腦髓悉施人的眞正涵意。第二點，說明剛死的時候，第八識漸漸捨身的原理。第三點，舉醫學眞實例子來說明，證明在剛死的人身上動刀非常劇痛的原因。

第一點，證嚴法師舉：「佛陀曾曰：『頭目髓腦悉施人』，絕對沒有一個救人的人還下墮地獄的。」來證明自己說法是對的，她卻不知道自己是斷章取義而違背佛的開示，何以故？佛在《大寶積經》卷九十如是開示：【在家菩薩住於慈愍不惱害心應修二施，何者爲二？一者法施、二者財施。出家菩薩應修四施，何等爲四？

一者筆施、二者墨施、三者經本施、四者說法施。無生法忍菩薩應住三施，何等爲三？所謂王位布施、妻子布施、頭目支分悉皆布施，如是施者名爲大施，名極妙施。】（CBETA, T11, no. 310, p. 515, c2-8）

經中已明言：唯有無生法忍菩薩（正光案：指初地滿心以上的菩薩，不論出家菩薩或在家菩薩）可以作頭目支分的布施，而這種布施，佛說爲大施、極妙施，這不是無生法忍菩薩以下之出家菩薩或在家菩薩所能做得到的。又 佛開示在家菩薩財施有二種，分爲外財（指財物等布施）及內財布施（尤指爲護持正法而犧牲身命，如《大涅槃經》卷三所說，有德國王護持覺德比丘正法，與破戒諸惡比丘戰鬥，身被刀劍箭槊等，體無完膚，死後往生阿閦佛國作聲聞第一弟子），在家菩薩應以外財布施爲主，護持出家菩薩弘揚正法，必要時，得以犧牲身命內財而使 佛的正法能夠延續下去。

由上可知，頭目腦髓悉施人之布施，是初地滿心開始的菩薩爲了成就佛道所做的內財布施，並非是未入地的出家、在家菩薩或凡夫所能做的布施；而在家菩薩應以外財布施爲主，必要時才以身命來護持正法。從這段經文的眞義，反觀證嚴法師的說法，完全不如法，誤導眾生做器官捐贈，害他們在不知實情的狀況下，因一時善念反而下墮三惡道。假使她想勸導眾生施捨器官，應該要有保護布施器官者的措施，然後才可以大力勸導。

第二點，《瑜伽師地論》卷一云：【又將終時，作惡業者，識（指第八識）於所依（指色身），從上分捨，即從上分，冷觸隨起，如此漸捨，乃至心處。造善業者，識於所依，從下分捨，即從下分，冷觸隨起，如此漸捨，乃至心處。當知後識，唯心處捨，從此冷觸，遍滿所依。】（CBETA, T30, no. 1579, p. 282, a7-12）

經文已明白告訴我們：除造大惡業及生無色界天者除外，一般而言，第八識是漸漸捨身的，非一時頓捨；隨其捨身之處，冷觸便起。既然息脈斷後，依此世為善或作惡會在身上有冷觸開始現起而漸漸擴散到全身，就表示意識覺知心仍然在領受觸覺，尚未完全斷滅，所以才知道冷觸；一直到三~四小時左右，意識斷滅了，乃至第八識完全捨身完畢，冷觸才遍滿整個身體，名為死透。從這裡就可以告訴我們三件事實：一者，息脈斷了、進入臨死位時，意識仍然有覺知與分別，非無覺知與分別，因此在未做任何麻醉保護措施之下，隨即在器官捐贈者身上動刀，亡者必定劇痛難耐；因為難耐的關係，必生大瞋、大恨而導致隨念受報，下墮三惡道；因為此時的意識覺知心惡念極重，念既極重，則必隨念受報。

二者，在亡者意識覺知心仍在的時候，為其往生助念才有用處，因為可以在大眾助念之下，使亡者對　阿彌陀佛產生信心，因專心攝念的緣故而樂於往生。如果意識已經滅了，這時爲其助念，因亡者已無意識了知，不能攝心念佛，助益不大。而且，慈濟的信眾若隨證嚴法師信受印順邪見不信有極樂世界、阿彌陀佛，他們的助念也就沒有意義了。

三者，西元二○○一年某報報導：【國內每年有數名死刑犯在行刑前，簽下器官捐贈同意卡，捐出堪用器官遺愛他人，但是□□□學會□□□（姑隱其名）今天在一項器官捐贈的座談會中嚴詞說，他說：槍決後，腦部中彈的死刑犯根本還沒死，死刑犯的腦幹完好無缺，即使不用呼吸器也能自行呼吸，只能算是一個腦部中槍的重傷患，根本不符合嚴格的腦死判定標準，嚴重違反醫學倫理，「在未完全腦死的人身上動刀，那種痛，絕非外人所能想像！」】

從報導當中可以證明，腦部中彈的人，腦幹完好無缺，即使不用呼吸器也能自行呼吸，依唯識正理而言，表示這個人還活著，第八識尚未捨身。既然第八識尚未捨身，而又仍有呼吸，他的意識覺知心仍有可能存在，並未斷滅，因此在意識尚未斷滅之前，於死刑者身上動刀，仍有痛覺，就如上面所說：「那種痛，絕非外人所能想像！」

綜合上面所說，頭目髓腦悉施人之布施，是初地滿心以上菩薩所作的布施，一般人於死後三～四小時左右，意識仍然存在，仍有知覺，只是在三～四小時以後意識就斷滅了。由於器官捐贈者並不知道在死後三～四小時內，意識尚未完全斷滅，故在沒有任何麻醉的情況下，於器官捐贈者身上動刀，將會造成器官捐贈者極度疼痛，而且那種痛絕對是劇痛，絕非外人所能想像！唯有器官捐贈者自己才知道，可惜器官捐贈者已經無法動彈，已經無法透過身根來表達自己的意思了。因爲劇痛難耐的結果，必定生起大瞋大怨，導致器官捐贈者墮落三惡道中。試想：生前一念之善行，卻導致死後墮三惡道中。如此果報，何其冤枉哉！然此中道理，唯有透過佛菩薩的開示及透過善知識教導及自己思惟整理才能了知，非是不懂佛法的證嚴法師所能知道。由於證嚴法師不懂佛法，不知初死者意識尚存的道理，卻在沒有保護措施的情況下，大力鼓吹信徒做器官捐贈，並說之爲「**絕對沒有一個救人的人還下墮地獄**」，其結果，將導致有情器官捐贈之大善行，因劇痛難耐導致生瞋而下墮三惡道，何其冤枉哉！

以上所說，基於經、論的開示以及世間醫學知見如實而說，非爲反對而反對，只是想要對捐贈器官的善心人士加以保護。因此正光在此對器官捐贈者提出如下建議，請你（妳）在簽下器官捐贈同意書前，先深入思量及做好自我保護之後，才可正式簽署捐贈器官：

一者，如果你（妳）本身有四禪八定具足的證量（須符合經典所說的證境才算數，不是依自己的錯解來認定），而且已經斷了我見、我執，正光絕對支持你（妳）做器官捐贈，而且隨喜讚歎言：「眞是捨內財的大菩薩啊！」何以故？四禪中息脈俱斷故，捨念清淨故，可以提前捨離色身故，所以不會受彼惡劣境界影響生瞋而下墮三惡道故。不過要進入四禪捨念清淨定中再進一步捨棄色身，這也需要五～十分鐘的時間才能進入及捨身，因此應該避免在這段時間內讓醫生爲你做器官捐贈的手術。

二者，如果你（妳）沒有四禪八定的自我捨身功夫，且執意效法捨內財菩薩行，請記得在器官捐贈卡上註明：【應於死亡前五至十分鐘，施打麻醉劑作全身麻醉，待麻醉劑發生作用後，方可動刀。】何以故？死亡前施打麻醉劑，縱然動刀割除器官，意識已斷滅而無痛覺，因此不會有劇痛難耐、生瞋而下墮三惡道之憾事發生。不過醫生肯不肯在你（妳）死前施打麻醉劑才做器官捐贈手術，這還值得商榷；因爲醫生會認爲「沒有必要，多此一舉」；也可能因爲死亡時間的預測極爲困難，而放棄了全身麻醉的保護措施。（也怕被指爲因施打麻醉劑而導致捐贈者的死亡，得負法律責任。）如果萬一來不及施打全身麻醉的劑量就死亡而進行器官移植的話，正光還是會讚歎你（妳）捨內財的菩薩行，不過話說回來：請您切記，那時千萬不要因爲劇痛而生起瞋恨心，要忍受劇痛及保持正念，以保住你的功德而受來世大福報。

三者，如果你（妳）本身未斷我見又沒有四禪八定的功夫，也不知道該怎麼辦是好，又無法保證死前會被施打麻醉針，建議你（妳）還是打消此念頭，以免因無知而生瞋，死後下墮三惡道中。如果你（妳）已經簽下器官捐贈卡，現在註銷還來得及。

四者，由於生命無常的緣故，請事先與家人溝通死後之處理方式，避免家人在不知情的情況下，擅自爲你（妳）做「死後」器官捐贈「善行」，使你（妳）因爲器官割除時產生劇痛難耐生瞋而下墮三惡道中。

五者，雖然未到捨命的時節，但是可以先表示想要捨身，請醫師施打重量的麻醉劑而致死亡（法律問題，此處不談），十分鐘後就可以進行器官捐贈手術了；那時意識滅了，動刀施行捐贈手術時已無痛苦，也可以完成布施內財的大功德。以上是捐贈器官的大善人們應該自我保護的地方，也是證嚴法師對於捐贈器官的大善人們，應該加以保護的地方。

接下來談五蘊十八界。佛弟子若不明了五蘊、六入、十二處、十八界詳細的內容以及五蘊十八界生起的次第，將無法詳細觀察五蘊十八界的虛妄性進而斷除我見。因無法現觀蘊處界的虛妄性及無法斷我見的緣故，必將見聞覺知心及處處作主的心當作眞心，導致生生世世輪迴六道無有休息，窮盡生死仍是博地凡夫一個。因此正光藉著這個因緣，一一舉示證嚴法師錯謬處，希望大眾能夠眞實了知五蘊、六入、十二處、十八界眞實義理及虛妄性，進斷我見而成就聲聞初果解脫功德。然而五蘊十八界是互相含攝的，談到五蘊的時候，難免會談到十八界，因此合併五蘊十八界一併說明，以免重複說明而生煩。首先先談「色蘊」。

證嚴法師在《齋後語》第四十六頁云：【色即是物質，有物質的存在，就會障礙我們的本性，有身軀便會追求外在的物質境界，不論是物質或身軀，凡是看得到、摸得到的東西皆稱爲「色」。】又證嚴法師在《無量義經》第一四五頁亦云：【「色」是一切眼睛看得到的物質。】

正光辨正：所謂「色蘊」，區分如下：

一者，器世間；一般人所認爲花草樹木、山河大地、地球、太陽系、銀河系、十方虛空中的無量器世界等，都是由地水火風四大所形成，是共業有緣眾生依各各第八識不可知執受以及大種性自性、業種等，共同變現出來而被吾人所受用，因此器世間也是色蘊的一種，是第一種外色蘊，可以稱爲廣色蘊。

二者，別別有情的色身；別別有情的色身是由於往世業種、無明及今世父母等爲緣，藉著第八識的大種性自性接觸四大、攝取四大物質長養而成，因此色身是第八識所出生的法，屬於色蘊的一種，也是佛法中五蘊的色蘊，包括眼根、耳根、鼻根、舌根、身根在內，也稱爲有根身；別別有情的色身，於我們自身有間接與直接的受用，譬如他人所造、所作、所說……而被吾人所受用，是第二種外色蘊，也是廣色蘊。

三者，外五塵境；所謂外五塵就是色塵、聲塵、香塵、味塵、觸塵，是由四大物質所形成，可以爲吾人現前領受，在科學上都可以證明，五塵屬於色法，色蘊所攝，是第三種外色蘊，屬於廣色蘊。

以上器世間、別別有情的色身、五塵境三種色蘊，都屬於物質法，都有質礙的現象，也都是剎那剎那變異生滅，無有眞實體性。

四者，法處所攝色；有下列四種：第一種，帶質境所見色，乃六根、六塵相接觸所生之似外境的內相分，是第八識所變現的心法，與外境非一非異，何以故？外境是色法，帶質境是心法，非一故；帶質境的內容與外境一模一樣，無二無別，非異故。而此帶質境所見色，在五扶塵根與外五塵相接觸的地方生起外相分，再由五扶塵根的神經以訊號的方式傳輸到頭腦而生起內相分六塵境界，再由見分的七轉識分別，以此內相分而與外相分、山河大地外境相聯結，才能生活在人間而使山河大地……等能爲吾人所親領受。第二種，觀想所見色，亦即自己觀想所成的內相分，是心法所攝色。西藏密宗（譬如宗喀巴的《密宗道次第廣論》）中常教導學人，在打坐時觀想自己有廣大莊嚴無比的天身，當此廣大莊嚴無比的天身觀想成就時，就妄認自己已經成爲天人了。然此天身是自己觀想所成的內相分，是心法所攝，與佛所說「欲得廣大莊嚴無比的天身，須經過努力的布施、修五戒、十善、精進禪定及消除性障才能得到欲界天人異熟果報」的開示，是完全不符的；假使想要獲得色界天身，必須親證初禪到第四禪，捨壽後才可能得到色界天身；觀想所成就的色法大身，只是心中的內相分影像，不能存在於天界；因此西藏密宗的觀想法實質上是外道法，與佛法無關，也與獲得廣大天身的修法無關。又譬如《佛說觀無量壽佛經》所說的觀想，都是觀想所成色，都是內相分，如日觀、水觀、地觀、樹觀、八功德水觀、總觀、花座觀、彌陀相觀等觀想，乃至成就遍觀一切色觀而悟自心如來、自心彌陀，**「即見十方無量諸佛，得見無量諸佛故，諸佛現前受記」**（《佛說觀無量壽佛經》卷一 CBETA, T12, no. 365, p. 343, c7-8），以此作為念佛的方法而增益對佛的信心，並作為與佛感應的修行法門，獲得感應乃至授記……等；觀想成功之後，在捨壽時可以得到 佛的接引而往生極樂，但不是以所觀想的佛身作為眞佛身。第三種，無表色，即氣質、氣色等，是依附顯色（青黃赤白、明暗等）、形色（長短方圓高低大小等）、表色（屈伸俯仰、行來去止等）而有，都是心法，屬意識心所攝的色法。第四種，定果色，七地未滿心菩薩要靠意識不斷加行作意才能變現的柴米油鹽等色法，為眾生所受用；八地菩薩不須加行，才起作意即能變現如是色法。以上四者，不論是內色、外色、心法所攝色，這幾種色，可以合稱為廣五蘊中的廣色蘊。

以上器世間、別別有情色身、外五塵境、四種法處所攝色（帶質境所見色、觀想所見色、無表色、定果色），有色法、也有心法中的色法，都是剎那剎那變異生滅，無有眞實體性。因此，色蘊一辭，在狹義上的定義來說，是指物質（尤指有情色身）

而言，都是色法所攝；在廣義上的定義來說，則有外色法及心法所攝的色法等二種，非單單如證嚴法師所說「色即是物質」以及『色』是一切眼睛看得到的物質。」又色蘊刹那刹那變異，無有眞實體性，猶如河流漩渦中心的泡沫一樣，看它似乎一直存在，但其實是新的泡沫一直陸續的產生，舊的泡沫一直陸續的消失，但總是有泡沫相續不斷的存在，是故 佛說「色如聚沫」。

又，物質並不障礙我們的心法本性，不障礙我們的解脫；只有在無明的狀態下，有情才會產生障礙；何以故？一者，契經曾云「色無覺知、段肉無知」，表示物質並沒有見聞覺知性，而且現代科學家也已少分證明了 世尊的說法，因此有物質的地方根本不會障礙有情的本性。

二者，有情這個色身，是藉著別別有情第八識的大種性自性來接觸四大、攝取四大以及藉著父精母血長養而成；因有色身的關係，就有六根（眼根、耳根、鼻根、舌根、身根、意根。前五根是色法，意根則是心法，由祂攜帶第八識投胎於受精卵中而成就吾人的色身）；有六根的關係，能接觸外五塵，由第八識變現內六塵相分；有內六塵相分的緣故，就有見分六識現行、分別；當六識在分別內六塵相分時，第八識卻從來不在六塵境上分別，故名離見聞覺知。由此可知，第八識藉著自己所生的五色根來接觸外五塵而變現出內相分六塵，意根欲了知內相分的法塵境，所以促使第八識流注六識種子而生起六識覺知心來分別，但是第八識本身從來不在六塵境界上生起分別，因此不會有障礙有情的問題發生。

三者，會障礙有情的是第八識所生的七轉識，是因爲七轉識無始劫以來，於內相分六塵中不如理作意而生起貪染喜厭等善惡淨不淨的分別與熏習，使有情誤以爲眞實的接觸外境，進而造作種種身口意行等業，導致有情輪迴生死。

由上分析可知，物質及色身本身沒有見聞覺知，根本不會障礙有情本來解脫的清淨自性；第八識藉著祂自己所生的五色根而與外境接觸，卻不在六塵上起分別，而且任運隨緣配合七轉識運作，也不會障礙有情取證解脫，反而因祂的本來自性清淨涅槃不斷的顯現，使有緣的眾生可以照見這個事實而邁向解脫及成佛之路。會障礙有情的是第八識所生的七轉識，因不如理作意，誤以外境確實被自己所接觸，因此誤認外境實有而產生執著，所以導致有情輪迴生死不停，所以物質本身並不障礙有情本有的清淨自性，因此證嚴法師說「有物質的存在，就會障礙我們的本性」，顯然是不如法說，不僅違背 世尊的開示聖教與理證，而且也無法通過世間法的考驗。

接下來談「受蘊」。證嚴法師在《無量義經》第一四五頁云：【「受」，有顏色、形狀的物體，讓人看了心起分別就會產生感「受」，受分爲苦受、樂受、中受。見到喜愛的境界，心中產生歡喜即爲樂受；遇到自己不喜歡的人事物，產生的感受即爲苦受；沒有苦與樂的感受即爲中受。

樂受又可產生「喜受」，苦受又能產生「憂受」。樂是由意（正光案：證嚴法師所指「意」字爲意識，如同一本書一三七頁所說）所接納，喜由第七末那識所接納。面對外境，所納受的不出此五種。】

正光辨正：所謂「受蘊」，是說六識於過去、現在、未來的六塵中所生的感受，意識在其中體會順心、逆心、不順不逆的境界，所以心中產生了苦、樂、憂、喜、捨受，這五種受就是受蘊。因爲有這五種受，接著就生起貪欲、瞋恚……等無量煩惱，導致後有的業種不斷聚集，這都是由於不懂意識心的虛妄、不懂六塵的虛妄，這就是無明；因爲這種無明而將意識心認作眞實常住法，就像證嚴法師一樣的認定「意識卻是不滅的」，所以就不想取證第八識如來藏，就認定意識覺知心是眞實法、常住法，這就是人間到處都可以看得到的無明；由於這個無明，使得證嚴法師無法遠離意識所領納的苦樂捨受，就會在世間法的意識、六塵、名聞、利養、眷屬等法上面生起執著，才會想要把慈濟國際化，獲取更高的人間評價，這都是由於無明（不知意識與六塵虛妄）而引生的。

受有三受、五受之分，是佛弟子耳熟能詳的佛法名相。其中三受爲苦受、樂受、不苦不樂受。苦受是指接觸外境而引起違逆己心的感受，樂受是接觸外境時引起隨順己心的感受，不苦不樂受是指接觸外境時引起既不隨順己心也不違逆己心的感受。爲了讓大眾了知這三種受的內涵，正光舉日常生活吃冰淇淋爲例，來詮釋三受的內容。譬如很想吃冰淇淋，因爲有期待及尚未吃到的緣故，此時即有輕微苦受產生。在期待的苦受當中，一旦有冰淇淋可以吃，苦受馬上變爲樂受。吃了第一杯冰淇淋之後，樂受仍然存在，再吃第二杯冰淇淋時，樂受漸漸淡薄乃至轉變不苦不樂受；一旦超過自己的覺受而吃第三杯冰淇淋時，不苦不樂受就漸漸轉爲苦受。從上面的例子可知：一者，苦受、樂受、不苦不樂受都是透過意識覺知心現行後所生的感受，所以受蘊其實本是識蘊覺知心的心所有法，並無自體性，而以虛妄性的意識覺知心爲主體。二者，苦受、樂受、不苦不樂受是相對的受，不是絕對的，是剎那剎那地變異生滅，是虛妄不實的，沒有一定的體性，所以是變易無常的。三者，苦受亦非絕對的苦，樂受不是絕對的樂，不苦不樂受亦非絕對的不苦不樂受；而是樂中隱含著苦、苦中隱含著樂、不苦不樂中其實也隱含著苦與樂，只是世人沒有覺察到罷了！所以受是無常、相待的。由此可知，三受或五受其實都是不斷的在變異，並非眞實有，猶如雨水不斷的滴下來，在地面上連續不斷的產生水泡一樣，使我們誤以為水泡一直存在，其實是不斷的在生滅。受也是一樣，當意識覺知心生起時就連續不斷的存在，使無知的世人誤以為受是眞實有、眞實存在，因此 世尊說：「受如水泡」。

五受是苦受、樂受、憂受、喜受、捨受。聖 玄奘菩薩在《成唯識論》中開示說：苦、樂、憂、喜、捨受，與意識相應。何以故？苦受、樂受都是意識覺知心現起後所生的感受，而憂受是由苦受分出、喜受是樂受分出，因此苦受、樂受、憂受、喜受當然都與意識相應了。既然喜受與意識心相應，怎麼會如證嚴法師所說：「**喜（受）由第七末那識所接納**」呢？這不但不符教證，也是不符理證的。

又《成唯識論》卷二、卷五都說**第八識及末那識相應唯有捨受**，既然第七識只與捨受相應，而喜受為意識心所領納，兩者的體性完全不同，喜受又如何與第七識相應呢？而且，第七識意根從來只能在極粗略的法塵上面了知有無大變動，連變動的內容是什麼都無法了知，得要意識心生起以後再加以了知，則意根顯然是無法了知境界相的，那又怎能產生喜受而與喜受相應呢？從這裡可以證明證嚴法師弄不清楚五受的眞實義理，也完全不懂意根與意識的極大差異所在，因此說「證嚴法師完全不懂唯識」，一點也不爲過。不懂唯識卻偏偏喜歡說唯識，想要讓人以爲她眞的懂佛法；當然所說必定錯誤百出、處處錯謬，必然無法避免嚴重的誤導眾生；因此緣故，對證嚴法師的唯識謬說，不得不加以辨正！

接下來談「想蘊」。證嚴法師在《齋後語》第七十一頁云：**【「想」是心緣外境時所接觸到的直接感受，稱爲第六識；……】**

正光辨正：所謂「想蘊」即是了知、覺知，乃因色身與六識，相對於外境五塵而起身行、口行、意行，產生了三受——苦受、樂受、不苦不樂受，因三受中有韻味，於蘊處界產生各種想——各種了知，了知就是想陰；因爲了知性會使眾生誤以爲自己是眞實常住的，所以陰蓋眾生的明慧，所以就稱爲想「陰」。這個想陰，是由色蘊、識蘊、受蘊及行蘊四法和合之下假合而有，是四法和合蘊集而有，所以又稱爲想「蘊」；想蘊既是四法和合蘊集而成的，所以是虛妄不實的。

就以欣賞音樂爲例來說明想蘊。當聽到音樂時，是透過耳根接觸音樂聲塵，產生耳識及意識分別。在這個過程當中，色蘊（耳根）及識蘊（耳識及意識）的種子流注而使欣賞音樂的事相成就。其中意識依據過去的經驗，分別這個音樂好聽或者不好聽等等；如果好聽就產生樂受，如果不好聽就產生苦受，受蘊（苦受或樂受）成就。又，領納苦受、樂受或捨受的當下，了知性已經出現了，因此想蘊也成就了。由此可知，想蘊是透過色蘊、識蘊、受蘊及行蘊四者和合而成，猶如熱沙地或柏油路面，夏日遠望似有積水，其實非水，乃是陽燄。想陰亦如是，猶如陽燄非實，因此 世尊說「想如陽燄」。

反觀證嚴法師說「『想』是心緣外境時所接觸的直接感受，稱為第六識」，根本違背 世尊的開示，何以故？想蘊是意識心緣於外境時所接觸的直接感受之了知，已經在受蘊之後，也與受蘊同樣都是意識覺知心的心所法，證嚴法師怎麼可以說是第六意識呢？假使她這個理可以說得通，那麼我們將可以如此說：「證嚴法師說話的聲音就是證嚴法師本人。」依照證嚴法師所說的道理：意識覺知心的心所法可以說就是意識；則正光這句話的道理也是可以成立的，因爲是同一個邏輯的緣故。又第六意識是透過色蘊與外五塵接觸後輾轉所生的識蘊中的一識，然後才由意識分別產生了苦樂捨受以後，才可能會有想蘊（對境界的觀察與了知性）出現，是附屬於第六意識而生的法，證嚴法師怎麼可以說「想蘊就是第六意識」呢？

由此可知，證嚴法師根本就不懂識蘊的內容，也不懂得想蘊的內容；由此可以證明她是連五蘊的觀行都作不好的，連我見都還沒有斷除分毫，正是博地凡夫，竟然敢冒充爲地上菩薩，讓人尊稱爲上人——等覺菩薩——她的膽子眞大！

接下來談「行蘊」。證嚴法師在《齋後語》第六十二頁云：【行蘊是遷流造作之意，亦可說是意識思想或行爲的造作，而行蘊不只是指人，宇宙大地萬物無時無刻不在行蘊之中。此處之「行」是非常微細的活動，使人不知不覺。】

正光辨正：舉凡因身口意造作眾業而感得的三種受，再由想蘊產生欲求接觸或厭離或不作爲等行，乃至識蘊之識別而起思惟、記憶、貪求或遠離等一連串過程，均在行蘊之中，因此行蘊是包括色蘊、受蘊、想蘊、識蘊在內的。眾生在世間有身口意行而產生種種受、想，便以爲五蘊眞實。然行蘊不實，若無身口意行即無行蘊，若無三種受之了別即無行蘊，若無三種受的不斷領受即無行蘊，若無六識現行即無行蘊，若無第八識所造成的色身及內外五塵境即無行蘊，因此行蘊的存在必定顯示其他四蘊也同時存在；行蘊是由色、識、受、想四蘊和合而顯示出來的，本身並無實質；猶如芭蕉，看似實有，其心並無骨幹，如果一層一層剝開，終究無實有，因此 佛說「行如芭蕉」。

反觀證嚴法師說「行蘊是遷流造作之意，亦可說是意識思想或行爲的造作」，但是行蘊其實是透過第六識、第七識配合造作而成的，是透過六根（含意根第七識）、六塵、六識等十八界的和合運作，才能夠成就，不是單由意識思想、行爲的造作就能成就的。證嚴法師將自己錯解的十八界法加以任意分割及淺化，終將無法眞實的利益座下三眾弟子，而又誤導了三眾弟子，實有過失。

接下來談「識蘊」及六根。證嚴法師在《無量義經》第一三七～一三八頁云：

【眼、耳、鼻、舌、身爲前五識，意爲第六識。我們的眼睛必須透過視覺神經——眼識的作用去分別，最後還要加上意識，才能產生作用。

我們如果光用眼睛看，卻沒有應用眼識、意識，就會產生「視而不見」的情況。當一個人專神貫注做某一件事情或與人談話時，有人從身旁甚至眼前走過，他都會渾然不覺，這就是眼識與意識沒有發生作用。

耳根對聲塵，鼻根分辨香味，舌根辨別食物的味道，身根則接受外界的感觸。五根對五塵，意則是五根的總源頭，也就是第六識，外面的任何境界，諸根的感觸、分別皆由意識去分別。】

正光辨正：單單從這一小段法義中，就可以知道，證嚴法師根本不懂唯識，根本不懂佛法也，正光一一說明如下：

一者，視覺神經不是眼識，何以故？視覺神經是色法，眼識是心法，兩者截然不同，因此視覺神經絕對不是證嚴所說的眼識。眼根可分爲眼扶塵根及眼勝義根，眼扶塵根爲眼球及其運動纖維及神經組織等，能傳輸外相分色塵訊息；眼勝義根爲頭腦中掌管視覺的部分，具有變生內色塵相分的功能。吾人眼見外色塵，是因爲透過眼扶塵根與外色塵接觸，第八識在眼睛的視網膜上顯現外相分的倒影，然後透過眼扶塵根之神經傳輸到勝義根頭腦中掌管視覺的部分，由如來藏顯現帶質境的內色塵相分及引生見分眼識。其中眼識見分分別內色塵相分之顏色、明暗等等，意識再依據過去的經驗而判斷詳細的色彩、明暗、形狀、大小的內容，乃至生起貪染喜厭等心行，再由第七識思心所取捨。由此可知，能夠顯現色塵相，是透過眼根（含眼扶塵根及眼勝義根）與色塵相接觸，而引生色塵相分及眼識見分，再由眼識見分來分別相分，讓眾生以爲眞實的接觸到外境；這事實已經很清楚的證明眼識不等於視覺神經，所以證嚴法師所說「視覺神經就是眼識」的說法，非常荒唐、無理，何以故？視覺神經是色法，眼識是心法，不可說爲同一法故。

視覺神經（眼根）是色法，眼識則是心法，這個道理無人可以推翻；以此類推，耳根耳識、鼻根鼻識、舌根舌識、身根身識亦皆如是：五根都是色法，五識都是心法，體性各異，所以建立爲根與識而有不同；如果像證嚴法師一樣的擅加亂配，將根說成是識，就是唯識學《八識規矩頌》所說「愚人難分根與識」的愚人了。又六根的意根，在唯識學上稱爲第七識末那，是意識的心根，不是有色根；祂能觸內五塵境所顯示的法塵，因此法塵是依附五塵而有、而顯現的，不能離開五塵而有法塵。又意根想了知法塵的內容，遂令意識現行，才能知道法塵的內容，因此意根及意識都是心法，不是色法。此外，在五扶塵根面對外五塵時，五色根的神經能夠傳輸外五塵境的資訊到五勝義根（頭腦）處，由第八識配合外五塵境產生內六塵相分，由意根觸覺內相分的法塵境而生起作意的關係，才能由第八識不斷流注六轉識（識陰）種子，因此才能了知內相分六塵境界，由這內相分的六塵境界來與外境五塵境界相連接，而使吾人有能見、能聞、能覺、能知等性；其實眾生都只是接觸到第八識如來藏所出生的內相分六塵境界，意識覺知心與意根，從來不曾接觸到外面的境界相；但眾生不了知這個道理，總以爲有眞實接觸到外境，所以把心外的境界執著爲眞實有，所以就像二乘聖人一樣，認爲實有外境被自己所接觸，就把外境認爲眞實有。

綜合上面可知，視覺神經屬於眼的扶塵根，色法所攝，此視覺神經具有傳輸外色塵資訊的功能，能夠傳輸視網膜所顯現的外相分到頭腦中掌管視覺的地方，接著產生眼識相分與見分，再由眼識見分來分別色塵相分，才能使吾人看見外色塵境，因此眼識是心法，不是色法。此外，在視覺神經傳輸資訊給頭腦掌管視覺的地方，在色塵處就會同時產生法塵，意根想了知法塵內容，而使意識現行及分別，因此意根及意識都是心法。既然視覺神經是色法，當然不是眼識心法了，因此證嚴法師說「視覺神經就是眼識」，根本違背唯識正理，所說根本就不如法。

若如證嚴所說「視覺神經就是眼識」的話，那麼屍體也應該仍有眼識現行了，何以故？屍體仍有視覺神經故。可是一般人都知道：**人於死亡後，意識尚且會漸漸斷滅，更不要談眼識能夠現行了，視覺神經仍完美的存在時也一樣無法使眼識現行的。**何以故？前五識以意識爲俱有依故，因此意識斷滅後，視覺神經縱使仍然完好無缺的存在，眼識也仍然無法現行。像這樣淺顯的唯識道理，修學唯識二、三年的佛弟子們都知道，唯獨身證「等覺位」（故號之爲「上人」）的證嚴法師竟然不知道，眞是可笑！既然證嚴法師連粗淺佛理都不知道，又如何能夠了知甚深微妙之了義法，未之有也！

二者，當一個人全神貫注做某一件事情或與人談話時，乃至有人從身旁甚至眼前走過，眼識及意識仍然在運作，並非如證嚴法師所說「眼識與意識沒有發生作用」，何以故？當專注某一件事或談話時，眼根仍然接觸外境，並且在視網膜產生外相分，眼扶塵根將此訊息傳輸大腦掌管視覺的地方產生內相分的色塵與見分眼識，再由眼識見分來分別色塵相分，眼識是仍然存在的。而眼扶塵根將資訊傳輸時，也同時產生了內相分色塵上的法塵，只是意識沒有將多數的心行注意在色塵上面而已，所以就不覺得色塵的存在，產生了視而不見的現象，但是意識仍然在運作，只是專注的運作於另一個境界上面，而忽略了視覺色塵的部分，才會有視而不見的情況，事實上意識是仍然存在及正在不斷運作著的，不是證嚴法師所講的意識與眼識沒有發生作用。所以證嚴法師所說：「當一個人專神貫注做某一件事情或與人談話時，有人從身旁甚至眼前走過，他都會渾然不覺，這就是眼識與意識沒有發生作用。」是完全不如理的說法，因此正光說證嚴法師不懂唯識、妄說唯識，眞是一點也沒有冤枉她。

又參禪者進入見山不是山，見水不是水的階段，整個心思都籠罩在疑情中、專注在疑情上，專心在參究中，因此忽略了外五塵境。這個時候，就算是眼睛張開，也不見外面的色塵境，因此有「視而不見」之忽略現實事情發生。然而在「視而不見」忽略現實當中，意識仍然不斷的現行，不斷的專注在疑情及參究中。因此參禪者進入這個見山不是山、見水不是水的參禪階段，就是禪宗所說的「銀山鐵壁，水潑不進」、「騎聲蓋色」、「黑漆桶」，仍然在參究過程中。由上可知，當參禪者專注於疑情上面用心參究，進入見山不是山、見水不是水之忽略現實的階段，意識仍然是在現行的，意識仍然是有作用的，非如證嚴法師所說「眼識與意識沒有發生作用」，因此緣故，正光說證嚴法師從未經歷過見山不是山、見水不是水的參禪階段，所以她不懂參禪，也沒有證悟過。

三者，佛曾在四阿含諸經中多次開示：「意根、法塵爲緣生意識」、「諸所有意識，彼一切皆意、法因緣生故」，依照證嚴法師的說法：「意根就是意識」，則這些聖教將必須改爲「意識、法塵爲緣生意識」、「一切粗細意識皆意識、法塵爲緣生」，或改爲「意識不須意根與法塵爲緣即能自己無中生有」，此中過失是：意識能夠自己出生自己，或是無中生有，而非意根觸法塵再出生意識。復有過失：同理，前五識從此也可以不需要以意識作爲俱有依，或同樣可以自己無中生有。但是經與論中都明說意識的出生與現行運作時，都必須有意根作爲俱有依，否則豈唯不能運作？根本就不可能有意識出生，所以證嚴所說嚴重的違背唯識經論的正理。復有過失：吾人在眠熟等五位中將永遠無法醒來、出定，以及將無意根攝第八識去至未來世，將會違背世間及出世間正理，何以故？第一點，意識在眠熟等五位會斷滅故，如果意根就是意識的話，意根在眠熟等五位中將必定會斷滅，因此將無法有醒來及出定等事發生。第二點，意根就是意識的話，人死後，意識就斷滅了，因此人死後，都將進入無餘涅槃，不必斷我見、也不必斷思惑，更不必修學佛法，則二乘解脫道說應斷我見及我執，都將成爲戲論了。第三點，因爲意根就是意識，所以人死後沒有意根攝第八識到未來世，則一切人死後都將斷滅，因此證嚴法師所說的正是斷見外道思想，成爲斷見外道了。如果意根就是意識的話，就表示意識也將會有意根的體性——處處作主，從此以後，唯識學諸經都將因此被證嚴法師改寫，是耶？非耶？此外，如果意識就是意根的話，還有無量的過失，讀者可以從正光上面所說意根、意識種種體性思惟、整理、簡擇，就可以清楚了知，限於篇幅的關係，不再贅言。

由於證嚴法師不承認有七、八二識，僅承認有六識，因此解釋有情八個識之間的關係，必定產生了前後顛倒、自相矛盾的現象，處處錯會，完全悖離 佛的聖言量以及諸菩薩的開示。因此，證嚴法師把第七識與第八識都認爲是意識心，就嚴重的違背聖教量，正光建議證嚴法師先入禪宗求悟；等到證得第八識如來藏，現前體驗第八識與意識覺知心大不相同的心性以後，再進而多讀經典，融會貫通，才不會產生現在亂說佛法的不好現象；若以自己錯解的佛法來爲有情眾生開示，就是不如法而說，依阿含經典中的定義，是等同謗佛的惡業，證嚴法師對此應該多加注意才是。

證嚴法師在種種著作中，還有許多不如法的地方，正光限於篇幅無法一一列舉，讀者如果有空的話，可以請購證嚴法師種種著作加以簡擇就可了知。基於此，正光在此提出建議如下：一者，建議證嚴法師應該依據 佛的經典加以研讀及融會貫通，不可再依印順對經典曲解以後的法義來認取佛經的義理；常見外道誤認意識心爲常住不壞心是 佛所斥責的，證嚴法師不可再承認意識心是常住不滅的眞心；請證嚴法師莫再隨同印順繼續以西密黃教的應成派中觀無因論來解說佛法，莫以己意來妄解佛法，將佛法淺化、世俗化、常見化及斷見化。證嚴法師若能如此，佛門中興有望，慈濟四百萬三眾弟子有幸；若不如是，仍然繼續以錯解的佛法，繼續在破佛正法，繼續誤導眾生，命終之後，只怕想懺悔都來不及了。二者，建議跟隨證嚴法師，與她成就破佛正法共業之佛門三眾弟子，應以 世尊所說的聖言量來簡擇證嚴法師所說每一句法語；經過正確的簡擇以後，就會知道證嚴法師說法非常離譜，完全違背 世尊的開示。既然知道了，就應該遠離證嚴法師的邪見，避免與證嚴法師成就破佛正法共業，未來世受無量苦，如是之人，方是有智慧之人。

第七節　對證嚴法師的略評

從證嚴法師種種著作中，將其種種錯誤知見彙總如下：

一者，她雖然說有第七識、第八識，但卻是將第七、八識認作意識心的細分，本質上同於印順的邪見：僅承認有六識。她又將生滅的意識心認爲是 佛所說不生不滅的第八識心，不離常見外道見。

二者，繼承印順宗奉的藏密應成派中觀說法，外於如來藏而說一切法緣起緣滅，本質上是斷見外道見，並且還說：「往東或往西都遙不可及，這是佛陀出以方便的譬喻。」不承認有西方極樂世界、阿彌陀佛及東方琉璃世界、藥師佛，否定了大乘法中許多人所信仰的淨土法門。

三者，將佛弟子歷劫精進勤求的無上甚深了義法——明心見性之法視同世俗法的「啓發良知，發揮良能」，說儒家的啓發良知良能就是佛門的明心見性，將佛法加以淺化、常見化。

四者，將 佛所說甚深極甚深、微妙極微妙的地上菩薩的證量、智慧及福德加以淺化，使佛弟子無法簡擇證嚴法師的邪知邪見而造下大妄語業，並且將不再覺得地上菩薩有什麼深妙法義與智慧證境的存在，就可能會對諸地菩薩生起輕視之想。譬如證嚴說：只要對人起殷勤的心和歡喜心，就可以成爲初地菩薩了，不需要明心親證如來藏的見道，也不需眼見佛性而成就身心世界如幻的現觀，乃至不需要完成十行位的陽燄觀、十迴向位的如夢觀，也不須精進永伏煩惱如阿羅漢、更不須加修百法明門及發十無盡願，就可以進入初地，將初地的證境貶抑至如同世俗有修養的人一般的粗淺。譬如只須不對人起分別心，就可以成爲二地，不須要努力進修初地所應具有的道種智及煩惱斷除，也不須要完成初地的鏡像觀，就可以轉入二地了。乃至將佛地的大圓鏡智錯亂搭配於六地、十地菩薩的證量上，嚴重誤解六地、十地菩薩無生法忍道種智與福德，並忽略由佛加持十地菩薩完成授職法王子階段的諸佛加持力。像證嚴法師這樣將佛法常見化、斷見化、庸俗化，她的說法如果大力而廣泛的流行以後，不僅將會斷了佛門四眾的法身慧命，使佛法不再有勝妙的法義可言，而且隨著證嚴法師錯解佛法以及將佛法世俗化、淺化，佛法將被破壞於無形之中，乃至勝妙的正法將會消滅殆盡。

五者，由於證嚴法師錯誤的佛法知見，不知正死位之死亡過程唯識正理，卻鼓勵大眾盲目的做器官捐贈，導致器官捐贈者生前一念善行，死後因爲在身上動刀，難耐劇痛、生起大瞋，極有可能因此下墮三惡道。

六者，不知五蘊十八界正理，以錯誤的佛法知見誤導眾生，讓眾生無法證得二乘初果，乃至菩薩初果的證得都會產生嚴重的障礙。

因此建議證嚴法師如下：

一者，應實地依據 佛的開示，來簡擇自己說法，來教導座下的佛門三眾弟子往正確的解脫道或佛菩提道邁進，而不是依據己意及印順的藏密應成派中觀錯誤法義來解釋佛法、來誤導四眾。並於了知後，不再弘揚所有違背佛說的錯誤的佛法。

二者，凡是有違佛意的著作，證嚴法師都應該公告週知，並加以回收銷毀，不再流通誤導眾生，這樣才是負責任的人，若不如此，多一個人被誤導，其罪業即加重一分；乃至著作流通全世界，誤導無量眾生時，其罪業更加無量，果報更難承受。

三者，應該在公開場所向佛門四眾公開懺悔，懺悔自己以往將佛法世俗化、淺化、常見化、斷見化，並於 佛前日日懺悔，求見好相，方得免除十重戒的大罪。

四者，應效法 世親菩薩以謗法之舌努力弘揚正法，方能免除破佛正法最重業。

五者，應依眞正善知識 平實居士教導的佛法知見，以求眞正的明心乃至見性，消弭破佛正法最重業於無形。如果繼續以自己錯解的佛法、繼續將佛法世俗化、淺化、常見化、斷見化、繼續誤導眾生，捨壽之後，未來無量世將在無間地獄受無量苦，再回頭已經是一百大劫以後的事了。到那時候，得生人中，六萬世中貧窮下賤，恆無舌根；待五根具足時，因疑根及毀謗習氣未除，甫聽善知識演說甚深了義法時，又因不信的緣故，再一次毀謗，又再度下墮三塗；如是輾轉無有出期。

至於正光一番苦口婆心及辨正，還望證嚴法師明鑑，莫因為被正光一一舉示了錯誤佛法知見而造成自己面子難看、名聞利養漸漸流失而起瞋，就不思法義上的正訛，專在事相上做無根毀謗及抵制。須知面子只有一世而已，今世死了，面子就不存在了，何必為了一世的面子而廣造未來世無量的苦楚果報？如果經過正光法義辨正之下，證嚴法師已經知道自己的落處，如果還在暗中繼續無根毀謗及抵制，就顯得證嚴法師太沒有智慧了。既然知道面子只有一世，裏子才是究竟，正應該捨下面子而求眞實利益，勤求明心乃至眼見佛性，並為紹繼及荷擔　世尊正法之家業而努力，如此才能消弭自己大妄語、誤導眾生及毀謗大乘勝義僧　平實居士之大惡業於無形，乃至更能次第增上，猶如　世親菩薩一樣，於臨終時鄰近初地菩薩的證量、智慧與福德。如是行為，才是眞正有智慧的人。因此緣故，正光一直期望證嚴法師能夠棄捨以往將佛法世俗化、淺化、常見化、斷見化的行為，棄捨印順繼承自西藏密宗的大邪見；並於有生之年，努力的弘揚　世尊正法，這樣的人才是有智慧的人；這樣的人，才眞是佛門龍象，也是眾生有幸的徵兆；這樣才能使　佛的正法永續延傳如無盡燈一般的燈燈不熄，世世無盡。

阿彌陀佛！

佛教正覺同修會〈修學佛道次第表〉

第一階段

* 以憶佛及拜佛方式修習動中定力。
* 學第一義佛法及禪法知見。
* 無相拜佛功夫成就。
* 具備一念相續功夫—動靜中皆能看話頭。
* 努力培植福德資糧，勤修三福淨業。

第二階段

* 參話頭，參公案。
* 開悟明心，一片悟境。
* 鍛鍊功夫求見佛性。
* 眼見佛性〈餘五根亦如是〉親見世界如幻，成就如幻觀。
* 學習禪門差別智。
* 深入第一義經典。
* 修除性障及隨分修學禪定。
* 修證十行位陽焰觀。

第三階段

* 學一切種智真實正理—楞伽經、解深密經、成唯識論…。
* 參究末後句。
* 解悟末後句。
* 透牢關—親自體驗所悟末後句境界，親見實相，無得無失。
* 救護一切眾生迴向正道。護持了義正法，修證十迴向位如夢觀。
* 發十無盡願，修習百法明門，親證猶如鏡像現觀。
* 修除五蓋，發起禪定。持一切善法戒。親證猶如光影現觀。
* 進修四禪八定、四無量心、五神通。進修大乘種智，求證猶如谷響現觀。

佛菩提二主要道次第概要表——二道並行進修，以外無別佛法

佛菩提道—大菩提道

遠波羅蜜多

蜜多

資糧位

十信位修集信心—一劫乃至一萬劫

初住位修集布施功德（以財施爲主）。

二住位修集持戒功德。

三住位修集忍辱功德。

四住位修集精進功德。

五住位修集禪定功德。

六住位修集般若功德（熏習般若中觀，加行位也）。

外門廣修六度萬行

七住位明心般若正觀現前，親證本來自性清淨涅槃。

八住位起於一切法現觀般若中道。漸除性障。

十住位眼見佛性，世界如幻觀成就。

見道位

一至十行位，於廣行六度萬行中，依般若中道慧，現觀陰處界猶如陽焰。至第十行滿心位，陽焰觀成就。

一至十迴向位熏習一切種智；修除性障，唯留最後一分思惑不斷。第十迴向滿心位成就菩薩道如夢觀。

內門廣修六度萬行

初地：第十迴向位滿心時，成就道種智一分（八識心王一一親證後，領受五法、三自性、七種第一義、七種性自性、二種無我法），成通達位菩薩。復又永伏性障而不具斷，能證慧解脫而不取證，由大願故留惑潤生，復由勇發十無盡願及證「猶如鏡像」現觀，故滿初地心。此地主修法施波羅蜜多及百法明門。

二地：初地功德滿足後，再成就道種智一分而入二地；主修戒波羅蜜多及一切種智。滿心位成就「猶如光影」現觀，戒行自然清淨。

三地：二地滿心再證道種智一分，故入三地。此地主修忍波羅蜜多及四禪八定、四無量心、五神通。能成就俱解脫果而不取證，留惑潤生。滿心位成就「猶如谷響」現觀及無漏妙定意生身。

解脫道：二乘菩提

斷三縛結，成初果解脫 → 薄貪瞋痴，成二果解脫 → 斷五下分結，成三果解脫

圓滿成就究竟佛果

佛子蕭平實 謹製

近波羅 —— 大波羅蜜多 —— 圓滿波羅蜜多

修道位 —— 究竟位

四地：由三地再證道種智一分故入四地。主修精進波羅蜜多，於此土及他方世界廣度有緣，無有疲倦。進修一切種智，滿心位成就「如水中月」現觀。

五地：由四地再證道種智一分故入五地。主修禪定波羅蜜多及一切種智，斷除下乘涅槃貪。滿心位成就「變化所成」現觀。

六地：由五地再證道種智一分故入六地。此地主修般若波羅蜜多依道種智現觀十二因緣一一有支及意生身化身，皆自心眞如變化所現，「似有非有」，成就細相觀，不由加行而自然證得滅盡定，成俱解脫大乘無學。

七地：由六地「似有非有」現觀，再證道種智一分故入七地。此地主修一切種智及方便波羅蜜多，由重觀十二有支一一支中之流轉門及還滅門一切細相，成就方便善巧，念念隨入滅盡定。

八地：由七地極細相觀成就故再證道種智一分而入八地。此地主修一切種智及願波羅蜜多。至滿心位純無相觀任運恆起，故於相土自在，滿心位復證「如實覺知諸法相意生身」故。

九地：由八地再證道種智一分故入九地。主修力波羅蜜多及一切種智，成就四無礙，滿心位證得「種類生無行作意生身」。

十地：由九地再證道種智一分故入此地。此地主修一切種智智波羅蜜多。滿心位起大法智雲，及現起大法智雲所含藏種種功德，成受職菩薩。

等覺：由十地道種智成就故入此地。此地應修一切種智，圓滿等覺地無生法忍，於百劫中修集極廣大福德，以之圓滿三十二大人相及無量隨形好。

妙覺：示現受生人間，斷盡煩惱障一切習氣種子，斷盡所知障一切隨眠，永斷分段生死種及變易生死無明，成就四種涅槃，四智圓明。人間捨壽後，報身常住色究竟天利樂十方地上菩薩；以諸化身利樂有情，永無盡期，成就究竟佛道。

煩惱障現行悉斷，成四果解脫。分段生死已斷，煩惱障習氣未斷盡。 ← 煩惱障習氣種子任運漸斷 ← 斷盡變易生死成就大般涅槃

佛教正覺同修會 共修現況 及 招生公告　2009/01/19

一、共修現況：（請在共修時間來電，以免無人接聽。）

正覺講堂　103 台北市承德路三段 277 號九樓　捷運淡水線圓山站旁
Tel..總機 02-25957295（晚上）（分機：九樓辦公室 10、11；知客櫃檯 12、13。　十樓知客櫃檯 15、16；書局櫃檯 14。　五樓辦公室 18、19；知客櫃檯 20、21）　Fax..25954493

禪淨班：週一晚上班、週三晚上班、週四晚上班、週五晚上班、週六下午班（皆須報名建立學籍後始可參加共修，欲報名者詳見本公告末頁）

增上班：**瑜伽師地論**詳解：第一、三、五週之週末 17.50～20.50
平實導師講解（僅限已明心之會員參加）

禪門差別智：每月第一週日全天　平實導師主講（事冗暫停）。

金剛經宗通：家喻戶曉的《金剛般若經》法義已被依文解義者普遍誤解了。此經中隱藏著法界中最大而且永遠的秘密，這個秘密是什麼？爲什麼受持讀誦《金剛般若經》者被人輕賤時，先世罪業可以全部消滅？並且因爲讀誦受持《金剛般若經》而獲得廣大無邊的功德？《金剛經》宗通，將爲您解答這些問題。此經是實相般若的入門經典，乃是將大般若經六百卷濃縮之後的精華（再濃縮之後則是《心經》）；由此可知《金剛般若經》在修習實相般若上的重要性了！但因爲此經古來常被錯悟大師錯會及誤說，因此而延誤了廣大佛弟子證悟實相的機會；今由平實導師以通宗之方式宣講，令人容易於聽講時悟入，期能廣利眞實學佛者。關係緊密之《實相般若經》，亦附載於《金剛經》之後宣講之；佛陀於此經中不斷使用禪門機鋒，幫助菩薩弟子們悟入實相。每逢週二 18.50~20.50 開示，由平實導師詳解。不限制聽講資格，本會學員憑上課證聽講，會外人士請以身分證件換證進入聽講（此爲大樓管理處安全管理規定之要求，敬請諒解）。講畢後每週同一時段將續講《妙法蓮華經》。

第二講堂　台北市承德路三段 267 號十樓。

禪淨班：週四晚上班。

進階班：週一晚上班、週三晚上班、週五晚上班。（禪淨班結業後轉入共修）。

金剛經宗通：平實導師講解。每週二 18.50~20.50（影像音聲即時傳輸）。本會學員憑上課證進入聽講，會外學人請以身分證件換證進入聽講（此爲大樓管理處安全管理規定之要求，敬請諒解）。講畢後每週同一時段續講《妙法蓮華經》。

第三講堂　台北市承德路三段 277 號五樓。

進階班：週三晚上班、週四晚上班。

金剛經宗通：平實導師講解。每週二 18.50~20.50（影像音聲即時傳輸）。本會學員憑上課證進入聽講，會外人士請以身分證件換證進入聽講（此爲大樓管理處安全管理規定之要求，敬請諒解）。講畢後每週同一時段續講《妙法蓮華經》。

論義班：爲培植寫作學術論文人才，並建立會員辨正法義之能力而開設此班，專就印順法師著作之邪謬處，一一加以研究討論，令會員得以建立正知見，遠離表相佛法似是而非之法毒。亦依證據證明印順所謂考證之不實，佐以經教及律典所載之事實，證明大乘眞是佛說；亦證明印順法師從來都以解脫道取代佛菩提道，證明印順從來都以誤會後之聲聞解脫道，取代大乘佛法之事實。如是事實，都由印順著作中具體引證出來，互相辨正討論；並經由最原始的佛教文獻舉證，澄清佛教史及法義之眞相。會員由此論義而增長正知正見、遠離無明，次第建立學術論證能力，即得撰寫學術論文辨正應成派中觀邪毒，成就護法及救護眾生之偉大功德。每逢單週之週末下午，限本會會員參加。

正覺祖師堂　大溪鎮美華里信義路 650 巷坑底 5 之 6 號（台 3 號省道 34 公里處 妙法寺對面斜坡道進入）電話 03-3886110　傳眞、ADSL 03-3881692　本堂專供會員每年四月、十月各二次精進禪三共修，兼作本會出家菩薩掛單常住之用。除禪三時間以外，每月第二、四週之週末、週日 9:00~17:00 開放會內、外人士參訪，當天並提供午齋結緣。教內共修團體或道場，得另申請其餘時間作團體參訪，務請事先與常住確定日期，以便安排常住菩薩接引導覽，亦免妨礙常住菩薩之日常作息及修行。

桃園共修處　桃園市介壽路 286、288 號 10 樓（尚在裝璜中）

禪淨班：謹訂於 2009 年 10 月新班首班招生。

金剛經宗通：平實導師講解 以台北正覺講堂所錄 DVD，2009 年 10 月開始每逢週二晚上放映，歡迎會外學人共同聽講，不需出示身分證件。講畢後將於同一時段續講《妙法蓮華經》。

新竹共修處　新竹市南大路 241 號 3 樓　03-5619020（晚上）

禪淨班：週一晚上班、週三晚上班、週四晚上班、週五晚上班、週六上午班。

進階班：週六下午班（由禪淨班結業後轉入共修）。

金剛經宗通：平實導師講解 以台北正覺講堂所錄 DVD，每逢週二晚上放映，歡迎會外學人共同聽講，不需出示身分證件。講畢後將於同一時段續講《妙法蓮華經》。

台中共修處　04-23816090（晚上）　☆**已遷移新購講堂**：台中市南屯區五權西路二段 666 號統建大樓 13 樓之四（鄰近縣市經第一高速公路前來者，由五權西路交流道可以快速到達，大樓旁有停車場，對面有素食館）。

禪淨班：週一晚上班、週三晚上班、週四晚上班、週五晚上班。

進階班：雙週週末晚上班（由禪淨班結業後轉入共修）。

增上班：單週週末以台北增上班課程錄成 DVD 放映之，限已明心之會員參加。

金剛經宗通：平實導師講解。以台北正覺講堂所錄 DVD 放映。每週二晚上放映，歡迎會外學人共同聽講，不需出示身分證件。講畢後於每週同一時段續講《妙法蓮華經》。

台南共修處　台南市西門路四段 15 號 4 樓。06-2820541（晚上）

禪淨班：週一晚上班、週三晚上班、週四晚上班、週六早上班、單週週六晚上班。

進階班：雙週週末下午班（由禪淨班結業後轉入共修）。

增上班：以台北增上班課程錄成 DVD 放映之，限已明心之會員參加。

金剛經宗通：平實導師講解。以台北第一講堂所錄 DVD 放映。每週二晚上放映，歡迎會外學人共同聽講，不需出示身分證件。講畢後於每週同一時段續講《妙法蓮華經》。

高雄共修處 高雄市新興區中正三路 45 號五樓 07-2234248（晚上）

禪淨班：週五晚上班、週一晚上班、週三晚上班、週四晚上班。

金剛經宗通 平實導師講解。以台北第一講堂所錄 DVD 放映。每週二晚上放映，歡迎會外學人共同聽講，不需出示身分證件。講畢後於每週同一時段續講《妙法蓮華經》。

美國 洛杉磯共修處 ☆已遷移新址☆

17979 E. Arenth Ave, Unit B, City of Industry, CA 91748 USA

TEL. (626) 965-2200 Cell. (626) 454-0607

禪淨班：每逢週末 15：30~17：30 上課。

進階班：每逢週末上午 10：00 上課。

增上班：以平實導師台北增上班課程錄成 DVD 放映之，即將開班。

優婆塞戒經詳解：本經詳述在家菩薩修學大乘佛法，應如何受持菩薩戒？對人間善行應如何看待？對三寶應如何護持？應如何正確地修集此世後世證法之福德？應如何修集後世「行菩薩道之資糧」？並詳述第一義諦之正義：五蘊非我非異我、自作自受、異作異受、不作不受……等深妙法義，乃是修學大乘佛法、行菩薩行之在家菩薩所應當了知者。出家菩薩今世或未來世登地已，捨報之後多數將如華嚴經中諸大菩薩，以在家菩薩身而修行菩薩行，故亦應以此經所述正理而修之，配合《楞伽經、解深密經、楞嚴經、華嚴經》等道次第正理，方得漸次成就佛道；故此經是一切大乘行者皆應證知之正法。平實導師講解，以台北正覺講堂所錄之 DVD 公開放映之，每週六下午放映(13：00~15：00)，歡迎各界人士共享第一義諦無上法益，不需報名。本經全部播畢後，將繼續播放**金剛經宗通** DVD。

二、招生公告 **本會台北講堂及全省各共修處，每逢四月、十月中旬開新班，每週共修一次**（每次二小時，開課日起三個月內仍可插班）；**但美國洛杉磯共修處得隨時插班共修。各班共修期間皆爲二年半，欲參加者請向本會函索報名表**（各共修處皆於共修時間方有人執事，非共修時間請勿電詢或前來洽詢、請書），**或直接從成佛之道網站下載報名表**。共修期滿時，若經報名禪三審核通過者，可參加四天三夜之禪三精進共修，有機會明心、取證如來藏，發起般若實相智慧，成爲實義菩薩，脫離凡夫菩薩位。

三、新春禮佛祈福 **農曆年假**期間停止共修：自農曆新年前七天起停止共修與弘法，正月 8 日起回復共修、弘法事務。新春期間正月初一～初七 9.00～17.00 開放台北講堂、大溪禪三道場（正覺祖師堂），方便會員供佛、祈福及會外人士請書。美國洛杉磯共修處之休假時間，請逕詢該共修處。

佛教正覺同修會　弘法行事表

2009/01/19

1、**禪淨班**　以無相念佛及拜佛方式修習動中定力，實證一心不亂功夫。傳授解脫道正理及第一義諦佛法，以及參禪知見。共修期間：二年六個月。每逢四月、十月開新班，詳見招生公告表。

2、**金剛經宗通**　家喻戶曉的《金剛般若經》的法義已被依文解義者普遍誤解了。此經中隱藏著法界中最大而且永遠的秘密，這個秘密是什麼？爲什麼受持讀誦《金剛般若經》者被人輕賤時，先世罪業可以全部消滅？並且因爲讀誦受持《金剛般若經》而獲得廣大無邊的功德？《金剛經》宗通，將爲您解答這些問題。此經亦是實相般若的入門經典，乃是將大般若經六百卷濃縮之後的精華（再濃縮之後則是《心經》）；由此可知《金剛般若經》在修習實相般若上的重要性了！但因爲此經古來常被錯悟大師錯會及誤說，因此而延誤了廣大佛弟子證悟實相的機會；今由平實導師以通宗之方式宣講，令人容易於聽講時悟入，期能廣利眞實學佛者。與此經關係緊密之《實相般若經》，亦將於此經後宣講之； 佛陀於此經中不斷使用禪門機鋒，幫助菩薩弟子們悟入實相，敬請有緣人期待之。每逢週二 18.50~20.50 開示，由平實導師詳解。不限制聽講資格。會外人士需憑身分證件換證入內聽講（此是大樓管理處之安全規定，敬請見諒）。

3、**瑜伽師地論**詳解　詳解論中所言凡夫地至佛地等 17 師之修證境界與理論，從凡夫地、聲聞地……宣演到諸地所證一切種智之眞實正理。由平實導師開講，每逢一、三、五週之週末晚上開示，僅限已明心之會員參加。

4、**精進禪三**　主三和尚：平實導師。於四天三夜中，以克勤圓悟大師及大慧宗杲之禪風，施設機鋒與小參、公案密意之開示，幫助會員剋期取證，親證不生不滅之眞實心—人人本有之如來藏。每年四月、十月各舉辦二個梯次；平實導師主持。僅限本會會員參加禪淨班共修期滿，報名審核通過者，方可參加。並選擇會中定力、慧力、福德三條件皆已具足之已明心會員，給以指引，令得眼見自己無形無相之佛性遍佈山河大地，眞實而無障礙，得以肉眼現觀世界身心悉皆如幻，具足成就如幻觀，圓滿十住菩薩之證境。

5、**妙法蓮華經**詳解　平實導師主講。詳解釋迦世尊與諸佛世尊示現於人間之正理：爲人間有緣眾生「開、示、悟、入」諸佛所見、所證之法界眞實義，並細說唯一佛乘之理，闡釋佛法本來只有成佛之道，不以聲聞、緣覺的緣起性空作爲佛法；闡釋二乘菩提之道只是從唯一佛乘中析出之方便道，本非眞實佛法；闡釋阿含之二乘道所說緣起性空之法理及修證，實不能令人成佛，只有佛菩提道的實相般若及種智才能使人成佛；若不能信受及實地理解此眞理者，終將只能成就解脫果，絕不可能成就佛菩提果。將於《金剛經宗通》講畢時接著開講。每逢週二 18.50~20.50 開示。不限制聽講資格。

6、**佛藏經**詳解　有某道場專弘淨土法門數十年，於教導信徒研讀《佛藏經》時，往往告誡信徒曰：「後半部不許閱讀。」由此緣故坐令信徒失去提升念佛層次之機緣，師徒只能低品位往生淨土，令人深覺愚癡無智。由有多人建議故，今將擇於《法華經》講畢時宣講此經，藉以轉易如是邪見，並欲因此提升念佛人之知見與往生品位。此經中，對於實相念佛多所著墨，亦指出念佛要點：以實相爲依，念佛者應依止淨戒、依止清淨僧寶，捨離違犯重戒之師僧，應受學清淨之法，遠離邪見。本經是現代佛門大法師所厭惡之經典：一者由於大法師們已全都落入意識境界而無法親證實相，故於此經中所說實相全無所知，都不樂有人聞此經名，以免讀後提出問疑時無法回答；二者現代大乘佛法地區，已經普被藏密喇嘛教滲透，許多有名之大法師們大多已曾或繼續在修練雙身法，都已失去聲聞戒體及菩薩戒體，成爲地獄種姓人，已非眞正出家之人，本質上只是身著僧衣而住在寺院中的世俗人。這些人對於此經都是讀不懂的，也是極爲厭惡的；他們尚不樂見此經之印行，何況流通與講解？今爲救護廣大學佛人，兼欲護持佛教血脈永續常傳，特選此經先流通之；俟《法華經》講畢時，立即在同一時段宣講之，主講者平實導師。

7、**阿含經**詳解　選擇重要之阿含部經典，依無餘涅槃之實際而加以詳解，令大眾得以現觀諸法緣起性空，亦復不墮斷滅見中，顯示經中所隱說之涅槃實際—如來藏—確實已於四阿含中隱說；令大眾得以聞後觀行，確實斷除我見乃至我執，證得**見到**眞現觀，乃至**身證**…等眞現觀；已得大乘或二乘見道者，亦可由此聞熏及聞後之觀行，除斷我所之貪著，成就慧解脫果。由平實導師詳解。不限制聽講資格。

8、**大法鼓經**詳解　詳解末法時代大乘佛法修行之道。佛教正法消毒妙藥塗於大鼓而以擊之，凡有眾生聞之者，一切邪見鉅毒悉皆消殞；此經即是大法鼓之正義，凡聞之者，所有邪見之毒悉皆滅除，見道不難；亦能發起菩薩無量功德，是故諸大菩薩遠從諸方佛土來此娑婆聞修此經。由平實導師詳解。不限制聽講資格。

9、**解深密經**詳解　重講本經之目的，在於令諸已悟之人明解大乘法道之成佛次第，以及悟後進修一切種智之內涵，確實證知三種自性性，並得據此證解七眞如、十眞如等正理。每逢週二 18.50~20.50 開示，由平實導師詳解。將於《大法鼓經》講畢後開講。不限制聽講資格。

10、**成唯識論**詳解　詳解一切種智眞實正理，詳細剖析一切種智之微細深妙廣大正理；並加以舉例說明，使已悟之會員深入體驗所證如來藏之微密行相；及証驗見分相分與所生一切法，皆由如來藏—阿賴耶識—直接或展轉而生，因此証知一切法無我，証知無餘涅槃之本際。將於《瑜伽師地論》講畢後重講，由平實導師宣講。僅限已明心之會員參加。

11、**精選如來藏系經典**詳解　精選如來藏系經典一部，詳細解說，以此完全印證會員所悟如來藏之眞實，得入不退轉住。另行擇期詳細解說之，由平實導師講解。僅限已明心之會員參加。

12、**禪門差別智**　藉禪宗公案之微細淆訛難知難解之處，加以宣說及剖析，以增進明心、見性之功德，啓發差別智，建立擇法眼。每月第一週日全天，由平實導師開示，謹限破參明心後，復又眼見佛性者參加（事冗暫停）。

13、**枯木禪**　先講智者大師的〈小止觀〉，後說〈釋禪波羅蜜〉，詳解四禪八定之修證理論與實修方法，細述一般學人修定之邪見與岔路，及對禪定證境之誤會，消除枉用功夫、浪費生命之現象。已悟般若者，可以藉此而實修初禪，進入大乘通教及聲聞教的三果心解脫境界，配合應有的大福德及後得無分別智、十無盡願，即可進入初地心中。親教師：平實導師。未來緣熟時將於大溪正覺寺開講。不限制聽講資格。

註：本會例行年假，自 2004 年起，改爲每年農曆新年前七天開始停息弘法事務及共修課程，農曆正月 8 日回復所有共修及弘法事務。新春期間（每日 9.00~17.00）開放台北講堂，方便會員禮佛祈福及會外人士請書。大溪鎮的正覺祖師堂，開放參訪時間，詳見〈正覺電子報〉或成佛之道網站。本表得因時節因緣需要而隨時修改之，不另作通知。

正智出版社 籌募弘法基金發售書籍目錄 2009/02/04

1.**宗門正眼**—公案拈提 第一輯 重拈 平實導師著 500 元
因重寫內容大幅度增加故，字體必須改小，並增爲 576 頁 主文 546 頁。比初版更精彩、更有內容。初版《禪門摩尼寶聚》之讀者，可寄回本社免費調換新版書。免附回郵，亦無截止期限。（2007 年起，每冊附贈本公司精製公案拈提〈超意境〉CD 一片。市售價格 280 元，多購多贈。）

2.**禪淨圓融** 平實導師著 200 元（第一版舊書可換新版書，詳見換書啓事）

3.**真實如來藏** 平實導師著 400 元

4.**禪—悟前與悟後** 平實導師著 上、下冊共 500 元（單冊 250 元）

5.**宗門法眼**—公案拈提 第二輯 平實導師著 500 元
（2007 年起，每冊附贈本公司精製公案拈提〈超意境〉CD 一片）

6.**楞伽經詳解** 平實導師著 全套共 10 輯 每輯 250 元

7.**宗門道眼**—公案拈提 第三輯 平實導師著 500 元
（2007 年起，每冊附贈本公司精製公案拈提〈超意境〉CD 一片）

8.**宗門血脈**—公案拈提 第四輯 平實導師著 500 元
（2007 年起，每冊附贈本公司精製公案拈提〈超意境〉CD 一片）

9.**宗通與說通**—成佛之道 平實導師著 主文 381 頁 全書 400 頁 成本價 200 元

10.**宗門正道**—公案拈提 第五輯 平實導師著 500 元
（2007 年起，每冊附贈本公司精製公案拈提〈超意境〉CD 一片）

11.**狂密與真密** 一～四輯 平實導師著 西藏密宗是人間最邪淫的宗教，本質不是佛教，只是披著佛教外衣的印度教性力派流毒的喇嘛教。此書中將西藏密宗密傳之男女雙身合修樂空雙運所有祕密與修法，毫無保留完全公開，並將全部喇嘛們所不知道的部分也一併公開。內容比大辣出版社喧騰一時的《西藏慾經》更詳細。並且函蓋藏密的所有祕密及其錯誤的中觀見、如來藏見……等，藏密的所有法義都在書中詳述、分析、辨正。每輯主文三百餘頁 每輯全書約 400 頁 流通價每輯 140 元。

12.**宗門正義**—公案拈提 第六輯 平實導師著 500 元
（2007 年起，每冊附贈本公司精製公案拈提〈超意境〉CD 一片）

13.**心經密意**—心經與解脱道、佛菩提道、祖師公案之關係與密意 平實導師述 300 元

14.**宗門密意**—公案拈提 第七輯 平實導師著 500 元
（2007 年起，每冊附贈本公司精製公案拈提〈超意境〉CD 一片）

15.**淨土聖道**—兼評「選擇本願念佛」 正德老師著 200 元

16.**起信論講記**— 平實導師述著 共六輯 每輯三百餘頁 成本價各 200 元

17.**優婆塞戒經講記**—平實導師述著 共八輯 每輯三百餘頁 成本價各 200 元

18.**真假活佛**—略論附佛外道盧勝彥之邪説（對前岳靈犀網站主張「盧勝彥是證悟者」之修正） 正犀居士（岳靈犀）著 流通價 140 元

19.**阿含正義**—唯識學探源 平實導師著 共七輯 每輯 250 元

20.**超意境**—公案拈提 CD。以各輯公案拈提中直示禪門入處之頌文，作成不同曲風之超意境歌曲。在聆聽優美歌曲時，請同時閱讀內附之印刷精美說明小冊，可以領會超意境的證悟境界；未悟者可以因此引發求悟之意向及疑情，眞發菩提心而邁向求悟之途，乃至因此眞實悟入般若，成眞菩薩。每片 280 元。

21.**我的菩提路**—釋悟圓、釋善藏法師……等人合著　售價 200 元

22.**鈍鳥與靈龜**—考證後代凡夫對大慧宗杲禪師的無根誹謗。

平實導師著 共 458 頁 售價 250 元

23.**維摩詰經講記** 平實導師述 共六輯 每輯三百餘頁 優惠價各 200 元

24.**真假外道**—破劉東亮、杜大威、釋證嚴常見外道見 正光老師著 200 元

25.**佛法概論**—三乘菩提概說 正圜老師著 延至 2009.06.30 出版 300 元

26.**勝鬘經講記**—兼論印順《勝鬘經講記》對於《勝鬘經》之誤解。

平實導師述 每輯三百餘頁 優惠價 200 元 已於 **2008.12.1** 開始出版

27.**楞嚴經講記** 平實導師述 每輯三百餘頁 優惠價 200 元 **2009.12.1** 開始出版

28.**佛法入門**—迅速進入三乘佛法大門，消除久學佛法漫無方向之窘境。

○○居士著 將於正覺電子報連載後出版

29.**明心與眼見佛性**—駁慧廣〈蕭氏「眼見佛性」與「明心」之非〉文中謬說

正光老師著 於正覺電子報連載後結集出版之，書價未定

30.**廣論之平議**—宗喀巴《菩提道次第廣論》之平議 正雄居士著

約二或三輯 俟正覺電子報連載後結集出版 書價未定

31.**中觀金鑑**—詳述應成派中觀的起源與其破法、凡夫見本質 正德老師著

於正覺電子報連載後結集出版之。 出版日期、書價未定

32.**末法導護**—對印順法師中心思想之綜合判攝 正慶老師著 書價未定

33.**金剛經理通** 平實導師述 俟〈金剛經宗通〉講畢後刪除宗通部分而出版之

34.**菩薩學處**—菩薩四攝六度之要義 正元老師著 出版日期未定

35.**法華經講記** 平實導師述 每輯 200 元 出版日期未定

36.**八識規矩頌**詳解 ○○居士 註解 出版日期另訂 書價未定。

37.**印度佛教史**—法義與考證。依法義史實評論印順《印度佛教思想史、佛教史地考論》之謬說 ○○老師著 出版日期未定 書價未定

38.**中國佛教史**—依中國佛教正法史實而論。 ○○老師 著 書價未定。

39.**中論正義**—釋龍樹菩薩《中論》頌正理。

正德老師著 出版日期未定 書價未定

40.**中觀正義**—註解平實導師《中論正義頌》。

○○法師（居士）著 出版日期未定 書價未定

41.**佛藏經講記** 平實導師述 出版日期未定 書價未定

42.**阿含講記**—將選錄四阿含中數部重要經典全經講解之，講後整理出版。

平實導師述 約三輯 每輯 250 元 出版日期未定

43.**寶積經講記** 平實導師述 每輯三百餘頁 優惠價 200 元 出版日期未定

44.**解深密經講記**　平實導師述 約四輯　將於重講後整理出版
45.**成唯識論略解**　平實導師著　五～六輯　每輯200元　出版日期未定
46.**修習止觀坐禪法要講記**　平實導師述　每輯三百餘頁 優惠價 200 元
將於正覺寺建成後重講、以講記逐輯出版　日期未定
47.**無門關**—《無門關》公案拈提　平實導師著　出版日期未定
48.**中觀再論**—兼述印順《中觀今論》謬誤之平議。正光老師著 出版日期未定
49.**輪迴與超度**—佛教超度法會之真義。
〇〇法師（居士）著　出版日期未定　書價未定
50.《**釋摩訶衍論**》**平議**—對偽稱龍樹所造《釋摩訶衍論》之平議
〇〇法師（居士）著　出版日期未定　書價未定
51.**正覺發願文**註解—以真實大願為因 得證菩提
正德老師著　出版日期未定　書價未定
52.**正覺總持咒**—佛法之總持　正圜老師著　出版日期未定　書價未定
53.**涅槃**—論四種涅槃　平實導師著　出版日期未定　書價未定
54.**三自性**—依四食、五蘊、十二因緣、十八界法，說三性三無性。
作者未定　出版日期未定
55.**道品**—從三自性說大小乘三十七道品　作者未定　出版日期未定
56.**大乘緣起觀**—依四聖諦七真如現觀十二緣起 作者未定　出版日期未定
57.**三德**—論解脫德、法身德、般若德。　作者未定　出版日期未定
58.**真假如來藏**—對印順《如來藏之研究》謬說之平議　作者未定 出版日期未定
59.**大乘道次第**　作者未定　出版日期未定　書價未定
60.**四緣**—依如來藏故有四緣。　作者未定　出版日期未定
61.**空之探究**—印順《空之探究》謬誤之平議　作者未定 出版日期未定
62.**十法義**—論阿含經中十法之正義　作者未定　出版日期未定
63.**外道見**—論述外道六十二見　作者未定　出版日期未定

總經銷： 飛鴻 國際行銷股份有限公司

231 台北縣新店市中正路 501 之 9 號 2 樓

Tel.02－82186688（五線代表號） Fax.02-82186458、82186459

零售：1.**全台連鎖經銷書局：**三民書局、誠品書局、何嘉仁書店

敦煌書店、紀伊國屋、金石堂書局、建宏書局

2.**台北市縣：** 佛化人生 北市羅斯福路 3 段 325 號 5 樓 台電大樓對面

士林圖書 北市士林區大東路 86 號　書田文化 北市石牌路二段 86 號

書田文化 北市大安路一段 245 號　書田文化 北市南京東路四段 137 號 B1

致用書局 北市民權西路 40 號　人人書局 北市北安路 524 號

永益書店 北市木柵路一段 57-8 號　金玉堂書局 三重三和路四段 16 號

來電書局 新莊中正路 261 號　春大地書店 蘆洲中正路 117 號

3.**桃園市縣：**御書堂 龍潭中正路 123 號　巧巧屋書局 蘆竹南崁路 263 號

來電書局 大溪慈湖路 30 號　金玉堂 中壢中美路 2 段 82 號

4.**新竹市縣：**大學書局 新竹建功路 10 號　聯成書局 新竹中正路 360 號

金典文化 竹北中正西路 47 號　展書堂 竹東長春路 3 段 36 號

5.**苗栗市縣：**建國書局 苗栗中山路 566 號　萬花筒書局苗栗府東路 73 號

展書堂 頭份和平路 79 號　展書堂 竹南民權街 49-2 號

6.**台中市縣：**瑞成書局、各大連鎖書店。

興大書齋 台中市國光路 250 號　詠春書局 台中市永春東路 884 號

仁和書局 神岡神岡路 66 號　參次方國對圖書 大里大明路 242 號

儀軒文化事業公司 太平中興路 178 號

7.**彰化市：**心泉佛教流通處 南瑤路 286 號

員林鎮：墊腳石圖書文化廣場 中山路 2 段 49 號（04-8338485）

大大書局 民權街 33 號（04-8381033）

8.**南投縣：**文春書局 霧峰鄉中正路 1087 號

9.**台南市縣：**吉祥宗教文物 台南市公園路 595-26 號

宏昌書局 台南北門路一段 136 號　禪馥館 台南北門路一段308-1 號

博大書局 新營三民路 128 號　豐榮文化商場 新市仁愛街 286-1 號

藝美書局 善化中山路 436 號　志文書局 麻豆博愛路 22 號

10.**高雄市：**各大連鎖書店、青年書局、明儀書局、瑞成書局

11.**宜蘭市：**金隆書局 中山路 3 段 43 號

12.**台東市：**東普佛教文物流通處 台東市博愛路 282 號

13.**其餘鄉鎮市經銷書局：**請電詢總經銷飛鴻公司。

14.**大陸地區請洽：**

香港：樂文書店（旺角 西洋菜街 62 號 3 樓、銅鑼灣 駱克道 506 號 3 樓）

青年出版社（北角 渣華道 82 號 2 樓）

各省新華書店、方廣郵購書店（請詳見：「敬告大陸讀者」文）

15.**美國：世界日報圖書部：**紐約圖書部　電話 7187468889#6262

洛杉磯圖書部　電話 3232616972#202

16.**國內外地區網路購書：**

正智出版社 書香園地 http://books.enlighten.org.tw/

（書籍簡介、直接聯結下列網路書局購書）

三民 網路書局 http://www.Sanmin.com.tw

誠品 網路書局 http://www.eslitebooks.com

博客來 網路書局 http://www.books.com.tw

金石堂 網路書局 http://www.kingstone.com.tw

飛鴻 網路書局 http://fh6688.com.tw

附註：1.請儘量向各經銷書局購買：郵政劃撥需要十天才能寄到（本公司在您劃撥後第四天才能接到劃撥單，次日寄出後第四天您才能收到書籍，此八天中一定會遇到週休二日，是故共需十天才能收到書籍）若想要早日收到書籍者，請劃撥完畢後，將劃撥收據貼在紙上，旁邊寫上您的姓名、住址、郵區、電話、買書詳細內容，直接傳眞到本公司 02-28344822，並來電 02-28316727、28327495 確認是否已收到您的傳眞，即可提前收到書籍。 2.因台灣每月皆有五十餘種宗教類書籍上架，書局書架空間有限，故唯有新書方有機會上架，通常每次只能有一本新書上架；本公司出版新書，大多上架不久便已售出，若書局未再叫貨補充者，書架上即無新書陳列，則請直接向書局櫃台訂購。 3.若書局不便代購時，可於晚上共修時間向正覺同修會各共修處請購（共修時間及地點，詳閱共修現況表。每年例行年假期間請勿前往請書，年假期間請見共修現況表）。 4.郵購：郵政劃撥帳號 19068241。 5.正覺同修會會員購書都以八折計價（戶籍台北市者爲一般會員，外縣市爲護持會員）都可獲得優待，欲一次購買全部書籍者，可以考慮入會，節省書費。入會費一千元（第一年初加入時才需要繳），年費二千元。**6.尚未出版之書籍，請勿預先郵寄書款與本公司，謝謝您！** 7.若欲一次購齊本社書籍，或同時取得正覺同修會贈閱之全部書籍者，請於正覺同修會共修時間，親到各共修處請購及索取；**台北市讀者**請洽：103 台北市承德路三段 267 號 10 樓（捷運淡水線 圓山站旁）請書時間：週一至週五爲 18.00～21.00，第一、三、五週週六爲 14.00～21.00，雙週之週六爲 14.00～18.00 請購處專線電話：25957295-分機 14（於請書時間方有人接聽）。

佛教正覺同修會　贈閱書籍 目錄

2008/09/05

1.**無相念佛**　平實導師著　回郵 10 元
2.**念佛三昧修學次第**　平實導師述著　回郵 25 元
3.**正法眼藏—護法集**　平實導師述著　回郵 35 元
4.**真假開悟簡易辨正法&佛子之省思**　平實導師著　回郵 3.5 元
5.**生命實相之辨正**　平實導師著　回郵 10 元
6.**如何契入念佛法門**（附：印順法師否定極樂世界）平實導師著　回郵 3.5 元
7.**平實書箋**—答元覽居士書　平實導師著　回郵 35 元
8.**三乘唯識**—如來藏系經律彙編　平實導師編　回郵 80 元
（精裝本　長 27 cm　寬 21 cm　高 7.5 cm　重 2.8 公斤）
9.**三時繫念全集**—修正本　回郵掛號 40 元（長 26.5 cm×寬 19 cm）
10.**明心與初地**　平實導師述　回郵 3.5 元
11.**邪見與佛法**　平實導師述著　回郵 20 元
12.**菩薩正道**—回應義雲高、釋性圓…等外道之邪見　正燦居士著 回郵 20 元
13.**甘露法雨**　平實導師述　回郵 20 元
14.**我與無我**　平實導師述　回郵 20 元
15.**學佛之心態**—修正錯誤之學佛心態始能與正法相應 正德居士著　回郵 35 元
附錄：平實導師著《**略說八、九識並存…等之過失**》
16.**大乘無我觀**—《悟前與悟後》別說　平實導師述著　回郵 20 元
17.**佛教之危機**—中國台灣地區現代佛教之真相（附錄：公案拈提六則）平實導師著
回郵 25 元
18.**燈　影**—燈下黑（覆「求教後學」來函等）　平實導師著　回郵 35 元
19.**護法與毀法**—覆上平居士與徐恒志居士網站毀法二文　正圜老師著　回郵35元
20.**淨土聖道**—兼評選擇本願念佛　正德老師著　**由正覺同修會購贈** 回郵 25 元
21.**辨唯識性相**—對「紫蓮心海《辯唯識性相》書中否定阿賴耶識」之回應
正覺同修會 台南共修處法義組 著　回郵 25 元
22.**假如來藏**—對法蓮法師《如來藏與阿賴耶識》書中否定阿賴耶識之回應
正覺同修會 台南共修處法義組 著　回郵 35 元
23.**入不二門**—公案拈提集錦 第一輯（於平實導師公案拈提諸書中選錄約二十則，合輯
爲一冊流通之）平實導師著　回郵 20 元
24.**真假邪說**—西藏密宗索達吉喇嘛《破除邪說論》真是邪說
正安法師著　回郵 35 元
25.**真假開悟**—真如、如來藏、阿賴耶識間之關係　平實導師述著　回郵 35 元
26.**真假禪和**—辨正釋傳聖之謗法謬說　正德老師著　回郵 30 元
27.**眼見佛性**—駁慧廣法師**眼見佛性的含義**文中謬說　正光老師著　回郵 25 元
28.**普門自在**—公案拈提集錦 第二輯（於平實導師公案拈提諸書中選錄約二十則，
合輯爲一冊流通之）平實導師著　回郵 25 元
29.**印順法師的悲哀**—以現代禪的質疑為線索　恒毓博士著　回郵 25 元
30.**識蘊真義**—現觀識蘊內涵、取證初果、親斷三縛結之具體行門。
—依《成唯識論》及《惟識述記》正義，略顯安慧《大乘廣五蘊論》之邪謬
平實導師著　回郵 35 元
31.**正覺電子報** 各期紙版本　免附回郵　每次最多函索三期或三本。
（已無存書之較早各期，不另增印贈閱）
32.**現代人應有的宗教觀**　正禮老師 著　回郵3.5元

33.**遠惑趣道**—正覺電子報般若信箱問答錄　　回郵20元
34.**確保您的權益**—器官捐贈應注意自我保護　正光老師 著　回郵10元
35.**佛藏經** 燙金精裝本 每冊回郵 20 元。正修佛法之道場欲大量索取者，請正式發函並蓋用關防寄來索取（2008.04.30 起開始敬贈）
36.**西藏文化談**—耶律大石先生著　正覺教育基金會印贈。回郵20元。
37.**隨　緣**—理隨緣與事隨緣　平實導師述　回郵20元。
38.**第七意識與第八意識**—第七、八識有可能是意識嗎？
平實導師述　俟電子報連載完畢後出版
39.**邪箭囈語**—從中觀的教證與理證，談多識仁波切《破魔金剛箭雨論—反擊蕭平實對佛教正法的惡毒進攻》邪書的種種謬理
正元老師著　俟 正覺電子報連載後出版之
40.**真假禪宗**—藉評論釋性廣《印順導師對變質禪法之批判
及對禪宗之肯定》以顯示真假禪宗
附論一：凡夫知見 無助於佛法之信解行證
附論二：世間與出世間一切法皆從如來藏實際而生而顯
正偉老師著　俟正覺電子報連載後結集出版 回郵未定
41.**雪域眾生的悲哀**—揭示顯密正理，兼破索達吉師徒《般若鋒兮金剛焰》。
王心覺居士著　俟正覺電子報連載後結集出版
42.**真假沙門**—依 佛聖教闡釋佛教僧寶之定義
正禮老師著　俟正覺電子報連載後結集出版

★ 上列贈書之郵資，係台灣本島地區郵資，大陸、港、澳地區及外國地區，請另計酌增（大陸、港、澳、國外地區之郵票不許通用）。尚未出版之書，請勿先寄來郵資，以免增加作業煩擾。

★ 本目錄若有變動，唯於後印之書籍及「成佛之道」網站上修正公佈之，不另行個別通知。

函索書籍請寄：佛教正覺同修會　103 台北市承德路 3 段 277 號 9 樓
台灣地區函索書籍者請附寄郵票，無時間購買郵票者可以等值現金抵用，但不接受郵政劃撥、支票、匯票。大陸地區得以人民幣計算，國外地區請以美元計算（請勿寄來當地郵票，在台灣地區不能使用）。欲以掛號寄遞者，請另附掛號郵資。

親自索閱：正覺同修會各共修處。　★請於共修時間前往取書，餘時無人在道場，請勿前往索取；共修時間與地點，詳見書末正覺同修會共修現況表（以近期之共修現況表爲準）。

註：正智出版社發售之局版書，請向各大書局購閱。若書局之書架上已經售出而無陳列者，請向書局櫃台指定洽購；若書局不便代購者，請於正覺同修會共修時間前往各共修處請購，正智出版社已派人於共修時間送書前往各共修處流通。郵政劃撥購書及 大陸地區 購書，請詳別頁正智出版社發售書籍目錄最後頁之說明。

成佛之道 網站：http://www.a202.idv.tw　正覺同修會已出版之結緣書籍，多已登載於 成佛之道 網站，若住外國、或住處遙遠，不便取得正覺同修會贈閱書籍者，可以從本網站閱讀及下載。　書局版之《宗通與說通》亦已上網，台灣讀者可向書局洽購，成本價200元。《狂密與眞密》第一輯～第四輯，亦於 2003.5.1. 全部於本網站登載完畢；台灣地區讀者請向書局洽購，每輯約 400 頁，賠本流通價 140 元（網站下載紙張費用較貴，容易散失，難以保存，亦較不精美）。

正智出版社有限公司書籍介紹

禪淨圓融：言淨土諸祖所未曾言，示諸宗祖師所未曾示；禪淨圓融，另闢成佛捷徑，兼顧自力他力，闡釋淨土門之速行易行道，亦同時揭櫫聖教門之速行易行道；令廣大淨土行者得免緩行難證之苦，亦令聖道門行者得以藉著淨土速行道而加快成佛之時劫。乃前無古人之超勝見地，非一般弘揚禪淨法門典籍也，先讀為快。平實導師著 200元。

宗門正眼公案拈提第一輯：繼承克勤圜悟大師碧巖錄宗旨之禪門鉅作。先則舉示當代大法師之邪說，消弭當代禪門大師鄉愿之心態，摧破當今禪門「世俗禪」之妄談；次則旁通教法，表顯宗門正理；繼以道之次第，消弭古今狂禪；後藉言語及文字機鋒，直示宗門入處。悲智雙運，禪味十足，數百年來難得一睹之禪門鉅著也。平實導師著 500元（原初版書《禪門摩尼寶聚》，改版後補充為五百餘頁新書，總計多達二十四萬字，內容更精彩，並改名為《宗門正眼》，讀者原購初版《禪門摩尼寶聚》皆可寄回本公司免費換新，免附回郵，亦無截止期限）（2007年起，凡購買公案拈提第一輯至第七輯，每購一輯皆贈送本公司精製公案拈提〈超意境〉CD一片，市售價格280元，多購多贈）。

禪—悟前與悟後：本書能建立學人悟道之信心與正確知見，圓滿具足而有次第地詳述禪悟之功夫與禪悟之內容，指陳參禪中細微淆訛之處，能使學人明自眞心、見自本性。若未能悟入，亦能以正確知見辨別古今中外一切大師究係眞悟？或屬錯悟？便有能力揀擇，捨名師而選明師，後時必有悟道之緣。一旦悟道，遲者七次人天往返，便出三界，速者一生取辦。學人欲求開悟者，不可不讀。平實導師著。上、下冊共500元，單冊250元。

真實如來藏：如來藏眞實存在，乃宇宙萬有之本體，並非印順法師、達賴喇嘛等人所說之「唯有名相、無此心體」。如來藏是涅槃之本際，是一切有智之人竭盡心智、不斷探索而不能得之生命實相；是古今中外許多大師自以爲悟而當面錯過之生命實相。如來藏即是阿賴耶識，乃是一切有情本自具足、不生不滅之眞實心。當代中外大師於此書出版之前所未能言者，作者於本書中盡情流露、詳細闡釋。眞悟者讀之，必能增益悟境、智慧增上；錯悟者讀之，必能檢討自己之錯誤，免犯大妄語業；未悟者讀之，能知參禪之理路，亦能以之檢查一切名師是否眞悟。此書是一切哲學家、宗教家、學佛者及欲昇華心智之人必讀之鉅著。平實導師著　售價400元。

宗門法眼公案拈提第二輯：列舉實例，闡釋土城廣欽老和尚之悟處；並直示這位不識字的老和尚妙智橫生之根由，繼而剖析禪宗歷代大德之開悟公案，解析當代密宗高僧卡盧仁波切之錯悟證據，並例舉當代顯宗高僧、大居士之錯悟證據（凡健在者，爲免影響其名聞利養，皆隱其名）。藉辨正當代名師之邪見，向廣大佛子指陳禪悟之正道，彰顯宗門法眼。悲勇兼出，強捋虎鬚；慈智雙運，巧探驪龍；摩尼寶珠在手，直示宗門入處，禪味十足；若非大悟徹底，不能爲之。禪門精奇人物，允宜人手一冊，供作參究及悟後印證之圭臬。本書於2008年4月改版，增寫為大約500頁篇幅，以利學人研讀參究時更易悟入宗門正法，以前所購初版首刷及初版二刷舊書，皆可免費換取新書，詳情請見〈售後服務—換書啓事〉。平實導師著　500元（2007年起，凡購買公案拈提第一輯至第七輯，每購一輯皆贈送本公司精製公案拈提〈超意境〉CD一片，市售價格280元，多購多贈）。

宗門道眼公案拈提第三輯：繼宗門法眼之後，再以金剛之作略、慈悲之胸懷、犀利之筆觸，舉示寒山、拾得、布袋三大士之悟處，消弭當代錯悟者對於寒山大士……等之誤會及誹謗。亦舉出民初以來與虛雲和尚齊名之蜀郡鹽亭袁煥仙夫子南懷瑾老師之師，其「悟處」何在？並蒐羅許多眞悟祖師之證悟公案，顯示禪宗歷代祖師之睿智，指陳部分祖師、奧修及當代顯密大師之謬悟，作爲殷鑑，幫助禪子建立及修正參禪之方向及知見。假使讀者閱此書已，一時尚未能悟，亦可一面加功用行，一面以此宗門道眼辨別眞假善知識，避開錯誤之印證及歧路，可免大妄語業之長劫慘痛果報。欲修禪宗之禪者，務請細讀。平實導師著　售價500元（2007年起，凡購買公案拈提第一輯至第七輯，每購一輯皆贈送本公司精製公案拈提〈超意境〉CD一片，市售價格280元，多購多贈）。

楞伽經詳解：本經是禪宗見道者印證所悟眞僞之根本經典，亦是禪宗見道者悟後起修之依據經典；故達摩祖師於印證二祖慧可大師之後，將此經典連同佛缽祖衣一併交付二祖，令其依此經典佛示金言、進入修道位，修學一切種智。由此可知此經對於眞悟之人修學佛道，是非常重要之一部經典。此經能破外道邪說，亦破佛門中錯悟名師之謬說，亦破禪宗部分祖師之狂禪：不讀經典、一向主張「一悟即成究竟佛」之謬執。並開示愚夫所行禪、觀察義禪、攀緣如禪、如來禪等差別，令行者對於三乘禪法差異有所分辨；亦糾正禪宗祖師古來對於**如來禪**之誤解，嗣後可免以訛傳訛之弊。此經亦是法相唯識宗之根本經典，禪者悟後欲修一切種智而入初地者，必須詳讀。　平實導師著，全套共十輯，已全部出版完畢，每輯主文約320頁，每冊約352頁，定價250元。

宗門血脈—**公案拈提**第四輯：末法怪象—許多修行人自以爲悟，每將無念靈知認作眞實；崇尚二乘法諸師及其徒眾，則將**外於如來藏之緣起性空**—無因論之無常空、斷滅空、一切法空—錯認爲 佛所說之般若空性。這兩種現象已於當今海峽兩岸及美加地區顯密大師之中普遍存在；人人自以爲悟，心高氣壯，便敢寫書解釋祖師證悟之公案，大多出於意識思惟所得，言不及義，錯誤百出，因此誤導廣大佛子同陷大妄語之地獄業中而不能自知。彼等書中所說之悟處，其實處處違背第一義經典之聖言量。彼等諸人不論是否身披袈裟，都非佛法宗門血脈，或雖有禪宗法脈之傳承，亦只徒具形式；猶如螟蛉，非眞血脈，未悟得根本眞實故。禪子欲知佛、祖之眞血脈者，請讀此書，便知分曉。　平實導師著，主文452頁，全書464頁，定價500元（2007年起，凡購買公案拈提第一輯至第七輯，每購一輯皆贈送本公司精製公案拈提〈超意境〉CD一片，市售價格280元，多購多贈）。

宗通與說通：古今中外，錯誤之人如麻似粟，每以常見外道所說之靈知心，認作眞心；或妄想虛空之勝性能量爲眞如，或錯認物質四大元素藉冥性（靈知心本體）能成就吾人色身及知覺，或認初禪至四禪中之了知心爲不生不滅之涅槃心。此等皆非通宗者之見地。復有錯悟之人一向主張「宗門與教門不相干」，此即尚未通達宗門之人也。其實宗門與教門互通不二，宗門所證者乃是眞如與佛性，教門所說者乃說宗門證悟之眞如佛性，故教門與宗門不二。本書作者以宗教二門互通之見地，細說「宗通與說通」，從初見道至悟後起修之道、細說分明；並將諸宗諸派在整體佛教中之地位與次第，加以明確之教判，學人讀之即可了知佛法之梗概也。欲擇明師學法之前，允宜先讀。平實導師著，主文共381頁，全書392頁，只售成本價200元。

宗門正道公案拈提第五輯：修學大乘佛法有二果須證解脫果及大菩提果。二乘人不證大菩提果，唯證解脫果；此果之智慧，名爲聲聞菩提、緣覺菩提。大乘佛子所證二果之菩提果爲佛菩提，故名大菩提果，其慧名爲一切種智函蓋二乘解脫果。然此大乘二果修證，須經由禪宗之宗門證悟方能相應。而宗門證悟極難，自古已然；其所以難者，咎在古今佛教界普遍存在三種邪見：1.以修定認作佛法，2.以無因論之緣起性空—否定涅槃本際如來藏以後之一切法空作爲佛法，3.以常見外道邪見（離語言妄念之靈知性）作爲佛法。如是邪見，或因自身正見未立所致，或因邪師之邪教導所致，或因無始劫來虛妄熏習所致。若不破除此三種邪見，永劫不悟宗門眞義、不入大乘正道，唯能外門廣修菩薩行。平實導師於此書中，有極爲詳細之說明，有志佛子欲摧邪見、入於內門修菩薩行者，當閱此書。主文共496頁，全書512頁。售價500元（2007年起，凡購買公案拈提第一輯至第七輯，每購一輯皆贈送本公司精製公案拈提〈超意境〉CD一片，市售價格280元，多購多贈）。

狂密與眞密：密教之修學，皆由有相之觀行法門而入，其最終目標仍不離顯教經典所說第一義諦之修證；若離顯教第一義經典、或違背顯教第一義經典，即非佛教。西藏密教之觀行法，如灌頂、觀想、遷識法、寶瓶氣、大聖歡喜雙身修法、喜金剛、無上瑜伽、大樂光明、樂空雙運等，皆是印度教**兩性生生不息**思想之轉化，**自始至終皆以如何能運用交合淫樂之法達到全身受樂**爲其中心思想，純屬欲界五欲的貪愛，不能令人超出欲界輪迴，更不能令人斷除我見；何況大乘之明心與見性，更無論矣！故密宗之法絕非佛法也。而其明光大手印、大圓滿法教，又皆同以常見外道所說**離語言妄念之無念靈知心**錯認爲佛地之眞如，不能直指不生不滅之眞如。西藏密宗所有法王與徒眾，都尚未開頂門眼，不能辨別眞僞，以依**人不依法、依密續不依經典**故，不肯將其上師喇嘛所說對照第一義經典，純依密續之藏密祖師所說爲準，因此而誇大其證德與證量，動輒謂彼祖師上師爲究竟佛、爲地上菩薩；如今台海兩岸亦有自謂其師證量高於釋迦文佛者，然觀其師所述，猶未見道，仍在觀行即佛階段，尚未到禪宗相似即佛、分證即佛階位，竟敢標榜爲究竟佛及地上法王，誑惑初機學人。凡此怪象皆是狂密，不同於眞密之修行者。近年狂密盛行，密宗行者被誤導者極眾，動輒自謂已證佛地眞如，自視爲究竟佛，陷於大妄語業中而不知自省，反謗顯宗眞修實證者之證量粗淺；或如義雲高與釋性圓…等人，於報紙上公然誹謗眞實證道者爲「騙子、無道人、人妖、癩蛤蟆…」等，造下誹謗大乘勝義僧之大惡業；或以外道法中有爲有作之甘露、魔術……等法，誑騙初機學人，狂言彼外道法爲眞佛法。如是怪象，在西藏密宗及附藏密之外道中，不一而足，舉之不盡，學人宜應愼思明辨，以免上當後又犯毀破菩薩戒之重罪。密宗學人若欲遠離邪知邪見者，請閱此書，即能了知密宗之邪謬，從此遠離邪見與邪修，轉入眞正之佛道。平實導師著 共四輯 每輯約400頁（主文約340頁）賠本流通價每輯140元。

宗門正義公案拈提第六輯：佛教有六大危機，乃是藏密化、世俗化、膚淺化、學術化、宗門密意失傳、悟後進修諸地之次第混淆；其中尤以宗門密意之失傳，爲當代佛教最大之危機。由宗門密意失傳故，易令 世尊本懷普被錯解，易令 世尊正法被轉易爲外道法，以及加以淺化、世俗化，是故宗門密意之廣泛弘傳與具緣佛弟子，極爲重要。然而欲令宗門密意之廣泛弘傳予具緣之佛弟子者，必須同時配合錯誤知見之解析、普令佛弟子知之，然後輔以公案解析之直示入處，方能令具緣之佛弟子悟入。而此二者，皆須以公案拈提之方式爲之，方易成其功、竟其業，是故平實導師續作宗門正義一書，以利學人。 全書500餘頁，售價500元（2007年起，凡購買公案拈提第一輯至第七輯，每購一輯皆贈送本公司精製公案拈提〈超意境〉CD一片，市售價格280元，多購多贈）。

心經密意心經與解脫道、佛菩提道、祖師公案之關係與密意。二乘菩提所證之解脫道，實依第八識心之斷除煩惱障現行而立解脫之名；大乘菩提所證之佛菩提道，實依親證第八識如來藏之涅槃性、清淨自性、及其中道性而立般若之名；禪宗祖師公案所證之眞心，即是此第八識如來藏；是故三乘佛法所修所證之三乘菩提，皆依此如來藏心而立名也。此第八識心，即是《心經》所說之心也。證得此如來藏已，即能漸入大乘佛菩提道，亦可因證知此心而了知二乘無學所不能知之無餘涅槃本際，是故《心經》之密意，與三乘佛菩提之關係極爲密切、不可分割，三乘佛法皆依此心而立名故。今者平實導師以其所證解脫道之無生智及佛菩提之般若種智，將《心經》與解脫道、佛菩提道、祖師公案之關係與密意，以演講之方式，用淺顯之語句和盤托出，發前人所未言，呈三乘菩提之眞義，令人藉此《心經密意》一舉而窺三乘菩提之堂奧，迥異諸方言不及義之說；欲求眞實佛智者、不可不讀！ 主文317頁，連同跋文及序文…等共384頁，售價300元。

宗門密意公案拈提第七輯：佛教之世俗化，將導致學人以信仰作爲學佛，則將以感應及世間法之庇祐，作爲學佛之主要目標，不能了知學佛之主要目標爲親證三乘菩提。大乘菩提則以般若實相智慧爲主要修習目標，以二乘菩提解脫道爲附帶修習之標的；是故學習大乘法者，應以禪宗之證悟爲要務，能親入大乘菩提之實相般若智慧中故，般若實相智慧非二乘聖人所能知故。此書則以台灣世俗化佛教之三大法師，說法似是而非之實例，配合眞悟祖師之公案解析，提示證悟般若之關節，令學人易得悟入。平實導師著，全書五百餘頁，售價500元（2007年起，凡購買公案拈提第一輯至第七輯，每購一輯皆贈送本公司精製公案拈提〈超意境〉CD一片，市售價格280元，多購多贈）。

淨土聖道兼評日本本願念佛：佛法甚深極廣，般若玄微，非諸二乘聖僧所能知之，一切凡夫更無論矣！所謂一切證量皆歸淨土是也！是故大乘法中「聖道之淨土、淨土之聖道」，其義甚深，難可了知；乃至眞悟之人，初心亦難知也。今有正德居士眞實證悟後，復能深探淨土與聖道之緊密關係，憐憫眾生之誤會淨土實義，亦欲利益廣大淨土行人同入聖道，同獲淨土中之聖道門要義，乃振奮心神、書以成文，今得刊行天下。主文279頁，連同序文等共301頁，總有十一萬六千餘字，正德老師著，成本價200元。

起信論講記：詳解大乘起信論心生滅門與心眞如門之眞實意旨，消除以往大師與學人對起信論所說心生滅門之誤解，由是而得了知眞心如來藏之非常非斷中道正理；亦因此一講解，令此論以往隱晦而被誤解之眞實義，得以如實顯示，令大乘佛菩提道之正理得以顯揚光大；初機學者亦可藉此正論所顯示之法義，對大乘法理生起正信，從此得以眞發菩提心，眞入大乘法中修學，世世常修菩薩正行。平實導師演述，共六輯，都已出版，每輯三百餘頁，優惠價各200元。

優婆塞戒經講記：本經詳述在家菩薩修學大乘佛法，應如何受持菩薩戒？對人間善行應如何看待？對三寶應如何護持？應如何正確地修集此世後世證法之福德？應如何修集後世「行菩薩道之資糧」？並詳述第一義諦之正義：五蘊非我非異我、自作自受、異作異受、不作不受……等深妙法義，乃是修學大乘佛法、行菩薩行之在家菩薩所應當了知者。出家菩薩今世或未來世登地已，捨報之後多數將如華嚴經中諸大菩薩，以在家菩薩身而修行菩薩行，故亦應以此經所述正理而修之，配合《楞伽經、解深密經、楞嚴經、華嚴經》等道次第正理，方得漸次成就佛道；故此經是一切大乘行者皆應證知之正法。平實導師講述，每輯三百餘頁，優惠價各200元；共八輯，已全部出版。

真假活佛略論附佛外道盧勝彥之邪說**：**人人身中都有眞活佛，永生不滅而有大神用，但眾生都不了知，所以常被身外的西藏密宗假活佛籠罩欺瞞。本來就眞實存在的眞活佛，才是眞正的密宗無上密！諾那活佛因此而說禪宗是大密宗，但藏密的所有活佛都不知道、也不曾實證自身中的眞活佛。本書詳實宣示眞活佛的道理，舉證盧勝彥的「佛法」不是眞佛法，也顯示盧勝彥是假活佛，直接的闡釋第一義佛法見道的眞實正理。眞佛宗的所有上師與學人們，都應該詳細閱讀，包括盧勝彥個人在內。正犀居士著，優惠價140元。

阿含正義唯識學探源**：**廣說四大部《阿含經》諸經中隱說之眞正義理，一一舉示佛陀本懷，令阿含時期初轉法輪根本經典之眞義，如實顯現於佛子眼前。並提示末法大師對於阿含眞義誤解之實例，一一比對之，證實唯識增上慧學確於原始佛法之阿含諸經中已隱覆密意而略說之，證實 世尊確於原始佛法中已曾密意而說第八識如來藏之總相；亦證實 世尊在四阿含中已說此藏識是名色十八界之因、之本—證明如來藏是能生萬法之根本心。佛子可據此修正以往受諸大師（譬如西藏密宗應成派中觀師：印順、昭慧、性廣、大願、達賴、宗喀巴、寂天、月稱、……等人）誤導之邪見，建立正見，轉入正道乃至親證初果而無困難；書中並詳說三果所證的心解脫，以及四果慧解脫的親證，都是如實可行的具體知見與行門。全書共七輯，已出版完畢。平實導師著，每輯三百餘頁，定價250元。

超意境CD：以平實導師公案拈提書中超越意境之頌詞，加上曲風優美的旋律，錄成令人嚮往的超意境歌曲，其中包括正覺發願文及平實導師親自譜成的黃梅調歌曲一首。詞曲雋永，殊堪翫味，可供學禪者吟詠，有助於見道。內附設計精美的彩色小冊，解說每一首詞的背景本事。每片280元。【每購買公案拈提書籍一冊，即贈送一片。】

我的菩提路：凡夫及二乘聖人不能實證的佛菩提證悟，末法時代的今天仍然有人能得實證，由正覺同修會釋悟圓、釋善藏法師等二十餘位實證如來藏者所寫的見道報告，已爲當代學人見證宗門正法之絲縷不絕，證明大乘義學的法脈仍然存在，爲末法時代求悟般若之學人照耀出光明的坦途。由二十餘位大乘見道者所繕，敘述各種不同的學法、見道因緣與過程，參禪求悟者必讀。全書三百餘頁，售價200元。

鈍鳥與靈龜：鈍鳥及靈龜二物，被宗門證悟者說爲二種人：前者是精修禪定而無智慧者，也是以定爲禪的愚癡禪人；後者是或有禪定、或無禪定的宗門證悟者，凡已證悟者皆是靈龜。但後來被人虛造事實，用以嘲笑大慧宗杲禪師，說他雖是靈龜，卻不免被天童禪師預記「患背」痛苦而亡：「**鈍鳥離巢易，靈龜脫殼難**。」藉以貶低大慧宗杲的證量。同時將天童禪師實證如來藏的證量，曲解爲意識境界的離念靈知。自從大慧禪師入滅以後，錯悟凡夫對他的不實毀謗就一直存在著，不曾止息，並且捏造的假事實也隨著年月的增加而越來越多，終至編成「鈍鳥與靈龜」的假公案、假故事。本書是考證大慧與天童之間的不朽情誼，顯現這件假公案的虛妄不實；更見大慧宗杲面對惡勢力時的正直不阿，亦顯示大慧對天童禪師的至情深義，將使後人對大慧宗杲的誣謗至此而止，不再有人誤犯毀謗賢聖的惡業。書中亦舉證宗門的所悟確以第八識如來藏爲標的，詳讀之後必可改正以前被錯悟大師誤導的參禪知見，日後必定有助於實證禪宗的開悟境界，得階大乘眞見道位中，即是實證般若之賢聖。全書459頁，僅售250元。

維摩詰經講記：本經係世尊在世時，由等覺菩薩維摩詰居士藉疾病而演說之大乘菩提無上妙義，所說函蓋甚廣，然極簡略，是故今時諸方大師與學人讀之悉皆錯解，何況能知其中隱含之深妙正義，是故普遍無法爲人解說；若強爲人說，則成依文解義而有諸多過失。今由平實導師公開宣講之後，詳實解釋其中密意，令維摩詰菩薩所說大乘不可思議解脫之深妙正法得以正確宣流於人間，利益當代學人及與諸方大師。書中詳實演述大乘佛法深妙不共二乘之智慧境界，顯示諸法之中絕待之實相境界，建立大乘菩薩妙道於永遠不敗不壞之地，以此成就護法偉功，欲冀永利娑婆人天。已經宣講圓滿，整理成書、廣爲流通，以利諸方大師及諸學人。全書共六輯，每輯三百餘頁，優惠價各200元。

真假外道：本書具體舉證佛門中的常見外道知見實例，並加以教證及理證上的辨正，幫助讀者輕鬆而快速的了知常見外道的錯誤知見，進而遠離佛門內外的常見外道知見，因此即能改正修學方向而快速實證佛法。游正光老師著。成本價200元。

勝鬘經講記：如來藏爲三乘菩提之所依，若離如來藏心體及其含藏之一切種子，即無三界有情及一切世間法，亦無二乘菩提緣起性空之出世間法；本經詳說無始無明、一念無明皆依如來藏而有之正理，藉著詳解煩惱障與所知障間之關係，令學人深入了知二乘菩提與佛菩提相異之妙理；聞後即可了知佛菩提之特勝處及三乘修道之方向與原理，邁向攝受正法而速成佛道的境界中。平實導師講述，共六輯，每輯三百餘頁，優惠價各200元。共六輯，第一輯已於2008/12/01出版，以後每二個月出版一輯。

佛法概論：佛法浩瀚無邊，煙雲如海，難以理解，由是佛學隨之難知難解；舉凡佛學之研究，不得外於實證，否則一切研究結果必如飄萍無根，終究只能戲論而無眞實義可得。是故若欲確實深入佛學者，唯有依止於實證者所造之論著，方能得其義而廣其理，依之研究及傳授者，方能契符佛法之主旨，免於戲論之言。本書始從粗淺之二乘菩提，末至勝妙深密之佛菩提，悉皆一一舉述，令人藉此淺深次第漸漸熏習，終至能將佛法——成佛之道——了然於心。然後，或欲繼續深入佛法研究，或欲實證佛法，皆可得通。定價300元，出版日期未定。

敬告大陸讀者：

正智出版社有限公司在台灣印行的各種書籍中，《眞實如來藏、禪淨圓融》二書，已由國務院 國家事務宗教局 宗教文化出版社，在大陸印行流通出版了。《眞實如來藏》定價人民幣 18.8 元、《禪淨圓融》定價人民幣 10 元，已在全國各省市的新華書店上架流通了。

《禪—悟前與悟後》一書，在更早之前，授權與四川大學出版社印行，由四川省宗教局審核後，轉由四川省新聞出版局上送國務院新聞出版署、國家宗教事務局、中國佛協……等單位實質審查通過，現在也已經出版了，售價人民幣 28 元。

以上三書，大陸讀者可逕向各省市新華書店或其他書店指名購閱。若書架上已售出而無書籍者，請向書店櫃檯訂購。凡是已經在大陸出版之書籍，既可由各地書局買得，則正覺同修會將不再購贈或寄贈，敬請大陸讀者們鑑諒。

若您所在的縣市還沒有設立新華書店，亦無其他書店可以訂購，亦可向中國國際圖書貿易總公司〔圖書部〕訂購。各書店若欲訂貨者，請塡妥「圖書征訂單」，直接向該公司傳眞訂貨，征訂單格式請從成佛之道網站或該公司網站下載。又：正智出版社其餘書籍，凡尚未在大陸出版者，未來將委託中國國際圖書貿易總公司，在大陸經銷流通，敬請讀者注意正式銷售日期，詳情請逕洽該公司〔圖書部〕：

TEL. 010-68433191 68433189
FAX. 010-68412048 68415917
E-MAIL. ts2@mail.cibtc.com.cn

關於平實導師的書訊，請上網查閱：

成佛之道 http://www.a202.idv.tw
正智出版社 書香園地 http://books.enlighten.org.tw/

★正智出版社有限公司售書之稅後盈餘，全部捐助財團法人正覺寺籌備處、佛教正覺同修會、正覺教育基金會，供作弘法及購建道場之用；懇請諸方大德支持，功德無量★

售後服務—換書啓事（免附回郵） 2008/09/05

《禪門摩尼寶聚》免費調換二版新書啟事：一九九七年出版之《禪門摩尼寶聚》發行已歷多年，由於此期間之時移勢易，亦因智慧之增長，故平實導師對原著已有極不滿意之處，乃維持原有內容而補寫之，增補爲 546 頁，加上序文目錄等，共爲 560 頁，達 24 萬餘字，字數與內涵遠超過以往各輯，令其內涵大爲充實、更爲精彩，對讀者大有增益。改版後易名爲《宗門正眼》，較易記憶書名，自 2003/9/30 開始流通。爲照顧初版讀者之權益，同時受理調換改版書等事宜。煩請讀者將初版《禪門摩尼寶聚》直接寄回本公司，免費調換改版之《宗門正眼》，一切換書者皆免附回郵郵資。

《禪—悟前與悟後》初版舊書免費調換二版新書啓事：本書初版之上冊，因第 143 頁倒印，應寄換再版新書與讀者；下冊則有誤讚密勒日巴之事，皆於再版中修正完畢，爲示負責，亦應調換再版新書予讀者。平實導師早年相信佛教界人士之極力推崇，誤以爲密勒日巴是究竟解脫之聖者；復因基於佛子本份，早年對一切古德皆予讚歎，不曾月旦絲毫。後因自在居士故，出版《正法眼藏—護法集》，隨後開始檢閱古今大德著作。據《密勒日巴大師全集》所載，已斷定其爲常見外道，未曾証悟、尚未明心；並已舉陳於後出之《宗門道眼、宗門血脈、平實書箋》等書中。本書既已再版修正，理應調換再版新書。（早年所印之贈閱版，請勿寄來更換；若有寄來者，即作廢紙回收，不予退回。）

《禪淨圓融》初版書免費調換二版新書啟事：平實導師於初版書中，因信受許大至（許西一）居士之極力推薦，而信受靜老之語，故對靜老作諸推崇。然而拜以爲師之後，從之修學以及請益，三年之後確認其所說能自己往來極樂之事，並非事實；後又發覺許大至所言「靜老已明心見性」之事，亦非事實，乃是許居士之勘驗有誤。靜老又云：「成佛之後，眞如心將與佛合而爲一」，同於藏密子光、母光合併之觀想法門，其過極多，亦違般若種智及《心經》不增不減之聖教；靜老又云：「吾人之眞如心住於頭部」，不符聖言量及眞正明心者遍十二處之証量，是故確定彼尚未証得眞心如來藏。平實導師因此故言：「余之誤信人言、便予推崇者，實有大過，今於此處公開發露懺悔，後不復作。嗣後若遇有人再薦『八地聖者』，仍將不於始聞之際便予懷疑駁斥，將先予勘驗確有證悟之後，再拜以爲師、隨之修學，驗証其証量眞實之後，始推崇之；不再採信任何人之言語推薦、便予推崇，以免再犯此過。」《禪淨圓融》初版既有誤信人言即予誤讚之事，則應負文責，理應於改正再版後免費寄換新書予讀者。

《心經密意》初版書免費調換二版新書啟事：本書係演講錄音整理成

書，講時因時間所限，省略部分段落未講。後於再版時補寫增加 13 頁，維持原價流通之。茲爲顧及初版讀者權益，自 2003/9/30 開始免費調換新書，原有初版一刷、二刷書籍，皆可寄來本來公司換書。

《起信論講記》第一輯、第二輯，因爲改換新人作文字校對工作（未列名於版權頁上），較不熟悉校對要點，是故錯別字或達六十餘處、或達七十餘處，造成讀者嚴重困擾，於此謹表歉意！爲照顧讀者權益故，已更正錯別字並予重印，凡持有第一輯初版一刷至三刷書籍者，以及持有第二輯初版第一、二刷書籍者，皆可免費調換新書，敬請讀者寄來本公司調換新書，或於共修時間直接到各共修處調換新書。

《優婆塞戒經講記》第四輯中，對於四加行有部分錯說，並有六處錯字應予更正，都已在第二刷時全部更正完畢。今請所有讀者及同修、會員，送回正智出版社免費換新；若是郵寄本社換新時，免附回郵。

《阿含正義》第四輯，內有三頁經文標點符號錯誤，他頁「入胎識」誤植爲「八胎識」，應予更正。然若以更正之方式爲之，則成爲有瑕之瑜，失去了「首刷珍藏版」之珍藏意義；是故今以更正後重印之方式爲之，仍是「首刷珍藏版」之燙金版，以免失去「首刷珍藏版」之原意；一切持有「首刷珍藏版」之讀者，請持來換取新印行之燙金「首刷珍藏版」。重印之「首刷珍藏版」並不販售，只供換書之用，已加以嚴格列管。第四輯初版**再刷**之書並非「首刷珍藏版」，請勿持來換書；而其中內文亦已改正，並無換書之必要。

《宗門法眼》已經增寫改版爲 464 頁新書，2008 年 6 月中旬出版。讀者原有初版之第一刷、第二刷書本，都可以寄回本社免費調換改版新書。改版後之公案及錯悟事例維持不變，但將內容加以增說，較改版前更具有廣度與深度，將更能助益讀者參究實相。

換書者**免附回郵**，亦無截止期限；舊書請寄：111 台北郵政 73-151 號信箱。舊書若有塗鴨、殘缺、破損者，仍可換取新書；但缺頁之舊書至少應仍有五分之三頁數，方可換書。所有讀者不必顧念本公司是否有盈餘之問題，都請踴躍寄來換書；本公司成立之目的不是爲營利而獲取盈餘，只要能眞實利益學人，即已達到成立及運作之目的。特此聲明。正智出版社有限公司啓

若以郵寄方式換書者，免附回郵；並於寄回新書時，由本社附上您寄來書籍時耗用的郵資。造成您不便之處，謹致上萬分的歉意。

正智出版社有限公司 謹啓

國家圖書館出版品預行編目資料

眞假外道：破劉東亮、杜大威、釋證嚴常見外道見
／正光居士著. —初版— 臺北市：
正智，2008.06— 〔民97— 〕
冊； 公分

ISBN 978-986-83908-5-0（平裝）

1.佛教教理

220.1 97011346

眞假外道

作 者：游正光居士
校 對：李嘉因 傅素嫻
出 版 者：正智出版社有限公司
電話：○二 28327495 28316727
傳眞：○二 28344822
111台北郵政73-151號信箱
郵政劃撥帳號：一九○六八二四一
正覺講堂：總機○二25957295（夜間）
總 經 銷：飛鴻國際行銷股份有限公司
231台北縣新店市中正路501-9號2樓
電話：○二 82186688（五線代表號）
傳眞：○二 82186458 82186459
初版一刷：公元二○○八年六月 二千冊
初版三刷：公元二○○九年二月 二千冊
定 價：二○○元 《有著作權 不可翻印》